KARADENİZ
TRAVEL GUIDE I

CW01654492

Heather Ergr
Ayder 2009

KARADENİZNAME

BLACKSEA

by

Mehmet HAVUŞ

Profesyonel Turist Rehberi • *Professional Tourist Guide*

Special thanks to
Mr. Reginald F. Dalton for his help

KARADENİZNAME • BLACKSEA
Gezi Rehberi • Travel Guide

ISBN : 975-96795-1-5

Birinci Baskı / First Printing : 2002 Ankara
İkinci Baskı / Second Printing : 2007 Ankara

Tasarım / Design : Yusuf Meşe - Mehmet Havuş
Kapak Tasarım / Cover Design : Ali Akgün
Kapak Fotoğrafları / Cover Photos : Metin Öztürk

Basımevi / Print : AJANS-TÜRK BASIN ve BASIM A.Ş.
İstanbul Yolu 7. Km. Necdet Evliyagil Cad. No: 24 Batıkent / ANKARA
Tel: 312 278 08 24 • Faks: 312 278 18 95 • ajansturk.com.tr - info@ajansturk.com.tr

İÇİNDEKİLER • CONTENTS

Mehmet Havuş

ÖNSÖZ

"Hırçın Kız" Karadeniz binlerce yıllık tarihin izlerini, doğanın tarifsiz güzelliklerini, kitaplara sığmayacak kültürel birikimini, Anadolu insanının tüm sıcaklığını ve içtenliğini yaşatıyor.

Karadenizi ne anlatmak ne de yazmak öyle kolay! Karadenizi tanımak için gitmek, görmek ve yaşamak gerek.

Uzun yıllar Karadenizde yaşayan ve profesyonel rehberlik yapan bir Karadenizli olarak, yolu düşen herkesin Karadenizi hep büyük bir heyecanla anlattığını, anılarında da aynı canlılıkla yaşattığını gördüm. Yıllardır beraber seyahat ettiğim binlerce seyahatsever, benden hep gezip gördüğümüz ve anlattığımız bu güzellikleri tek bir kitapta görmek ve anılarını bu kitapta yaşatmak istediklerini dile getirdiler. Bugüne kadar onbeşbin seyehatsevere verdiğim sözle bu yayını hazırladım. Karadenize gelen çağdaş seyyahlara rehber olması amacıyla hazırladığım KARADENİZNAME, seyahatlerinizi daha anlamlı, bilgili ve kolaylaştırıcı kılmayı amaçlıyor. Kitap, Bolu'dan Artvin'e kadar bölge illerini; tarihi, coğrafyası, dağları, ormanları, yemekleri, halkoyunları, festivalleri, tarihi eserleri, doğal güzellikleri, telefon numaraları ve gerekli tüm bilgileriyle tanıtmaktadır. KARADENİZNAME, elinizin altındaki Karadeniz olsun.

Metin Öztürk

FOREWORD

The "Peevish girl" Black Sea keeps the traces of thousands of years, nature's inexplicable beauties, cultural history, warmth and sincerity of the Anatolian people alive.

It is not easy to talk or write about the Black Sea! One should go and live on the Black Sea to know it.

I have been living and working as a professional guide in the Black Sea area for many years and I have witnessed that whoever visits here talks enthusiastically and keeps the memories alive like the first time when the Black Sea is mentioned.

Thousands of travellers with whom I have travelled for many years have expressed that they want to see these beauties in a single book and keep their memories alive in this book. I wrote this book as I promised to fifteen thousand travellers I have met.

I have prepared KARADENİZNAME as a guide to contemporary travellers and it aims to make the travel more meaningful, informative and facilitating. The book introduces the history, the geography, the mountains, the woods, the meals, the folk dances, the festivals, the historical works, natural beauties, telephone numbers and all other necessary information about the cities of the Black Sea from Bolu to Artvin.

Let KARADENIZNAME be the Black Sea that is near you.

KARA DENİZ SEVDA

Rehberlere "çapkın" derler. Doğrudur belki de. Büyük aşklar nasıl başlar bilmem ama, benimkisi "ilk görüşte aşk", görür görmez oldu.

Gençtim, toydum. Evimden çıkıp üniversite eğitimi için giderken yolda gördüm onu. Dedim ya, toydum. Aklımı başımdan aldı; mavi gri buğulu gözlü Karadeniz. Koyu yeşil elbise giymiş gibiydi dağlar. O gün bugündür Karadenizdeyim, kim sorsa söylediğim "Karadenizliyim".

Baharda kardelenler, sonbaharda vargit çiçekleri çağırır beni. Uzungöl'deki tereyağında alabalık burnumda tüter, karalahana çorbası içmeden yumuşamaz imiğim. Nerede hangi müziği dinlesem, Çoşandere'nin, Fırtına'nın yerini tutmaz. Tül perdenin ardındaki nazlı kız gibi, sislerin ardından yüzünü gösterir Kaçkarlar. İnce belli rakkasenin dans edişidir sahillerindeki dalgalar. Rüzgar kemençenin, davulun sesini getirir bana.

Bolu'nun dağlarında başlar yeşilin sonsuzluğundaki kayboluşlarım. Oradan bir adım uzaklıkta Artvin'in Karagölleri, damağımda etli ekmeğin, nokulun tadı. Dağların zirvelerinden seyrederim aşağılarda uçuşan kartalları, fındık bahçelerini. Sisli havalarda ben de uçarım kafkas arılarıyla mis kokulu, mor çiçeklerin enginliğine.

Şair diyor ya "deniz kızı girmiş düşüme, ben iflah olmam". Benim de dağlar, yollar, bulutlar girmiş aklıma, ben iflah olmam. Karadeniz, kara sevdam.

THE BLACKSEA

DEEP SEA LOVE

It is said that guides are "women-chasers". Perhaps it is true. I do not know how the great loves happen to start. However, my love is a kind which is called "love at first sight". I fell in love immediately at first sight.

I was very young and inexperienced. One day, I left home and was on the way to the university and I saw it. As I said, I was inexperienced. I became mad about the Black sea with the blue, grey and foggy eyes, and as if the mountains had worn dark green clothes. From that day on, I am in the Black Sea region. Wherever and whoever asked me where I was from, I said that I was from the Black sea region.

In spring, snowdrops call me and in autumn, "vargit" flowers call me. I really miss the fish with butter in Uzungöl. I can not do without the collard soup. No music can satisfy like the Coşandere, Fırtına can. The Kaçkar casts a look through the fog, like a girl looking from behind the curtain. The waves are like slim-waisted dancers. The wind brings the voice of "tulum" and kemanche.

I get lost in the deep green of Bolu mountains. One step further, there is the Karagöller of Artvin, and the great taste of meat-bread and delight. There are the nut gardens and mountains with purple flowers and with a great fragrance where the eagles fly. It becomes best if there is a fog. As the poet said "I saw mermaid in my dreams, so now I am incorrigible". And so for me, the mountains, ways, clouds are all in my mind, so now I am also incorrigible.

The Black sea, the deep sea, my deep love.

Metin Öztürk

ZORLU
GRAND HOTEL
HER ZAMAN
DOST SICAKLIĞI
EXCEPTIONALLY YOURS

ART

Kafkasör Yaylasında Boğa Güreşleri / *Bullfight in Kafkasör High Plateau.*

VİN

Nüfus: 191.934, **Yüzölçümü:** 7436 km²
Harita Koordinatları: 40° 41' - 41° 22' kuzey enlemleri ve 41° 30' - 42° 26'doğu boylamları
İl Trafik Kodu: 08, **Şehirlerarası Telefon Kodu:** 0466

Population: *191.934,* ***Land mass:*** *7436 km²*
Coordinates: *40° 41' - 41° 22 north latitude and 41° 30' - 42° 26' east longitude.*
Traffic Code: *08,* ***Telephone Code:*** *0466*

Bahçesi var bağı var
Ayvası var narı var
Atamızdan yadigar
Bizde Ata Barı var

Kültür ve Turim Bk. Arşivi

Karadeniz Bölgesinin en son ve sınır şehri olan Artvin tam anlamıyla bir tarih, vahşi doğa ve kültür yöresidir. Zengin folklörü, tarihi eserleri, yüksek dağları ve yaylaları, el değmemiş ormanları, kayalıklardan dökülen şelâleleri, dünyada nadir bulunan bitki ve hayvan çeşitleri, verimli toprakları ve hele Evliya Çelebi'nin "Ruh ırmağı" diye bahsettiği Çoruh nehri ile Artvin, tüm doğa ve tatil severlerin cennetidir.

Tarihçe

Artvin yöresi ilk adlarını Çoruh nehrinden dolayı"Çoroksi, Çorok, Kollehis, Klarceti" ve Osmanlı döneminde de "Livane" olarak almıştır.

Son yıllarda yapılan araştırmalar, buranın tarihini MÖ 3000'li yıllara kadar uzandığını göstermiştir.

Tarihte "Onbinlerin Ricatı" diye bilinen olayla MÖ 4.yy'da bölgeye gelen Xenephon, bölgede Kolkhlar, Makaronlar ve Taok ka-vimlerinin yaşadığını bildirmektedir. MÖ 2.yy'a kadar İranlıların saldırısına uğrayan Artvin yöresi, bu tarihten sonra Romalıların egemenliği altına girmiş ve Roma'ya bağlı Arsaklı ve Sasani yerel kolları tarafından yönetilmiştir. MÖ 395'den sonra Roma İmparatorluğu'nun yıkılması sonucu Bizans hakimiyetine giren yöre sık sık Bizans ve İran arasında el değiştirdi. Bölgeye ilk olarak 1015 yılında gelen Sel-

Artvin, the last frontier city of the Black Sea region, is a city of history, culture and wild nature. For those who are interested in nature and a holiday, Artvin with its rich folk dancing, historical masterpieces, high mountains, waterfalls leaping from uninhabited jungles is, as a result, a pradise. Çoruh River that is called as "Spirit river" by Evliya Çelebi calledscarcely available plants and animal species in the world, fruitful land.

History

The recent studies conducted in Artvin, have revealed that its history dates back to 3000 BC Initially named related to Çoruh River as "Coroksi, Corok Kollehis, Klarceti" and later as "livane" in the Ottoman period.

Who came to Artvin in 4th BC on an occasion which was known as "Ten Thousands Retreat" in the history, stated that Kolks, Makarons and Taok tribes had lived in the area. Artvin that was under the attacks of Persians until 2 BC, relinguished its sovereignty to the Romans later and was ruled by Arsakli and Sasoni which were the local goverments of Romans. Artvin that joined Byzantine domination as a result of the fall of the Roman Empire's exchanged hands several times between Byzantines and Persians.

Artvin to which Trabzon Comnenos Government and the Seljuks laid claim was placed under the control of the Mongols' assault, was later ruled by Celayirs, Ti-

Artvin

çuklular, yörenin fethini 12.yy'da Anadolu Selçuklularına tabi Saltuklularla pekiştirerek, Saltuklu yönetimine bağladı. 12.yy sonrası Trabzon Komnenos Devleti ile Selçuklular arasında çekişmelerin yaşandığı Artvin yöresi, Moğol saldırısı sonucu İlhanlıların kontrolüne geçmiş ve Celayirliler, Timurlular, Karakoyunlular, Akkoyunlular ve Safeviler tarafından yönetilmiştir. En sonunda Yavuz Sultan Selim'le başlayan Osmanlı fethi, Kanuni döneminde İskender Paşa'nın 1551'de Ardanuç Kalesini fethetmesiyle tamamlanmıştır. Osmanlı döneminde Hopa ve Borçka Trabzon'a bağlı iken, Artvin, Ardanuç, Şavşat ve Yusufeli Çıldır eyaletine bağlanmıştır. 1828'de Osmanlıların Ruslara yenilmesi sonucu Çıldır eyaleti kaybedilince yöre, Erzurum'a bağlanmıştır.

Tarihte önemli bir yeri olan 1877-1878 Osmanlı Rus savaşı kaybedilince Artvin, Ardanuç, Borçka, Şavşat, Hopa ve Kemalpaşa Ruslara savaş tazminatı

murs, Karakoyunlu, Akkoyunlu and Safevis and finally the Ottomans. The Ottoman Conquest which was started by Sultan Yavuz Selim was completed with the conquest of Ardanuç Castle by Iskender Pasha during the reign of Süleyman the Magnificent period. In the Ottoman period, Artvin which was initially bound to Hopa, Borçka and Trabzon later became affiliated with Erzurum with the result that the Ottoman Emperor was defeated by the Russians and Cıldır Province was lost.

Between 1877-1878 the Ottoman- Russian War which played an important part in history was lost by the Ottomans. Artvin, Ardanuç were ceded to the Russians as war compensation, along with Kars and Batum. This province was under military occupation of Russia for 40 years. Artvin, from which the Russians withdrew, became affiliated with the motherland in accordance with Bret Litvosk Treaty. It was founded as a sub-province on 7 July 1921 and became a city of

olarak verilmiş, Batum ve Kars'la birlikte yöre 40 yıl Rus işgalinde kalmıştır. 3 Mart 1918'de Birest-Litvosk anlaşması ile Rusların çekildiği Artvin, 23 Şubat 1921'de anavatana bağlanmıştır. 7 Temmuz 1921'de Sancak olarak kurulmuş ve 24 Nisan 1924'de Türkiye Cumhuriyeti'nin bir ili olmuştur.

Coğrafya

Doğu Karadenizin en uç noktasında, dar ve engebeli bir arazi üzerine yerleşmiş Artvin, sarp, geçit vermeyen, fakat doğal güzelliklerle bezenmiş dağlarla kaplanmıştır. Dağlar üzerinde genellikle buzul vadilerinin diplerinde müren, krater ve set gölü olarak oluşmuş ve halk arasında "karagöl" diye adlandırılan birçok göl vardır. Bunlar arasında yabani hayat ve bitki çeşitliliği bakımından da çok zengin olan Borçka- Karagöl (4100 m²), Şavşat-Karagöl, Ardanuç-Karagöl en önemli ve görülmeye değer özellikteki göllerdir.

Demet Çakır

the Turkish Republic on 24 Apr 1924.

Geography

Artvin is located on narrow an uneven lands in the frontier zon of the Eastern Black Sea Regio and surrounded by steep an inaccessible mountains which however, are laden with natura beauty. On the mountains ther are on the whole several lake called "Karagöl" by the inhabitants, emerging from the depths of glacier valleys as murens, craters and dam lakes, among which the most outstanding and splenedid lakes are: Borçka- Karagöl (4100sqM), Şavşat-Karagöl, Ardanuç-Karagöl.

The most important river of the city is Çoruh River that leap 335km. Tortum, Berta, Barhal, Oltu Rivers are the most outstanding branches cultivating Çoruh River. Çoruh named as "spirit river" and "a great river that cannot be passed and on which bridges cannot be founded" by Evliya Çelebi, is considered to be one of the famous rafting tracks in the world because of its high flow capacity.

In the eastern bank of Çoruh Valley, Karçal Mountain (3428 m) and in the western bank of it, Kaçkar Mountain (3932 m) which is partially bounded in the west by Rize and Yalnızçam Mountain (Çadır Dağı 3054 m, Göze Dağı 3167 m) in Artvin-Kars province boundary stand. Altınparmak (3492 m), Büyükyurt Dağı (2250 m), Mihrap Dağı (2950 m), Genya Dağı (1850 m) are other important mountains in Artvin.

In Artvin of which 37% of total area is covered by forests, Ardanuç, Karanlıkmeşe, Hatilla Valley Woods (national parks) and the woods in

Borçka Karagöl

İlin en önemli akarsuyu Türkiye içinde 335 km yol kateden Çoruh nehridir. Tortum Çayı, Oltu Çayı, Berta Çayı, Barhal Çayı, Çoruh'u besleyen önemli akarsu kollarıdır. Evliya Çelebi'nin "çay-ı ruh" (ruh ırmağı) diye bahsettiği ve "geçit vermez, köprü tutmaz bir büyük nehirdir" dediği Çoruh; akarsu debisinin yüksek olması nedeniyle dünyanın önemli rafting parkurları arasındadır.

Çoruh vadisinin doğusunda Karçal Dağı (3428 m), batısında bir bölümü Rize sınırları içinde kalan Kaçkar Dağı (3932 m) ve Artvin-Kars il sınırında da Yalnızçam Dağları (Çadır Dağı 3054 m, Göze Dağı 3167 m) yükselir. Altıparmak (3492 m), Büyükyurt Dağı (2250 m), Mihrap Dağı (2950 m), Genya Dağı (1850 m) Artvin'in diğer önemli dağlarıdır.

Bitki Örtüsü

Toplam alanın % 37'si ormanlarla kaplı Artvin'de Ardanuç, Karanlıkmeşe, Hatilla Vadisi ormanları (milli park), Şavşat-Sahara (milli park), Borçka-Macahel (Camili) bölgesindeki orman-

Şavşat-Sahara (national park), Borçka- Macahel (Camili) regions are the most important ones in terms of plant life and variety of animals.

In these woods spruces, firs, red trees, oaks, chestnut trees, hornbeams are mostly seen.

Fauna

Wild animals such as chamoises, ibex, lynx, grey bear, wild boar, wolve, fox, rabbit, jackal, roe and some birds of prey such as sparrow-hawk, falcon and eagle, and other kinds of birds such as partridge, woodcock, wild ducks, wood-pigeons, golden orioles, Caucasian black grouse and other bird species are often noticed in Çoruh River and Kaçkar Mountains.

Climate

Although a rainy climate in every season and a warm climate in winters are dominant on the mountains' hillsides standing by the sea, a different climate is dominant in Çoruh Valley separated from the seas by mountains. In this region, precipitation is light and warmth difference is high. In

Kafkas Arıları / *Caucasian Bees*

lar bitki türleri ve yabani hayvan çeşitliliği bakımından en önemlileridir. Bu ormanlarda en fazla ladin, kayın, köknar, kızılağaç, meşe, kestane, gürgen görülmektedir.

Yaban Hayatı

Çengel boynuzlu dağ keçisi, vaşak, boz ayı, yaban domuzu, kurt, tilki, tavşan, çakal, karaca, dağ keçisi vb. yaban hayvanları ile atmaca, şahin, kartal, doğan gibi yırtıcılar, keklik, urkeklik, çulluk, yaban ördeği, üveyik, sarıasma, sarısandal ve dağ horozu gibi diğer kuş türleri, Çoruh Nehri ve Kaçkar dağlarında sıkça gözlenebilen türler arasındadır.

İklim

Doğu Karadeniz dağlarının denize bakan yamaçlarında her mevsim yağışlı, kışları ılık bir iklim sürmesine rağmen, dağlarla denizden ayrılmış Çoruh vadisinin daha farklı bir iklimi vardır. Burada yağışlar daha az ve sıcaklık farkları fazladır. İç kesimlerde kışlar kar yağışlı, yazları serindir. Doğu Karadeniz iklimi Arha-

the inner parts, winters are rainy and summers are warm. The East Black Sea Climate is dominant among Arhavi, Hopa and Borçka; warm climate is in the region Borçka-Artvin Yusufeli and severe region climate is dominant in the high places from Çoruh river and winters are harsh and extremely snowy, but summers are warm.

Agriculture

Because the land is highly mountainous in Artvin only 4% of all city area is used as agricultural land. Corn, wheat sowing, fruit culture, citrus fruits are in Hopa and Arhavi boroughs; nut and tea are mostly produced. A Nut and tea in Arhavi and Hopa, viticulture in Berta Valley and Ardanuç, olive in Çoruh Valley and Yasulec and tabocco in Kemalpaşa are grown.

Because 55% of the city area is covered by meadows and pastures animalcule is developed. In addition, the copper mine in Murgul sub-district of Borçka district

vi, Hopa, Borçka arasında, ılıman iklim Borçka-Artvin-Yusufeli arasındaki bölgede ve sert bölge iklimi de Yusufeli- Ardanuç- Şavşat bölgesindeki Çoruh Nehrinden yüksek yerlerde, kışları çok soğuk ve fazla karlı, yazları serin olarak geçer.

Artvin'de arazinin fazla dağlık olması nedeniyle, bütün il yüzölçümünün sadece %4'ü tarım arazisi olarak kullanılabilmektedir. Mısır, buğday ekimi, meyvecılık, narenciye, yaygındır. Hopa ve Arhavi ilçelerinde, fındık ve çay, Berta vadisi ve Ardanuç'ta bağcılık, Çoruh vadisinden Yusufeli'ne kadar olan alanda zeytin, Kemalpaşa bölgesinde tütün yetiştirilmektedir. İl yüz ölçümünün %55'i çayır ve otlaklarla kaplanmış olduğundan, hayvancılık da gelişmiştir. Ayrıca Borçka ilçesi Murgul bucağındaki bakır madeni şehir ekonomisinde önemli bir yer tutmaktadır.

Ulaşım

Samsun-Trabzon-Hopa-Artvin sahil yolu, Artvin-Erzurum ve Artvin-Ardahan-Kars yolları önemli karayolu bağlantılarıdır. Ankara, İstanbul, Samsun, Trabzon, Erzurum, Kars, Bursa

Zeytin / Olive

places notable importance in city economy.

Transportation

Samsun-Trabzon-Hopa-Artvin seashore promenade and Artvin-Erzurum and Artvin-Ardahan-Kars roads are significant motorway connections. Bus journeys to Ankara, Istanbul, Samsun Trabzon, Erzurum, Kars, Bursa and any other various cities are organised. Air transportation is provided by Trabzon Airport which is 234km away and by Erzurum Airport which is 203km away. In Artvin, where public transportation is provided with local buses, boroughs and villages are reached by minibuses.

Kafkasör Yaylası / Kafkasör High Plateau

Oğuz Kurdoğlu

ve diğer birçok şehre hergün karşılıklı otobüs seferleri düzenlenmektedir. Havayolu ulaşımı 234km uzaklıktaki Trabzon havalimanı ve 203km uzaklıktaki Erzurum havalimanından sağlanmaktadır. Şehir içi ulaşımının belediye otobüsleriyle sağlandığı Artvin'de, ilçe ve köylere minibüslerle ulaşabilmektedir.

Halk Oyunları

Artvin yöresinde; Atom, Mendo, Vazriya, Sasa, Kobak, Sarıçiçek, Atabarı, Üçayak, Uzundere, Şahlan, Döne, Ahçik, Ağırbar, Cilvelo, Hemşin ve Düzhoron adı verilen oyunlar oynanır. Bunlardan en fazla bilinen Atabarı, 1936 yılına kadar "Artvin Barı" olarak adlandırılmıştır. 1936 yılında İstanbul'da düzenlenen Balkan Oyunları Festivali'nde birinci olan Artvin ekibi, 2 Eylül gecesi Beylerbeyi Sarayında Atatürk'ün huzurunda bir gösteri yapmış ve Atatürk de ekibe katılarak oyunu sonuna kadar birlikte oyna-

Folk Dances

In Artvin some folk dancing such as Atom, Mendo, Vazriya, Sasa, Kobak, Sarıçiçek, Atabarı, Üçayak, Uzundere, Sahlan, Done, Ahçik, Ağırbar, Cilvelo, Hemşin and Düzhoron are performed. One of the most well-known of them is "Atabarı" which was initially called "Artvin Barı". The Artvin folk team that came in first in Balkan Folk Festival held in İstanbul in1936 put on a show on the second day of September in Beylerbeyi Palace in the presence of Atatürk and he joined the team performance the folk dancing was completed. The team touched by Atatürk's participation changed the name of the folk dancing from Artvin Barı into "Atabarı".

Festivals

In Kafkasor plateau, 9 km from Artvin, bullfight shows are traditionally held at the last week of June every year. In this festival called "Kafkasor Festival" the bulls brought from every part of the city are classified according to their neck thickness and weight and then they are allowed to wrestle. In Artvin Kafkasor Festival where bulls are never hurt and blood ne-

Artvin'de Köy Evleri / *Village Houses in Artvin*

mıştır. Bu olaydan duygulanan ekip oyunun "Artvin Barı" olan ismini "Atabarı" olarak değiştirmiştir.

Artvin'e 9 km uzaklıktaki Kafkasör Yaylasında her yıl Haziran ayının son haftası geleneksel olarak boğa güreşleri düzenlenmektedir. "Kafkasör Festivali" olarak bilinen bu festivalde ilin her yerinden getirilen boğalar boyun kalınlıkları ve kilolarına göre sınıflandırılarak güreştirilir. İspanya'daki boğa güreşlerinin aksine kan dökülmeyen ve boğaların zarar görmediği Artvin Kafkasör Festivalinde boğa güreşlerinin yanı sıra folklor gösterileri ve diğer etkinlikler yerli ve yabancı turistlerce 4 gün boyunca ilgi ve heyecanla izlenmektedir.

Ayrıca 18-19 Mayıs tarihleri arasında Ardanuç ilçe merkezinde düzenlenen "Karakucak Güreşleri ve Efkari Aşıklar Şenliği", Arhavi ilçesinde 21-23 Temmuz tarihleri arasında "Altın Atmaca Kültür ve Sanat Festivali", Şavşat ilçesinde Temmuz ayının 3. Cumartesi-Pazar günleri çeşitli eğlencelerin de düzenlendiği, il-

ver shed as opposed to bullfight shows in Spain. Folkloric dancing shows and many other activities are also watched keenly and breathlessly by both native and foreign tourists.

In addition, the dates between 18 and 19 May in Ardanuç town center "Karakucak Wrestling and Efkari Lovers Festival"; in Arhavi district from 21 and 23 July "Golden Sparrow-hawk Culture and Art Festival"; in Şavşat borough, on the third Saturday on Sunday of July "Şavşat Sahara Pancarcı Festival" is held where various entertaining activities which present the town's customs and where Karakucak Wrestling is shown.

Handicrafts

Owing to rich woods of the city, handicraft depending on wool workmanship has been improved notably. Various kinds of wood, dresses and clothes, small carpets and kilims, wood socks, saddle bags woven on workbenches and called "sele, sepet, gideler, çatan, kalbur, and especially kuy" are handicrafts unique to Artvin.

Kültür ve Turizm Bk. Arşivi

çenin gelenek göreneklerinin tanıtıldığı, Karakucak Güreşlerinin yapıldığı "Şavşat Sahara Pancarcı Festivali" Artvin'in neşeyle kutlanan festivallerindendir.

El Sanatları

Yörenin orman zenginliği nedeniyle ağaç işçiliğine dayalı el sanatları önde gelmektedir. Sele, sepet, gidelen, çatan, kalbur ve özellikle "kuy" denilen tezgahlarda dokunan çeşitli yün giysiler ve kumaşlar, küçük halı ve kilimler, yün çorap ve heybeler Artvin'e özgü el sanatları arasındadır.

Yöresel Yemekler

Taze asma yaprağı kurutularak yapılan "nepürşen", taze fasulyenin kurutulup kabuklarıyla etli ve ekşili yapılan "puçuko", hamur işlerinden "katmer", "erişte", "hıngal", "çergabaz", "bişi", "lokum", çorbalardan "lor çorbası", tatlılardan "hasude", "kaysefe" ve "zurbiyet" Artvin yöresinin zengin mutfağının önde gelen çeşitlerinin bazılarıdır.

TARİHİ ESERLER

Tarih boyunca birçok uygarlığın geçiş noktasında bulunan Artvin yöresi, doğal güzellikleri kadar tarihi eserleri bakımından da oldukça zengindir. Önemli bir kavşak noktasında bulunması Artvin'i bir kaleler ve kiliseler şehri yapmıştır. Özellikle Çoruh Nehri boyunca, bölgeye hakim tepeler üzerinde çoğunun yapılış tarihi bilinmeyen çok sayıda karakol kalesi ve haberleşme kuleleri mevcuttur. Günümüzde çoğu harabe durumdaki bu kalelerin bazıları şunlardır:

Artvin Kalesi: Artvin merkezinde bulunan kale, MS 937 yılında, Çoruh'a hakim bir tepede sarp granit bir kaya üzerinde ya-

Kardelen / *Snowdrop*

Regional Cuisine

"Nepürşen" cooked by withering fresh vine leaves, "puçuko" cooked either sourishly or with meat by withering pods of string beans; pastry such as "katmer", "erişte", "hıngal", "çergebaz", "bişi", "lokum"; soup such as "lor soup"; dessert such as "hasude", "kaysefe" and "zurbiyet" are some of the notable meals of Artvin district's rich menu.

HISTORICAL PLACES

Artvin located in a crossing point of many civilizations throughout history is a rich city in terms of not only natural beauties but also historical masterpieces. Being on a crossing point makes it a city of castles and churches. In particular, along Çoruh River on the hills overlooking the district there are several police stations and communication towers the construction dates of which are not known. Some of these castle ruins are, as follows:

Artvin Castle: *The castle, in the center of Artvin, was built on a precipitous and granite rock over-*

ılmıştır. Değişik tarihlerde onaım görmüştür.

Ardanuç Kalesi: Ardanuç ilçesinin kurulduğu yamacın Cehennem deresine hakim tepesinde, 537 yılında yapılmıştır. 1551 yılında Osmanlı egemenliği altına girmiştir.

Demirkent Kalesi: Halen harabe durumdaki kalenin bölgeye yerleşen Sakalar tarafından yaptırıldığı sanılmaktadır.

Tukharis Kalesi: Şavşat ilçesinin Kayadibi köyünün arkasında böl-geye hakim bir tepede bulunan Tukharis kalesinin, bir Türk boyu olan Tukharlar tarafından yapıldığı sanılmaktadır. 744 yılında Arap saldırıları sırasında kale yıkılmıştır.

Söğütlü Kalesi: Şavşat Söğütlü mahallesinde, kayalık üzerinde Sakalar tarafından Konta kentinin savunması için yaptırıldığı sanılmaktadır. Harabe durumdadır.

Ferhatlı Kalesi: Ardanuç ilçesinin Ferhatlı Köyünde bulunan kale, harabe durumdadır.

looking Çoruh in 937 AD. It was restored in different dates.

Ardanuç Castle: *It was built in 537 on the hill overlooking the Hell Creek within Ardanuç Borough.*

Demirkent Castle: *The castle which is still a ruin is supposed to have been built by Sakas who settled in the region.*

Tukharis Castle: *Tukharis Castle, which is on a hill overlooking the region behind Kayadibi Village of Şavşat district, is assumed to have been built by Tukhars, which was Turkish clans. It was demolished during the Arabian attack in 744.*

Söğütlü Castle: *It is supposed to have been built on rocks in Şavşat Söğülü neighbourhood by Sakas to defend Conta town. It is in ruins now.*

Ferhatlı Castle: *The Castle which is in Ferhatlı Village of Ardanuç district is in ruins.*

Köprügen Castle: *It is in Köprügen Village dependent on Kılıçkaya sub-disctrict of*

Barhal Kilisesi
Barhal Church

Köprügören Kalesi: Yusufeli ilçesinin Kılıçkaya bucağına bağlı Köprügören köyündedir. Yusufeli-İspir yolunun 42. km'de ve harabe durumundadır.

Civarhisar Kalesi: Şavşat ilçesinin Meydancık bucağına bağlı Dutlu köyünün güney batısındadır. Şavşat ilçesine 25 km uzaklıktaki kale, harabe durumdadır.

Okumuşlar Kalesi: Artvin merkezine bağlı Okumuşlar Köyündeki kale, il merkezine 30 km uzaklıkta, bölgeye hakim sarp bir kayalık üzerinde kurulmuştur.

Sarıbudak Kalesi: Artvin merkezine bağlı ve Artvin-Yusufeli yolunun 32. km'sinde ayrılarak ulaşılan Sarıbudak Köyündeki kale harabedir.

Diğer önemli tarihi eserler bölgede yaygın olarak görülen kiliselerdir. Bu kiliselerin önemlileri:

Barhal Kilisesi: Yusufeli ilçesinin Altıparmak (Barhal) köyünde bulunan ve Gürcü ustalar tarafından 10.yy'da yapılan kilise, günümüzde cami olarak kullanılmaktadır.

Cevizli Kilisesi: Şavşat ilçesinin Cevizli köyünde bulunan kilise 914 yılında yapılmıştır.

İşhan Kilisesi: Yusufeli ilçesinin Dağyolu köyündedir. Mimarisi bakımından oldukça ilgi çeken kilisenin kubbesi çadır biçiminde yapılmış olup, çatı örtüsü, kapı ve pencere kenarlarındaki taş işlemeleri görülmeye değer özelliktedir. Kilise 9.yy'da yapılmıştır.

Hamamlı Kilisesi: İl merkezine bağlı Ortaköy bucağının Hamamlı köyündedir. 958 yılında

Yusufeli district. It is in 42. km of Yusufeli-İspir motorway and is in ruins now.

Civarhisar Castle: *It is in the south east of Dutlu village dependent on Meyancık sub-district of Şavşat district. The castle, which is 25 km distant from Şavşat, is in ruins.*

Okumuşlar Castle: *The Castle which is in Okumuşlar Village dependent on Artvin, was built on a precipitous rock overlooking the region and 30km distant from the city center.*

Sarıbudak Castle: *The Castle which is in Sarıbudak Village, that is on the 32. km of Artvin-Yusufeli motorway is in ruins.*

Among the other notable historical masterpieces there are churches as well. Some of the important churches are, as follows:

Barhal Church: *The church, which is in Altıparmak (Barhal) Village of Yusufeli, was built by Georgian Craftsmen in 10th century and it is being used as a mosque now.*

Cevizli Church: *The church which is in Cevizli Village of Şavşat Borough was built in 914.*

İşhan Church: *It is in Dağyolu Village of Yusufeli Borough. The dome of the church, which is quite interesting in terms of its architecture, was formed in the shape of a tent and its stone ornamentation on the edges of the doors and windows are worth seeing. It was built in 9th century.*

Hamamlı Church: *It is in Hamamlı Village of Ortaköy sub-district dependent on city center. It was built by King Sunbat in 958. "The Sun's Clock" standing*

İşhan Kilisesi / İşhan Church

Kral Sunbat tarafından yaptırılmıştır. Günümüzde cami olarak kullanılan kilisenin girişindeki güneş saati ilgi çekicidir.

Dört Kilise: Yusufeli ilçesinin Tekkale (Dörtkilise) köyündedir. 9.yy'da yapılmış, 16.yy'da işlevini kaybetmiştir.

Köprülü Kilisesi: Şavşat'ın Veliköy bucağına bağlı Köprülü köyündedir.

at the entrance of the church, which is used as a mosque at present, is very impressive.

Dört Church: *It is in Tekkale Village (Dörtkilise) of Yusufeli Borough. It was built in 9th Century and used until the 16th century.*

Köprülü Church: *It is in Köprülü Village dependent on Veliköy sub-district of Şavşat.*

Bulanık Kilisesi: Ardanuç merkezine bağlı Bulanık köyündeki kiliseden içindeki gizli geçitlerle Bulanık Deresine inilebilmektedir.

İbrikli Kilisesi: Borçkaya 32 km. uzaklıkta İbrikli Köyü'ndeki kilisenin Bağratlılar zamanında yapıldığı sanılmaktadır.

Porta Manastırı: İl merkezine bağlı Pırnallı köyünün Bağlık mevkiinde bulunan manastır, 9.yy'da inşa edilmiştir. Kilise, çan kulesi,şapel, çeşme bulunmaktadır. 16.yy'da terk edilmiştir.

Kiliselerin yanı sıra Artvin bölgesinde ahşap işlemeyle yapılan camiler de görülmeye değerdir.

Artvin merkezindeki, Livane sancak beylerinden Salih Bey tarafından 1791 yılında yaptırılan Salihbey Camii, Ardanuç ilçesinde 1551 yılında İskender Paşa tarafından yaptırılan İskenderpaşa Camii, Borçka ilçesinin Muratlı köyünde ahşap işlemeleri ile dikkat çeken Demirkent Camii, Arhavi ilçesi Dikyamaç köyünde kesme taşlardan yapılmış Dikyamaç Camii, bölgede görülebilecek camilerden sadece bazılarıdır.

Bulanık Church: *The church where there are some passages and through the passages you can reach Bulanık Brook, is in Bulanık Village dependent on Ardanuç.*

İbrikli Church: *The Church in İbrikli village is 32 km far from Borçka district.*

Porta Monastery: *It is in Bağlık dependent on Pırnallı village. It was built in 9th century and left in 16th century. A church, chapel, belfry and a fountain can be visited.*

Aside from churches in Artvin, the mosques built with wooden ornaments are worth seeing.

In Artvin city center, Salihbey Mosque built by Salih Bey who was one of the Livane Sanjak rulers in 1791; Iskanderpasha Mosque built in 1551, in Ardanuç district by Iskender Pasha; Demirkent Mosque which is quite impressive with its wooden ornaments in Muratlı Village of Borçka district; Dikyamaç Mosque made of cut stones in Arhavi district are some of the mosques that are worth seeing.

In addition, most seen curving stone bridges dating back to the

Mehmet Havuş

Karagöl

Ayrıca, bölgede sık görülen Osmanlı dönemine ait kemerli taş köprüler bölgenin doğal güzelliklerini süsleyen diğer tarihi eserler arasındadır.

YAYLA VE DOĞAL GÜZELLİKLER

Yaylalar bakımından oldukça zengin olan Artvin yöresinde, Kaçkar yaylaları, Karçal, Borçka, Ardanuç yaylaları ilk akla gelenler arasındadır.

Kafkasör Yaylası ve Turizm Merkezi: Artvin'in güneybatısında, 10 km uzaklıkta, 1250 m yükseklikte ormanlık bir arazi içindeki Kafkasör Yaylası, her yıl Haziran ayının son haftasında düzenlenen boğa güreşleri ile tanınmaktadır. Yaylada Cıskaro, Yalnızhasan, Acısu diye adlandırılan şifalı sular mevcuttur. Buradaki bungalov evlerde konaklama imkanı vardır.

Mersevan Yaylası: Kafkasör yaylasından 7 km uzaklıktaki, sık ormanlarla çevrilmiş Genya dağının eteklerindedir.

Yusufeli - Kaçkar Turizm Merkezi ve Yaylalar Köyü: Yusufeli ilçesinin 53 km batısında, yaklaşık 2150 m yükseklikteki yayla, özellikle Kaçkar Dağına (3932 m) çıkacak olanların uğrak yeridir. Zirve öncesi konaklamanın yapılacağı Dilberdüzü (2750 m) kamp yeri ile Yaylalar Köyü arası yaklaşık 10 km olup, patika yol mevcuttur. Yaylalar Köyünde, çeşme, elektrik, sağlık ocağı, fırın, bakkal, kır kahvesi, pansiyon bulunmaktadır. Bölgede vaşak, bozayı, çengel boynuzlu yaban keçisi, kurt, çakal, tilki gibi yabani hayvanlar yaygındır.

Ottoman Period which are some of the historical masterpieces ornamenting the natural beauty of the region.

PLATEAU AND NATURAL BEAUTIES

In Artvin, which is quite rich in terms of plateaus, Kaçkar Plateaus, Karçal, Borçka and Ardanuç Plateaus are some of the most notable ones.

Kafkasör Plateau and Tourism Center: *Kafkasör which is on a wooded field, 1250 m high and 10km distant and on the south east of Artvin is known with its bull-fights held in the last week of June every year. In the plateau, there are some spas such as Cıskaro, Yalnızhasan, Acısu. Besides, it is possible to stay here.*

Mersevan Plateau: *It is on the hillside of Genya Mountain surrounded by dense woods, 7km distant from Kafkasor Plateau.*

Yusufeli-Kaçkar Tourism Center and Yaylalar Village: *The Plateau that is 53km far from Yusufeli District and about 2150m high is a frequently visited place especially for those who would like to climb Kaçkar Mountain (3932m). Between Dilberdüzü (2750m) where people can stay overnight and Yaylalar Village is 10km far, and there is also a path here. In Yaylalar Village, fountain, electricity, village clinic, baker's, grocer's, country coffeehouse are available. In the region some wild animals such as lynx, grey bears, chamois, wolves, jackals, foxes are mostly seen.*

Borçka-Karagöl: *On Borçka-Karagöl periphery, which can be reached through 5 km dirt road*

Borçka-Karagöl: Borçka – Camili yolunun 27. km'sinden doğuya ayrılıp, 5 km'lik toprak yolla ulaşılabilen Borçka – Karagöl çevresinde, wc, çeşme, pansiyon, piknik alanı mevcuttur. Bitki ve yabani hayvan bakımından zengin çeşitliliğe sahip bölgede, vaşak, ayı, çengel boynuzlu dağ keçisi, dağ tavuğu, yırtıcı kuşları görmek mümkündür.

Ardanuç-Bilbilan Karagöl Yaylası: Ardanuç ilçesinin doğusunda, 51 km uzaklıkta, toprak bir yolla ulaşılabilen yaylada, her hafta Cumartesi günü Pazar kurulmakta ve yöre insanları ihtiyaçlarını buradan karşılamaktadır. Bitki ve yabani hayvan çeşitliliği bölgenin tüm özelliklerini yansıtmaktadır.

Şavşat Karagöl-Sahara Milli Parkı: Karagöl ve Sahara olmak üzere iki bölümden oluşan Milli Park, Şavşat ilçesinin kuzeydoğusundadır. Şavşat'a 30 km uzaklıktaki Karagöl bölümü adını pınarlarla beslenen gölden almaktadır. Ladin ve çam ağaçları ile çevrili Karagöl çevresinde yürüyüş parkurları, e-lektrik, çeşme, wc, pansiyon, telefon bulunmaktadır.

Sahara bölgesi ise özellikle yayla güzellikleri ile dikkat çekmektedir. Buradaki Kocabey yaylasında kış mevsiminde dahi konaklamak mümkündür.

3766 hektarlık bir alanı kapsayan Karagöl- Sahara Milli Parkı 31.8.1994 tarihinde Milli Park ilan edilmiştir. Bölgede doğu ladini, köknar, sarıçam, ahlat, ormangülü, kızılcık, fındık, kuşburnu gibi birçok bitkinin yanı sıra ayı, kurt, yaban domuzu, porsuk, tilki, sincap, vaşak, tav-

that is separated from Borçk Camili motorway, there are a lc vatory, fountain, pension and picnic area. In the region, whic is quite rich in terms of animal va riety, it is possible to see lynx, be ars, chamois, mountain hens an birds of prey.

Ardanuç-Bilbilan Karagöl Pla teau: *The plateau which is in th eastern part of Ardanuç distric and 51km distant from Ardanu which can be reached throug dirt road, open-air-markets ar held on every Saturday and th inhabitants meet their needs he re. Variety of plants and animal reflect all of the region's characte ristics.*

Şavşat Karagöl-Sahara National Park: *The national park formed with two parts, which are Karagöl and Sahara, is located in the north east of Şavşat district. Karagöl, which is 30 km far from Şavşat, takes its name from Karagöl cultivated with a spring. On the periphery of Karagöl surrounded with spruces and pines there are promenades, electricity, fountain, lavatory, pension and telephone.*

Sahara part, on the other hand, is very impressive with its plateau beauties. On Kocabey plateau it is possible to stay overnight even in wintertime.

Karagöl-Sahara National Park covering 3766 hectare land was proclaimed a national park on 31.08.1994. In the region aside from many kinds of plants such as eastern spruces, fir trees, scotch pines, wild pears, rose

şan, keklik, doğan, saksağan ve yırtıcı kuşlar gibi yabani hayvan çeşitliliği de oldukça fazladır.

Hatilla Vadisi ve Milli Parkı: Artvin'e 25 km uzaklıkta Hatilla (Atila) Vadisi, vahşi doğa güzelliklerinin en güzel görülebileceği yerlerden biridir. El değmemiş güzelliklerle dolu Hatilla Vadisinin 16.988 hektar alanı kapsayan bölümü 31.08.1994 tarihinde milli park ilan edilmiştir. Yörenin ilginç ahşap mimarisi, dere balıkçılığı, arıcılık ve bölgenin botanik, yabani yaşam çeşitliliğinin inanılmaz zenginliği gelen ziyaretçilerin ilgisini çekmektedir.

hips, cornelian cherries, hazel nuts,and hips; birds of prey and wild animals such as wolves, wild boars, badgers, foxes, squirrels, lynx, rabbits, partridges, falcons and magpies.

Hatilla Valley and National Park: *Hatilla, 25km distant from Hatilla (Atila) Valley, is one of the places where wild natural beauties can be easily seen. 16.988 Hectar land of Hatilla Valley, which is laden with untouched beauty, was proclaimed a national park on 31.08.1994. Interesting wooden architecture, brook fishery, agriculture, variety of botany and wild life of the region take the visitor's attention.*

Oğuz Kurdoğlu

Atmaca / *Sparrow Hawk*

TURİZM ALTERNATİFLERİ

Artvin yöresi kaleleri, kiliseleri, eski evleri ve zengin kültürünün sağladığı kültür turları olanaklarının yanı sıra, Rize ile sınırını oluşturan ve Türkiye'nin 5. büyük dağı olan 3932 m rakımlı Kaçkar dağlarında düzenlenebilecek doğa yürüyüşü ve dağcılık turları için büyük bir potansiyel sağlamaktadır. Ayrıca Karçal, Altıparmak dağları da aynı olanaklara sahiptir. Bölge ormanlarının bazı bölümleri, sahip olduğu bazı farklı biyolojik özellikler ve çeşitlilik dolayısıyla "ılıman iklim kuşağı yağmur ormanları", "Subtropikal Ormanlar" veya

TOURISM ALTERNATIVES

Aside from Artvin region's castles, churches, old houses and cultural tours, Kaçkar Mountains, the fifth highest mountain in Turkey and (3932m), standing along the border with Rize, have a good potential for nature trekking and mountain tours. Karçal and Altıparmak Mountains also have the same potential, because some parts of the woods of the region show some different biological features and variety called "Temperate Zone Rain Forests", "Subtro-

"Sis Ormanları" olarak da uzmanlarca adlandırılabilmektedir. "Kolşik (Colchic) Flora" adıyla anılan bitki örtüsü içinde "Alpin Çayırlıklar" "Kayalık, Göl ve Nehir Ekosistemleri" ve "Doğal Yaşlı Ormanlar" gibi biyolojik çeşitlilik açısından eşsiz doğal güzelliklerinin yer alması, bölgede "botanik turlar" için büyük olanak sağlamaktadır. Ayrıca bölge özellikle yırtıcı kuşların ana göç yolları üzerindedir. Bu nedenle yırtıcı ve yırtıcı olmayan birçok kuşun bölgede bulunması "kuş gözlemciliği" olanağı sağlarken, Çoruh nehri ise "Rafting" turları için büyük bir potansiyeldir. Av turizmi bakımından ise Yusufeli bölgesinde bozayı ve çengel boynuzlu dağ keçisi avı yabancıların büyük ilgisini çekmektedir. (Av turizmi, Orman Bakanlığı'ndan alınan özel izinle yapılabilmektedir.)

pical Forests" or "Fog Forests" by the experts. Also in its flora called "Colchic Flora" there are "Alpin Meadowland", "Rocky, Lake, and River Eco-systems" and "Natural Old Woods" which are uniquely beautiful in terms of biological variety providing an opportunity to organize botany tours. Moreover, the region is located on emigration roads of birds of prey. In the region that there are several birds of prey or to bird observation. Çoruh River, on the other hand, is a quite suitable place for "Rafting Tours". In terms of hunting tourism, in Yusufeli region, greybears and chamois hunting takes foreigners' attention. (Hunting tourism is organized in accordance with the permission granted from Ministery of Forestry.)

Mantar / *Mushroom*

Metin Öztürk

Unutmayın

Artvin'in Karagöllerini görmeyi, Kaçkarlarda yürümeyi, meyvalarını ve Çoruh vadisinin zeytinini tatmayı, Kafkasörde boğaları seyretmeyi, Hatilla'nın ve Sahara'nın ormanlarını fotoğraflamayı, Atabarını seyretmeyi, İşhan'ı gezmeyi, Artvin – Ardanuç arasındaki Cehennem Deresini görmeyi yaylalarda gezmeyi ve doğayı korumanın sizin göreviniz olduğunu unutmayın...

Do Not Forget

Please do not forget to see Artvin's Black lakes, walk on Kaçkar Mountains, taste its fruits and olives of Çoruh Valley, watch bull-fights in Kafkasor, take photographs of Hatilla and Sahara's woods, watch Atabarı, walk around Ishan, see Hell Brook which is between Artvin-Ardanuç, take a walk on plateaus and do not forget that this is your own mission to protect the nature.

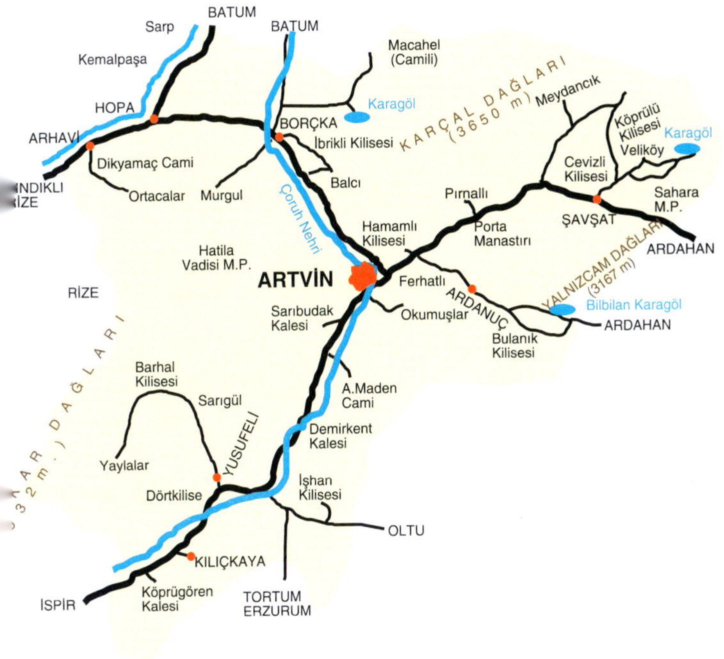

0466............Artvin telefon rehberi

NEREDE KALMALI? / WHERE TO STAY?

Terzioğlu***/ Hopa	351 51 11
Peronti Oteli***/ Hopa	351 76 63
Karahan Oteli**/ Artvin	212 18 00
Demirkol Oteli**/ Borçka	415 36 60
Koru Otel/Artvin	212 65 65
NEREDE YEMELİ? / WEHERE TO EAT?	
Canlı Alabalık	212 34 49
Hanedan Restaurant	212 72 22
Nazar Restaurant	212 17 09
HANGİ ACENTA? / WHICH AGENCY?	
Tur Hunt / Artvin	212 20 00
OTOBÜS / COACH	
Ulusoy / Hopa	351 43 03
Lüks Artvin	212 21 70
Artvin Ekspres	212 61 61
Yeni Artvin	212 45 95

BANKALAR / BANKS

Ziraat	212 11 55
İş Bankası	212 26 68
Akbank	212 35 38
HASTANELER / HOSPITALS	
Devlet Hastanesi	212 10 40
SSK	212 10 59
GEREKLİ TELEFONLAR / USEFUL PHONES	
Valilik	212 10 08
Belediye	212 79 80
Emniyet Md.	212 86 53
Jandarma	212 10 46
Turizm Danışma Md./Sarp	371 51 72
Kültür ve Turizm Md.	212 30 71
Hopa Liman işletme Md.	351 22 60
Karayolları Şb. Md.	212 22 82

ÇORUH NEHRİ ve ÇORUH'TA RAFTİNG

Ünlü Türk gezgini Evliya Çelebi'nin Seyahatnamesi'nde, adının Can Irmağı, Ruh Irmağı anlamındaki "Cey-i Ruh" dan geldiğini söylediği Çoruh Nehri, 3153 m yükseltili Naldöken Tepesi eteklerinden doğup, Mescit dağlarının güneyi boyunca batıya doğru, Bayburt'tan dönerek Doğu Karadeniz Dağlarının güneyi boyunca doğuya doğru diğer kollarını da toplayarak ilerler. Yusufeli civarında Tortum Çayı, Oltu Çayı ve Barhal Çayı ile birleşerek Artvin'e yönelen Çoruh Artvin yakınlarında Berta Çayı ile birleştikten ve Türkiye sınırları içinde 335 km yol aldıktan sonra Gürcistan sınırlarında, Batum yakınlarından Karadeniz dökülür.

Seyahatnamede "geçit vermez, köprü tutmaz büyük bir nehir" olarak tarif edilen Çoruh'ta o dönemlerde kayıklarla nehirden yukarı kısımlara tuz, demir, diğer aletler ve silah götürüldüğü, yukarılardan da şimşir, bal, ve esir ticareti yapıldığı anlatılmaktadır.

Engebeli arazide ve ortalama 300 m^3/sn gibi çok yüksek bir debi ile akan Çoruh Nehri, bu özelliği ile uluslararası üne sahip bir rafting parkurudur. Haziran başlarında debisi çok yüksek seviyelere ulaşır. Raftinge en uygun aylar Haziran ve Temmuz aylarıdır. Rafting için uygun parkurlar ise Bayburt'a 25 km uzaklıktaki Maden kasabasından başlayıp, Artvin'e 50 km kala Sebzeciler'de sona eren bölümdür. Artvin'den sonraki bölümün debisi 6 yani geçilmez özelliktedir. 4 günlük ve 115 km'lik bu parkurda, yaklaşık 900 m'lik bir irtifa kaybedilmektedir.

Kültür ve Turizm Bk. Arşivi

ÇORUH RIVER AND RAFTING IN ÇORUH

Evliya Çelebi, in his Travel Book, said that Çoruh River taking its name from Cey-i Ruh which means that Soul River, rises on the hillsides of Naldöken Hills (3153m), flows across the south of Mescit Mountains by turning from Bayburt into west and flows across the south of eastern Black Sea Mountains by gathering its other arms. Çoruh going towards Artvin by joining Tortum, Oltu and Barhal Brooks around Tortum joins Berta Brooknear Artvin and after flooding 335km within the borders of Turkey it flows into the Black Sea near Batum, which is on the borders of Georgia.

Çoruh River is defined as "a river that cannot be passed and on which bridges cannot be built" in the Travel Book. It is told that salt, iron, many other instruments and guns were taken to the upper parts and box-wood, honey and also slaves were brought from the upper parts of the river.

Çoruh River has an average of 300m3/sn capacity on this rough land, thus it is an international rafting track course. Its capacity reaches the maximum level during June. June and July are the most suitable months for rafting. These track courses cover the region from Maden Village, 25km from Bayburt to Sebzeciler which is 50km from Artvin. The capacity of the area beyond Artvin is 6 and thus it is impassible. Four day lasting this 115km track course descents approximately 900m altitude.

KAÇKAR DAĞLARI

Türkiye'nin kuzeydoğu köşesinde yaklaşık 1400 km^2'lik bir alanı kaplayan ve Karadeniz ile Çoruh nehri arasında kalan Kaçkar dağları, Verçenik (Varşamba) dağları (3711 m), Kaçkar-Kavron dağları (3932 m), Bulut dağları (3562 m) ve Altıparmak dağları (3492 m) olarak dört bölümden oluşmaktadır.

Granit, gronodiorite, siyanit ve bazalt içerikli Kaçkarların genellikle kuzey yamaçları Rize, güney yamaçları Artvin ili sınırları içinde değerlendirilir. Kuzey yamaçları akarsu ve buzul aşındırması nedeniyle daha dik, güney yamaçları ise daha yassı özelliktedir. Yüzden fazla gölün bulunduğu dağların her iki tarafında da dereler vardır.

Yıllık 2400 mm^3'den fazla yağış alan kuzey yamaçlar, özellikle yaz aylarında sık sık sis ve yağmurla kapanırken, güney yamaçlarda hava daha açıktır. Çok zengin bitki ve yabani hayvan çeşitliliğine sahip Kaçkar Dağları, her geçen yıl dağ turizmi bakımından önemini arttırmaktadır.

Kaçkar, Altıparmak ve Verçenik (Varşamba) dağlarına çıkış için en uygun mevsim Temmuz-Ağustos-Eylül aylarıdır. Kaçkar-Kavron tepesine, kuzeyden Ayder-Yukarı Kavron-Öküz Çayırı rotası izlenerek, güneyden Yusufeli-Yaylalar Köyü-Dilber Düzü rotası izlenerek çıkılabilirken, Varşamba (Verçenik) zirvesine ise Çamlıhemşin-Çat-Ortaköy-İşmer-Varşamba rotası izlenerek çıkılabilmektedir. Altıparmak dağlarına Ayder-Ağveçor yaylası-Ambar gölü- Karataş (3492m) rotası ile kuzeyden, Yusufeli- Barhal köyü-Karagöl rotası ile güneyden çıkış yapılabilmektedir.

Barınma: Yürüyüşler sırasında bazı yaylalardaki pansiyonlarda konaklama yapılabilmektedir. Ancak asıl konaklama çadırda yapılmaktadır.

Not: Kaçkar dağlarında yürüyüş yapacakların diğer yürüyüş kamp malzemelerinin yanında yağmurluk, şemsiye, yedek çorap ve T-shirtler, kazak, şapka, güneş gözlüğü, güneş kremi, buzullardan çıkacakların ise ayrıca buz kazması, buz nalçası, dağ ipini yanlarına almayı ve dikkatli olmayı unutmamaları gerekir.

KAÇKAR MOUNTAINS

They occupy an area of 1400km2 on the northeast of Turkey and are located between Black Sea and Çoruh river. They include Verçenik (Varşamba) Mountains (3711 m), Kaçkar-Kavron Mountains (3562 m) and Altıparmak Mountains (3492 m).

Kaçkars are made of granite, gronodiorite, cyanide and basalt. Northern sides are considered to be within the borders of Rize and Artvin. These northern sides are much steeper due to the glacial erosion, however, southern sides are smoother. There are many streams and more than a hundred small lakes on both sides of the mountains.

The amount of average annual rain is 2400mm on the northern side and that side often cannot be used due to fog and rain, especially during summer; whereas, air is cleaner on the southern side. Kaçkar Mountains with their large variety of plants and wild animals are getting more and more important for the mountaineering tourism.

During July-August-September, it is more suitable to climb up Kaçkar, Altıparmak and Verçenik (Varşamba). Kaçkar-Kavron Hill can be climbed; by following the northern path of Ayder- Yukarı Kavron- Öküzçayırı and by the southern part of Yusufeli- Yaylalar Köyü- Dilberdüzü. On the other hand, the peak of Varşamba (Verçenik) can be reached via Çamlıhemşin- Çat- Ortaköy- Işmer- Varşamba route. Altıparmak Mountains can be climbed (from north) via Ayder- Ağveçor plateau- Lake Ambar- Karataş (3492m) route and also (from south)via Yusufeli- Barhal Village- Karagöl route.

Accommodation: During trekking pensions on some plateaus can be preferred to accommodate. However, it is better to stay in a tent on the plateau

Note: While trekking on Kaçkar Mountains, do not forget to take a raincoat, an umbrella, a pair of spare socks, T-shirts, a pullover, sunglasses, some sun cream; but while climbing through glacial, one should also take an ice dug, an ice iron clip, ropes in addition to the other trekking materials and should also be very careful.

Demet Çakır

BAR

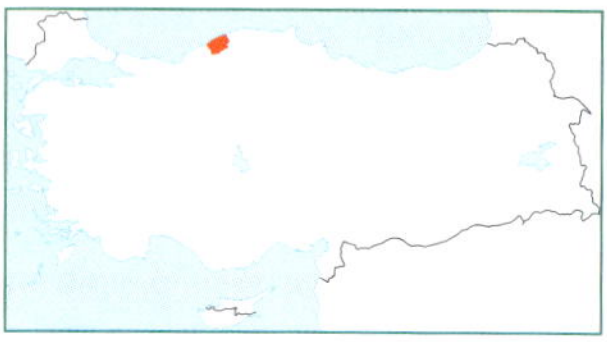

İl Kültür ve Turizm Md. Arşivi

TIN

Nüfus: 184.178, **Yüzölçümü:** 2143 km²
Harita Koordinatları: 40° 41 kuzey enlemleri ve 32° 22' doğu boylamları
İl Trafik Kodu: 74, **Şehirlerarası Telefon Kodu:** 0378

Population: *184.178,* ***Land mass:*** *2143 km²*
Coordinates: *40° 41 north latitude and 32° 22' east longitude.*
Traffic Code: *74,* ***Telephone Code:*** *0378*

Bartın yolu düzdedir
Top zülüfler yüzdedir
Delikanlı gözleri
İnce belli kızdadır.

Amasra

Batı Karadeniz Bölgesinde deniz ve ormanların iç içe dantel gibi kaynaştığı 59 km'lik sahili ile tatilcilerin en gözde uğrak yerlerinden biridir Bartın Bölgesi.

"Sular ilahı", "muhteşem akarsu", "genç bakire" anlamına gelen "Parthenios" ırmağından (Bartın Irmağı) adını alarak, "Parthenia" denilmiştir.

Tarihçe

MÖ 14. yy'da Gaskalar 13. yy'da Hitit, 12. yy'da Bithinia ve Frig egemenlikleri görülen bölgede, 12. yy'ın sonlarından itibaren Amasra (Sesamos) ve Ereğli (Heraklia) civarındaki sahil kesiminde Fenike kolonilerine rastlanmaktadır.

Amasra Kalesi
The Castle of Amasra

Bartın with its 59km coas where the sea and woods li harmoniously with each other i one of the most popular sights o west Black Sea.

The origin of its nam is "Parthenia" which stemme from the "Parthenios" Rive (Bartın River) meaning "deity o waters", "magnificent river" "young maiden".

History

In the 14th century BC Gascas, i the 13th century Hittites, in the 12th century Bithinias and Phrygians were dominant in this region and after the end of the 12th century, Phoenician colonies settled around Amasra (Sesamos and Ereğli (Heraklia).

Miletians in 7th century, and than Kimmers, Lycians and Persians and Alexander the Great (in 334 BC), Pontus State (between 279 and 70 BC) settled in the region. Between 70 BC and 1261 AD the region was under the control of Romans and Byzantines and Amasra was the provincial center. During 1261-1460 was taken over by Genoans and there became a trade center, interior parts had been within the borders of Seljuk State since 11th century and of Candaroğulları principality (1326) and finally of the Ottoman Empire (1392). Fatih Sultan Mehmet left Istanbul in 1460 saying "I am going hunting" but he conquered the Genoese castles in Amasra and in the region and they became affiliated with Bolu sub-province. Bartın had been an important trade center during this peri-

Miletlilerle 7. yy'da (İonya) başlayan süreçte, Kimmerler, Lidyalılar, Perslerden sonra, 334 yılında Büyük İskender'in hakim olduğu bölgede, MÖ 279- MÖ 70 Pontus egemenliği hüküm sürmüştür. MÖ 70- MS 1261 yılları arasında eyalet merkezi Amasra olmak üzere Roma ve Bizans yönetiminde kalmıştır. 1261-1460 arasında Amasra Cenovalılara bırakılarak önemli bir ticaret merkezi olurken, iç kısımlar 11. yy'dan itibaren Selçuklu Devleti, 1326 sonrası Candaroğulları Beyliği ve nihayet 1392'de Osmanlı İmparatorluğu sınırları içinde kalmıştır. 1460 yılında İstanbul'dan "ava çıkıyorum" diye ayrılan Fatih Sultan Mehmet tarafından Amasra ve bölgedeki diğer Ceneviz kaleleri de Osmanlı topraklarına katılmış ve Bolu Sancağına bağlanmıştır. Bu dönemde de bölgenin önemli ticaret merkezi olan Bartın, 1924 yılında Zonguldak'ın bir ilçesi ve 7 Eylül 1991 tarihinde de il merkezi olmuştur.

Coğrafya Yüksek olmayan ancak özellikle sahil şeridinde dik ve sarp dağlarla çevrili Bartın bölgesinde; Aladağ, Kocadağ, Karadağ, Karasu ve Arıt Dağı en büyük dağlardır. Ormanlarla kaplı dağları kesen en önemli akarsu ise üzerinde 300 tonluk gemilerle yük taşınabilen Bartın ırmağı ve bunun kolları olan Kocaçay ve Kocanaz

Teknelerin nehre taşınması

Carrying the boats to the river

od. It became a district of Zonguldak in 1924 and on 7 September 1991 it became a province.

Geography *Steep but not very high mountains such as Aladağ, Kocadağ, Karasu and Ant Mountain surround Bartın, especially along the coastline. The woody mountains are divided by the Bartın River, which can carry ships of 300 tons, and Kocaçay and Kocanaz streams are the parts of this river.*

Because of its rich forests the ships of Ottoman fleet are known to have been built in the shipyards in Bartın, Amasra and Kuruçaşile.

Flora&Fauna *Woods cover 46% of the area Oak, fir, chestnut, hornbeam, pine, lime, bay, oleander, hip, cornelian cherry, popular, fig are trees commonly seen. Grey bears, wild boars, rabbits, roes, foxes,*

Çayı'dır. Zengin ormanları nedeniyle, Osmanlı donanmasının kadırga ve kalyonlarının Bartın, Amasra ve Kurucaşile'deki tersanalerde yapıldığı bilinmektedir.

Bitki Örtüsü ve Yaban Hayatı

Yüzölçümünün %46'sını kaplayan ormanlarda; meşe, kayın, gürgen, kestane, köknar, çam, ıhlamur, akçaağaç, defne, zakkum, ormangülü, kuşburnu, kızılcık, incir, kavak sıkça rastlanan bitkilerden bazılarıdır. Bozayı, yaban domuzu, tavşan, karaca, kurt, çakal, gelincik, tilki, sincap, şahin, atmaca, leylek, delice, çam baştankarası, bıldırcın, kara tavuk sıkça görülen yaban hayatı üyeleridir.

İklim

Karadeniz ikliminin hüküm sürdüğü Bartın'da, il merkezinde yıllık yağış oranı 1000 mm^3 iken, sahil şeridinde bu oran 1200 mm^3'dür. En sıcak ay 23 °C ile Temmuz, en soğuk ay 4.2 °C ile Aralıktır.

Tarım

Arazisinin %35'i tarım için kullanılabilen Bartın'da buğday, mısır, patates, sebze ve meyve üre-

jackals, wolves red squirrels, falcons, hawks, storks blackbirds, common quails are among the species of the wild life

Climate

Bartın is completely under the influence of the Black Sea region, the amount of annual rainfall is 1000 mm3 in the city center and 1200 mm3 along the coastline. The hottest month is June with a temperature of 23 °C, and the coldest month is December with a temperature of 4.2 °C .

Agriculture

Cultivated land forms 35 % of the Bartın region; wheat, maize, potato, vegetables and fruit can be grown. Strawberry production is increasing day by day.

Transportation

Devrek-Bolu highway is the most important transportation route on the way to Bartın. Other roads are curved and rough, however, they have splendid views, especially those along the coastline. Transportation to Zonguldak, Kastamonu, Karabük, Ankara, Istanbul, Izmir can be provided

İl Kültür ve Turizm Md. Arşivi

imi yapılmaktadır. Son yıllarda Bartın çileği üretimi ise hızla artmaktadır.

Bartın'ın en önemli kara ulaşımı Devrek-Bolu karayolu ile yapılmaktadır. Diğer yollar virajlı ve dağlık olmasına rağmen özellikle sahil şeridindeki yollar, koylarla son derece güzel manzaralar sunmaktadır. Zonguldak, Kastamonu, Karabük, Ankara, İstanbul, İzmir illerine otobüs seferleri mevcuttur. Köylere ise minibüslerle ulaşım sağlanmaktadır. Denizyolu daha çok yük taşımacılığı için kullanılmaktadır.

Bartın yöresinde en çok bilinen halkoyunları; Mavili, Dıv Dıv, Kavşak Suyuna Giderken, Bahçelerde Patlıcan, ve Bartın Çiftetellisidir. Halkoyunları davul, zurna klarnet, cümbüş, darbuka, ud ve keman eşliğinde oynanır.

25 Mayıs-15 Haziran tarihleri arasında bir hafta boyunca süren "Bartın Çilek Festivali", kültür ve turizm etkinliklerini de kapsar. Çilek güzelinin de seçil-

by coaches. Minibuses are organized for transportation to the villages. Marine trasportation is preferred for the freight.

Folk Dances

Famous folk dances of Bartın are: "Mavili, Dıv Dıv, Kavşak Suyuna Giderken, Bahçelerde Patlıcan, and Bartın Çiftetellisi". They are accompanied by a drum, shrill pipe, clarnet, violin, lute (six pair stringed lute with plectrum) and metal mandolin.

Festivals

Between 25 May and 15 June, Bartın Strawberry Festival is held and during this festival the best strawberries are chosen. On the first of July, Yağlıdirek festival is organized in Amasra and this is a very exciting activity for both the guests and the contestants.

Handicrafts

Young girls' handiworks are famous among the handicraft. "Telkırma" hand-painted handkerchifs which were made with a silver string on a black or white tulle date back to the 17th Century. Headscarves called "şalkı", pillows, sheets, bundles, bedsteads are the handicrafts

Bartın Nehri
The River of Bartın

diği bu festival dışında 1 Temmuzda Amasra'da düzenlenen "Yağlıdirek Şenlikleri" misafirlere ve yarışmacılara heyecenlı bir gün yaşatmaktadır.

El Sanatları

El sanatlarının başında genç kızların elişleri gelir. 17. yy'dan günümüze ulaşan siyah veya beyaz tül üzerine gümüş tel işlenerek yapılan "telkırma" yazmalar, "çatkı" denilen başörtüleri, yastık, çarşaf, bohça ve karyola etekleri günümüzde yavaş yavaş kaybolmaya yüz tutmuş el sanatlarıdır. Özellikle Amasra'daki ağaç oymacılığı ürünleri ziyaretçilerin büyük ilgisini çekmektedir.

Yöresel Yemekler

Yörenin zengin mutfağına; tarhana çorbası, pumpum çorbası, yumurtalı ısput, pirinçli mantı, kıymalı ıslama, ziva, delioğlan sarığı, kabak burması böreği örnek olarak verilebilir.

TARİHİ ESERLER

Amasra Kalesi: Bizans döneminde yapılan kale, Amasra'daki Zindan Kalesi ve bir köprü ile bağlanan Boztepe üzerindeki Sormagir Kalesi'nden oluşmaktadır. Amasra Kalesi (zindan); kuzeydoğu-güneydoğu arasında 65 m'lik sur ve 8 burç, güneyinde 300 m ve kuzeyinde de 200 m uzunluğundaki surlardan oluşur. Büyükliman kapısı, küçük liman kapısı ve zindan kapısı denilen 3 kapısı vardır.

Sormagir Kalesinde surlardan sadece 50 m'lik bir bölüm ayaktadır. Karanlık Yer kapısı, Antikliman kapısı ve Hacıdenizi kapıları vardır.

Ceneviz ve Osmanlı dönemlerinde onarım gören Amasra Kale-

Tahta El Sanatları / Wooden Handicrafts

which are becoming extinct today. The productions of wood engraving in Amasra are worth seeing for the interested visitors.

Regional Cuisine

Tarhana soup, pumpum soup, yumurtalı ısput (ısput with eggs), pirinçli mantı (meat pastry with rice), kıymalı ıslama (ıslama with minced meat), ziva, delioğlan sarığı, kabak burması pastry are among the examples of this region's rich cuisine.

HISTORICAL PLACES

Amasra Castle: *It was built during the Byzantine period and consisted of a prison castle in Amasra and the Sormagir Castle in Boztepe. The walls are 65m in length. There are 8 towers between the northeast and southeast of Amasra Castle, and the walls on the south are 300m in length. The ones on the north are 200m in length. There are 3 doors which are called large harbour door, small harbour door, and dungeon door.*

Only 50 m of Sormagir Castle walls are still standing. There is Antikliman Door, Karanlık Yer Door and Hacıdenizi Door.

Amasra Castle was repaired during the Genoese and Ottoman Periods. There are some plates which belonged to the Genoese families on the doors.

sindeki bazı kapı üstlerinde Ceneviz ailelerine ait armalar görülmektedir.

Ayrıca Kurucaşile ilçesi Tekkeönü köyünde tarihi Kromna şehrinde, Bartın, Güzelcehisar, Şarköy ve Fırınlı köylerinde Cenevizlilerden kalma kale kalıntılarına rastlanmaktadır.

Fatih Camisi: Amasra Kalesi içinde 9. yy'da Bizanslılar tarafından kilise olarak yapılmıştır. Fatih Sultan Mehmet'in Amasra'yı fethinden sonra camiye dönüştürülmüştür.

Bedesten: Amasra'nın güneyinde sahile 1.5 km uzaklıkta bulunan yapının 1. ya da 2. yy'da Roma döneminde Eyalet Meclis Sarayı ya da spor salonu olarak yapıldığı sanılmaktadır. Daha sonra ticari amaçlarla kullanılan yapının, günümüzde sadece tuğla duvarlarının bir kısmı ayaktadır.

Kuşkayası Yol Anıtı: Bartın-Amasra yolu üzerinde, Amasra'ya 4 km uzaklıktaki Kuşkayası Yol Anıtı, MS 41-54 yılları arasında Roma İmparatoru Germanicus Claudius zamanında, yaşamboyu Bithinia-Pontus valiliğine atanan Gaius Julius Aguilla tarafından yaptırılmıştır. Roma karayolu ağının bir bölümü olan bu yol üzerinde yaptırılan anıt, kemerli bir niş içine kabartma tekniğiyle yapılmıştır. Anıtta kral ve Roma as-

Moreover, there are castle ruins of Genoese in the district of Kurucaşile Tekkeönü Village, in the historical city Cromna, in Bartın, Güzelcehisar, Şarköy and Fırınlı Village.

Fatih Mosque: *It was built as a church in the 9th century by the Byzantines within the Amasra Castle. It was converted into a mosque upon the conquest of Fatih Sultan Mehmet.*

Bedesten *(Bazaar for the sale of antiquities and other valuable goods): It is 1.5km from the coast, on the south of Amasra and it is supposed to have been built during the 1st or 2nd century Roman period as a Province Assembly Palace or as a sport center. It was used for trade and today only some brick walls are still remaining.*

Kuşkayası Road Monument: *It is 4km from Amasra on the way of Bartın-Amasra and built by Gaius Julius Aguilla who had been appointed as a life long governor to Bithinia-Pontus by the Roman Emperor Germanicus Claudius between 41 and 54 AD. This monument, which was situated on the intersection of Roman highways, was formed by relief technique into a niche. On the monument there is an eagle and two epitaphs symbolizing the infinite power of Roman soldiers, the Emperor and Roman sovereignty*

In Amasra, as an important

İl Kültür ve Turizm Md. Arşivi

Fatih Camii
The Fatih Mosque

Kuşkayası Yol Anıtı / *Kuşkayası Road Monument*

kerlerinin sınırsız gücünü ve Roma hakimiyetini temsil eden kartal ile 2 adet kitabe vardır.

Tarihi süreç içerisinde önemli bir eyalet merkezi olan Amasra'da, Roma döneminden kalma, antik tiyatro, akrapol, necrapol, galeriler ve dere tüneli gibi eserler bulunmaktadır. Bu eserlerin birçoğu günümüzde yıkıntı halindedir.

Aya Nikolas Kilisesi: Bartın merkezinde 1319 yılında yapılan kilise, 1994 yılında restore edilerek Kültür Evi olarak kullanılmaya başlanmıştır.

Taşhan: 1832-1835 yıllarında Hacı Ali Ağa tarafından yapılan iki katlı, dikdörtgen planlı, 18 odalı ve açık avlulu olarak inşa edilen Taşhan, Bartın merkezindedir. 1897 yılında Dervişoğlu Ali tarafından yaptırılan Dervişoğlu Han'ı ise iki katlı, 16 odalıdır. Taş ve tuğladan yapılmıştır.

Hisarkale Mahzeni: Tarihi Kromna kentinin merkezi olan Tekkeönü köyündeki mahzen, kale içinden denize kadar uzanan bir dehliz ile 7 adet kaya ku-

province during the historical period, there are some places like theatre, acropole, necropole, galleries and stream tunnel (built in Roman period). Most of them are in ruins today.

Aya Nicolas Church: *It was built in 1319 in the center of Bartın and restored in 1994 and has been used as a "Culture House" since then.*

Taşhan (Stone Inn): *It was built by Hacı Ali Ağa between 1832-1835 in the center of Bartın. It was built as a two-storeyed; rectangular planned open courtyard building with 18 rooms. Dervişoğlu Inn built by Dervişoğlu Ali in 1897 and made of stone and brick, has two floors with 16 rooms.*

Hisarkale Cellar: *The cellar in the village of Tekkeönü , which was once the center of historical Cromna city consists of 7 rock wells and a vestibule reaching the sea from the castle. These wells are supposed to be used as a storage of food and vestibules are used to escape via sea.*

Ancient Houses: *Most of the Bartın houses are two storeyed,*

yusundan oluşmaktadır. Kuyuların savaş zamanında erzakları saklamak için, dehlizlerin ise denize kaçış için kullanıldığı sanılmaktadır.

Eski Evler: Genellikle iki katlı olarak yapılan Bartın evlerinin alt katı taş, üst katı ise ahşaptır. Ahşap direk ve kirişlerin arası doldurularak ahşapla örtülmüştür. 18. ve 19. yy geleneksel Türk evlerinin özelliklerini taşıyan Bartın evlerinin pencere, merdiven ve tavanlarında süslemeler bulunmaktadır.

YAYLA VE DOĞAL GÜZELLİKLER

Bartın'ın en önemli yaylaları Ulus sınırı içindeki 1000 m rakımlı Uluyayla ile bunun uzantısı sayılabilecek Arıt (Zoni) yaylasıdır. Orman sınırı içindeki köknar, sarıçam, gürgen, kayın, meşe, dişbudak gibi yöre genelinde sıkça görülen ağaç türlerinin de bulunduğu yaylalarda, ahşap yayla evlerine de rastlanmaktadır.

İlin 59 km'lik sahili ise birbirinden güzel koylar ve plajlarla süslenmiştir. Ormanla denizin içiçe olduğu İnkumu, Amasra, Güzelcehisar, Mugada, Kızılkum, Çakraz, Akkonak, Göçkün, Çambu, Kurucaşile, Tekkeönü, Kapısuyu plajları ve koyları, denizin ve ormanın güzelliklerini birlikte yaşayarak dinlenmek isteyen tatilcilerin bulabileceği en bakir yerlerdendir.

Ayrıca, Aksu çayı (Kumluca, Kızıllar köyü) üze-

first floor is made of stone and the second one is timber. Timber pillars and beams are covered with wood. There are decorations on the windows, stairs and ceilings of the traditional Bartın houses, which show the characteristic of 18th and 19th centuries.

PLATEAU AND NATURAL BEAUTIES

Uluyayla at an altitude of 1000m and Arıt (Zoni), which can be considered as a part of Uzunyayla, are the most important plateaus of the region. These are surrounded by woods; fir, scotch pine, hornbeam, beech, oak, common ash can be over a wide area. Wooden plateau houses are built in this region.

There are many splendid bays and beaches along this 59km beach, İncekumu, Amasra, Güzelcehisar, Mugada, Kızılkum, Çakras, Akkonak, Göçkün, Çambu, Kurucaşile, Tekkeönü, Kapısuyu beaches and bays which are untouched, places where the sea meets with woods.

Bir Bartın Ahşap Evi
A Wooden House of Bartın

rinde 35 m, Ulus çayı üzerinde (Ulus ilçesine 17 km) 20 m yükseklikten düşen şelaleler de Bartın'ın görülmesi gereken diğer doğal güzellikleridir.

Amasra ilçesi Karakoçak köyü Kuyupınar mahallesindeki Gürcüoluk mağarası; sarkıt, dikit, travertenlerden ve basamaklarla 15 odadan oluşmaktadır. Gri, krem ve bej arasında değişen renklere sahip mağaraya, 3 km'lik bir patika yolla ulaşılmaktadır.

TURİZM ALTERNATİFLERİ

Amasra ilçesi başta olmak üzere Bartın sahil kasabaları özellikle son yıllarda hızla artan bir turizm hareketi içerisindedir. Bakir koyları ve doğal plajların sağladığı deniz turizminin yanısıra, orman ve tarihi mekanları ile arkeolojik amaçlı turlar da yapılabilmektedir.

The falls on Aksu stream (Kumluca, Kızıllar Village) flow from an altitude of 35 m and the one on Ulus stream (17 km from the Ulus district) flowing from an altitude of 20 m are worth seein

Gürcüoluk cave in the village of Karakoçak of Amasra district has stalactites, stalagmites, travertines, cascades and 15 rooms. The cave has a variety of colors; grey cream, beige and you can get there after walking a path 3 km.

TOURISM ALTERNATIVES

Tourism in this region has been more lively especially in recent years. Untouched bays and natural beaches are an important part of marine tourism and woods, historical places can be visited through archaeological tours.

Oğuz Kurdoğlu

Unutmayın

Amasra Kalesini görmeyi, Bartın çileğinden tatmayı, Bartın kırması ve tahta işlerinden almayı, Kurucaşile'de tekne yapımını görmeyi, bakir koylarda denize girmeyi unutmayınız...

Do Not Forget

To visit the Amasra Castle, to taste Bartın strawberry, to buy Bartın's minced meat and wooden handicrafts, to see boat production in Kurucaşile, to swim in the untouched bays.

0378............Bartın telefon rehberi

NEREDE KALMALI? / *WHERE TO STAY?*

Bartur Fırıncıoğlu**/Bartın	237 62 28
Varol Otel**/Bartın	228 55 55
Kalaycıoğlu Otel	227 24 92
Timur Otel/ Amasra	315 26 18
Huzur Pansiyon/ Amasra	315 26 18
Murat Pansiyon/ İnkumu	238 57 79

NEREDE YEMELİ? / *WEHERE TO EAT?*

Çeşm-i Cihan/ Amasra	315 10 62
Canlı Balık/ Amasara	315 26 06
Sahil Lokantası/ Kurucaşile	518 10 31

HANGİ ACENTA? / *WHICH AGENCY?*

İnkumtur	227 04 59

OTOBÜS / *COACH*

As 74	227 19 95
Bartın Seyehat	227 11 02
Özemniyet	227 12 46

BANKALAR / *BANKS*

Ziraat Bankası	227 10 13
Akbank	227 13 51
İş Bankası	227 13 47
Yapı Kredi	227 15 33

MÜZELER / *MUSEUMS*

Amasra Müze Md.	315 10 06

HASTANELER / *HOSPITALS*

Devlet Hastanesi	227 10 38
SSK	227 16 48
Göğüs Hastalıkları	227 10 70

GEREKLİ TELEFONLAR / *USEFUL PHONES*

Valilik	227 10 43
Belediye	227 18 67
Emniyet Müdürlüğü	227 28 36
Kültür ve Turizm Md.	227 62 11
Turizm Danışma	227 61 16
Bartın Turizm Derneği	227 11 15
Karayolları Blg. Md.	227 49 54

KRALİÇE ŞEHRİ AMASRA

Kraliçe Amastris... Heraklia Tiranı Dionysios'un karısı, Pers kralı III.Dareios'un erkek kardeşi Oksyathros'un kızı, Makedonya kralı İskender'in baldızı. Önce İskender'in komutanlarından General Krateros ile evlenip Makedonya'ya gitmiş. Sonra, M.Ö. 322 yılında Ereğli (Heraklia) Tiranı Dionysios'la, M.Ö.302 yılında da Trakya Kralı Lysimakhos'la evlenip, mutlu olamayınca, Amasra'ya yerleşerek, oğulları adına yönetimi ele almıştır. Tarihçi Strabon, Amasra ve Kraliçe Amastris için "O, kenti dört yerleşim yerini birleştirerek meydana getirdi: Sesamos (Amasra), Kytoron (Gideros), Kromna (Tekkeönü) ve Tieion (Hisarönü). Lakin sonuncusu kısa zamanda isyan ederek, bu birleşmeden ayrılmış, diğer üçü bir arada kalmıştır. Bu üç taneden biri olan Sesamos'a "Amastris'in akropolisi" denir... En iyi cins şimşir ağacı, en çok Amastris topraklarında yetişir." demektedir. Kraliçe Amastris iktidarı süresince (302-286), adına paralar bastırmış ve kenti sanatsal yapılarla donatmıştır.

Tarih boyunca önemli bir askeri üs olması yanısıra, esir, kereste, ton balığı, kürk ihracatı yapılan bir ticaret merkezi olmuş. Fenike, Mitolos, Symoikismos Siteler Birliği, Roma, Bithinia-Pontos, Bizans ve Ceneviz yönetiminde kalan Amasra (Sesamos), 1460 yılında Fatih Sultan Mehmet tarafından Osmanlı topraklarına katılmış. Fatih'in Amasra'yı tepeden gören "Bakacak" denilen yere geldiğinde söylediği "Lala, Lala. Çeşm-i Cihan bu mu ola?" (Dünyanın gözü) sözü Amasra'nın güzelliklerini bir cümleyle özetlemektedir.

(Amasra Merkez Nüfusu:6161, Yüzölçümü:120 km^2)

THE CITY OF QUEEN :AMASRA

Queen Amastris...The wife of Heraklia Tyrant Dionysios, tbe brother of Persian King III.Dareios, the daughter of Oksyathros who is the brother of Persian King III.Dareios, the sister-in-law of the Macedonian King Alexandra. First, she married General Crateros, one of the commanders of Alexandra and then went to Macedonia. In 322 BC she married Ereğli (Heraklia) Tyrant Dionysios, the king of Thrace Lysimakhos in 302 BC, but she was unhappy and settled in Amasra where she ruled the region on behalf of here sons. Historian Strabon stated about Amasra and Queen Amastris that:`She has united four settlements ;Sesamos (Amasra), Kytoron (Gideros), Kromna (Tekkeönü), and Tieion (Hisarönü). However, the last one rebelled in a short time and set apart from other settlements but the other three stayed together. Sesamos is called `The acropolis of Amastris'.. The best quality of common box is grown in the lands of Amastris.' During her government (302-286) Queen Amastris minted money with her name and many artistic works have been formed all around the city.

It has been a trade center of slave, timber, tuna fish and fur exportation; besides being an important military base throughout the history. Amasra (Sesamos) has been under the sovereignty of Phoneicia, Mitolos, Symoikismos, The Union of Sites, Rome, Bithinia- Pontus, Byzantine and Genoese, and in 1460 it was incorporated into Ottoman land by Fatih Sultan Mehmet. When Fatih Sultan Mehmet came to the place, which is called "Bakacak", he said: "Tutor! Tutor! Is this the sight of the world?" (eye of the world) and this saying summarizes the beauties of Amasra.

(The population of Amasra: 6161, The land mass: 120 km^2)

BAY

Kara basma iz olur
Güzellerde naz olur
Gündüz gelme gece gel
Eller duyar söz olur.

İl Kültür ve Turizm Md. Arşivi

URT

Nüfus: 99.638, **Yüzölçümü:** 4758 km²
Harita Koordinatları: 40° 37' kuzey ve 39° 52' güney enlemleri, 40° 45' doğu ve 39° 37' batı boylamları **İl Trafik Kodu:** 69 **Telefon Kodu:** 0458

Population: *99.638,* ***Land mass:*** *4758 km²*
Coordinates: *40° 37' north and 39° 52' south latitude, 40° 45' east and 39° 37' west longitude*
Traffic Code: 69 ***Telephone Code:*** 0458

Bayburt Kalesi / *The Castle of Bayburt*

Bayburt'tan bir görünüm / *A view of Bayburt*

Masalları ile büyüdüğümüz Dede Korkut diyarı Bayburt, tarihin kesiştiği önemli bir kavşak noktasında yer almaktadır. Binlerce yıldır bir çok savaşa, kültüre sahne olan yöre, bu kültürel mirasın izlerini taşımaktadır.

Tarihçe

13. yüzyılda bölgeden geçen ünlü seyyah Marco Polo'nun seyir defterinde "Paipurth" ve "Baiburt" diye bahsettiği Bayburt; Bizans kaynaklarında "Payper", "Baberd", "Paypert"; Arap kaynaklarında "Babirt", II. Mesud adına 1291'de basılan parada "Baypırt", Akkoyunlularca "Papirt" olarak adlandırılmıştır. 1647'de yöreye gelen Evliya Çelebi ise şehrin adının, "Bay" (zengin) ve "yurt" (belde) kelimelerinden oluştuğunu anlatır. İsimlerin ortak sonu "berd" sözcüğünün "yüksek kale" anlamına gelmesi, şehrin adının bugün bile ihtişamını koruyan Bayburt Kalesi'nden aldığı fikrini desteklemektedir.

Eski çağlarda Haldilerin yaşadığı belirtilen Bayburt, daha sonra Roma ve Bizans egemenliği altın-

The land of Dede Korkut with whose fairy tales we have grown up, is located on an important intersection where the history meets. This region has witnessed many wars and civilizations and carries the traces of this cultural heritage.

History

Marco Polo visited this region in the 13th century and in his book of travels, he calls Bayburt as `Paipurth' and `Baiburt'. It has been called `Payper, Baberd, Paypert' in the Byzantine reference books, `Babirt' in Arabian books, `Baypırt' on the money minted under the name of Mesud II, `Papirt' by Akkoyunlu. Evliya Çelebi who visited the city in 1647, says that the name of the city was formed with the combination of words `bay' (rich) and yurt (land). The end of the names is "berd" which mean "high castle"; this supports the idea that the Castle of Bayburt named the city, which is still glamorous.

In ancient times Haldis lived in Bayburt, then it became the principality center of Haldia while it was under the sovereignty of Rome and Byzantine. After the at-

da kalarak Haldia eyalet merkezi oldu. Arap saldırılarından sonra, 1054 yılında Selçuklu komutanı Tuğrul Bey'in fethedemediği yöre, 1072-1202 yılları arasında Saltuklular, Danişmetliler ve kısa bir süre de Komnenoslar tarafından idare edilmiştir. 1202 yılında bölge, Selçuklu Devleti sınırları içine girmiş ve bu dönemde şehir gelişmiştir. 1243 yılındaki Kösedağ Savaşı sonunda Moğollar Anadoluyu işgal etmeye başlamış, ancak yapılan anlaşma ile Bayburt ve çevresi Selçuklularda kalmıştır. İlhanlılar, Eretnaoğulları, Akkoyunlu, Safevi Beyliklerinden sonra, 1507'de Trabzon Sancak Beyi Şehzade Selim'in İran Seferi sırasında Osmanlı devletine bağlanmıştır. Osmanlılar döneminde Erzincan, Diyarbekir ve Erzurum Sancaklarına bağlanan Bayburt, 1828-1829, 1878 ve 1916'da Ruslar tarafından işgal edilmiştir. 1927 yılında Erzurum'a bağlı iken Gümüşhane'nin bir ilçesi ve 21 Haziran 1989'da da il merkezi olmuştur.

Yüzölçümünün %45'ini kaplayan dağlar, Bayburt'un güneyinde ve kuzeyinde uzanır. Kuzeyinde; Kırklar Dağı (3350 m), Haldizen (3000 m), Soğanlı Dağları (2750 m), Kemer Dağı (2856 m), güneyinde; Çavuşkıran (2850 m), Kop Dağı (2600 m), Coşan Dağı (2963 m), Otlukbeli (2520 m) dağları yer alır. Dağların ortasında ise yaklaşık 900 km^2 ovalık alan mevcuttur.

tacks of Arabia, the region where Seljuk commander Tugrul Bey couldn't conquer in 1054, was ruled by Saltuks, Danişments and Comnenos between 1072 and 1202. In 1202 it became a part of the Seljuk State and developed during this period. In the end of the Kösedağ War in 1243, Mongols started to occupy the city and as a result of the agreement signed, it remained a part of Seljuks. After İlhanlı, Eretnaoğulları, Akkoyunlu, Safevi Principalities, in 1507 it became affiliated with the Ottoman Empire during the Iran expedition of the Prince Selim, Trabzon's sub-province ruler. Bayburt got affiliated to the sub - provinces of Erzincan, Diyarbekir and Erzurum, was occupied by the Russians from 1828 to 1829, in 1878 and 1916. In 1927 when it was a part of Erzurum, it became a part of Gümüşhane and on 21 June 1989 it became the city center.

Geography

45% of its total area is covered with mountains; they rise on the north and south of Bayburt. There is Mount Kırklar (3350 m), Haldizen (3000 m), Soğanlı Mountains (2750 m), Mount Kemer (2856 m) on the northern part; Çavuşkıran (2850 m), Mount Kop (2600 m), Mount Coşan (2963 m), Otlukbeli Mountains (2520 m) on the southern part. Beyond the mountains, there is a plain covering an area of 900 km^2.

The most important river of the city is the River Çoruh which arises from Mescit mountains. Other rivers are; Kop Stream, Değirmencik Stream,

İl Kültür ve Turizm Md. Arşivi

Dede Korkut Heykeli
The Statue of Dede Korkut

Şehrin en önemli akarsuyu, Mescit dağlarından doğan Çoruh nehridir. Diğer akarsular; Kop Suyu, Değirmencik Suyu, Beşpınar deresi, Gökçedere Çoruh'un kollarıdır. Ayrıca Trabzon ile il sınırını oluşturan Soğanlı Dağlarında da krater gölleri bulunur (Balıklıgöl, Atlıgöl).

Bitki Örtüsü %3'ü ormanlarla kaplı olan Bayburt'ta, Çoruh Vadisi bölümlerinde meşe, kızılçam, ardıç, gürgen, ahlat ağaçlarına rastlanır.

İklim Daha çok karasal iklim özelliklerinin görüldüğü Bayburt'ta; yazlar sıcak ve kurak, kışlar soğuk ve yağışlıdır. Ortalama yağış 433,4 mm'dir. En sıcak ay 36,2 0C ile Temmuz, en soğuk ay -26 0C ile Ocak'tır.

Tarım Ekonomisi genel olarak tarım, hayvancılık ve ticarete dayanan Bayburt'ta, il nüfusunun %60'ı tarım ve hayvancılıkla uğraşmaktadır. Tarım ürünü olarak tahıl, yem bitkileri ve meyve yetiştirilmektedir.

Ulaşım Bayburt'un en önemli ulaşım yolu Gümüşhane-Trabzon ve Erzurum yollarıdır. Bu yol Doğu Karadeniz'i Doğu Anadolu'ya bağlayan yoldur. 192 km uzaklıktaki Trabzon havaalanı ve 124 km uzaklıktaki Erzurum havaalanları ile havayolu ulaşımı sağlanabilir. Trabzon, Gümüşhane, Samsun Rize, Giresun, Erzurum, Erzincan, Amasya, Çorum, Ankara, Bolu, İstanbul, Eskişehir, Bursa ve İzmir'e otobüs seferleri düzenlenmektedir.

Halk Oyunları Bayburt'ta oynanan halkoyunları genelde kadın ve erkek ayrı ayrı oynanır. Beraber oynanan azdır. Oyunlara "Bar" adı verilir. Bazı oyunlar Karadeniz oyunları gibi hareketli, bazıları Doğu Ana-

Beşpınar Brook, Gökçedere which are parts of Çoruh. Also there are crater lakes on the Soğanlı mountains which form the border of Trabzon (Balıklıgöl, Atlıgöl).

Flora *We may see oak, red pine, juniper, hornbeam and wild pear trees in this region, especially along the Çoruh Valley.*

Climate *Land climate is observed in Bayburt, summers are hot and dry, winters are cold and rainy. Average rain is 433,4 mm. The hottest month is July (36,2 0C) and the coldest is January (-26 0C).*

Agriculture *In Bayburt agriculture, animal husbandry and trade are important and 60% of the people deal with agriculture and husbandry. Cereals, fodders and fruit are grown here.*

Transportation *Gümüşhane - Trabzon and Erzurum highways are vital for Bayburt. These connect East Black Sea to East Anatolia. Trabzon Airport is 192 km away and Erzurum Airport is 124 km away. Buses are organized to Trabzon, Gümüşhane, Samsun, Rize, Giresun, Erzurum, Erzincan, Amasya, Çorum, Ankara, Bolu, Istanbul, Eskişehir, Bursa and İzmir.*

Folk Dances *Bayburt folk dances are danced separately by the men and the women. There are a few danced together. The dances are called `Bar'. Some are lively like the Black Sea dances, some are slow as of East Anatolian dances. Sarıkız, Sallanma, Sarhoş Barı, Tiliko, Hançer Barı, Sıksaray, Saç Bağı are among the favourite ones and they are accompanied by the drum, the shrill pipe, the metal mandolin, the clarinet and the tambourine.*

olu oyunları gibi ağırdır. Sarıkız, Sallanma, Sarhoş Barı, Tiliko, Hançer Barı, Köstek Barı, Hanım Barı, Sıksaray, Saç Bağı en çok oynanan halkoyunlarıdır ve oyunlara davul,zurna, keman, ud, cümbüş, klarnet ve tef eşlik eder.

Evliya Çelebi'nin seyehatnamesinde "çok meşhurdur, her diyara gider" diye bahsettiği Bayburt kilim ve seccadelerinin yapımı, günümüzde de yaşayan el sanatlarındandır. Yelek, heybe, şal vb. hediyelik eşyaların dokumacılığı da yapılmaktadır. Ancak, hammaddesi koyun yünü olan ve genç kızlar ile kadınlar tarafından dokunarak, örtünmek amacıyla kullanılan ihram (ehram), Bayburt el sanatlarında önemli bir yer tutar. Beyaz renkli olanlar genç kızların, mor ve boz renkliler orta yaştaki kadınların, mor ve siyah renkliler ise yaşlı kadınların tercihleridir. Desenlerine göre; "arı dala ters kondu, pirinç tanesi, kar tanesi, şark yıldızı, uçan kuşlar" gibi adları

İl Kültür ve Turizm Md. Arşivi

Halkoyunları / *Folk Dances*

Handicrafts

In Evliya Çelebi's book of travels, he mentioned Bayburt kilim (woven carpet) and prayer rugs as 'They are very famous and sent all around'. Their production are the alive handicraft of the region. There are weavings of waist coats, saddle bags, shawls etc. Ihram (ehram) which is made by the girls and made of sheep wool and has an important place among the handicrafts of Bayburt. Young girls prefer white ones, middle-aged women prefer purple and grey ones and old women prefer purple and black ones. They have names according to their designs. Today, they are used as bedspreads and as decorations.

Regional Cuisine

Yavan, Kavut (dish of roast wheat and dried pear), Herle Çorbası (a kind of soup), Ayva yahnisi (meat stew with onions), Kara pancar (black beet), Sıwıklı, Çırtma, Ebem ekmeği (a kind of bread), Yogurtlu Yaprak Mantı (meat pastry with yoghurt), Ziron, Çaşur Kaygana (a kind of omelette),

Sekmenler Konağı / *The Mansion of Sekmenler*

vardır. Günümüzde daha çok yatak örtüsü ve dekorasyon amaçlı kullanılmaktadır.

Yavan, Kavut, Herle Çorbası, Ayva Yahnisi, Kara Pancar, Sıvıklı, Çırtma, Ebem Ekmeği, Yoğurtlu Yaprak Mantı, Ziron, Çaşur Kaygana, Borani, Kefinli Kebap, Kadayıf Dolması ve Tel Helva Bayburt mutfağının geleneksel özelliklerini yansıtan çeşitlerindendir.

TARİHİ ESERLER

Bayburt Kalesi: Bayburt'un kuzeyinde, kayalıklar üzerinde bulunan kalenin kesin yapılış tarihi bilinmemekle birlikte, 58 yılından önce kurulduğu sanılmaktadır. Trabzon-İran-Basra transit ticaret yolu üzerinde önemli bir güvenlik noktası olan Bayburt kalesi, Roma, Ermeni, Bizans, Arap, Komnenos, Saltuklu, Selçuklu, Akkoyunlu ve Osmanlı egemenlikleri altında kalmıştır. Roma İmparatoru Justinien, Saltuklular, Tuğrul Şah (1225-1230), Kanuni Sultan Süleyman (1541) ve III. Murat tarafından onarılmıştır. Evliya Çelebi, kalenin beşgen şekilde yapıldığını ve üç kat demir kapısı olan doğu ve nöbethane kapısı

Borani (dish of vegetables, rice and yoghurt), Kefinli Kebab, Kadayıf Dolması and Tel Helva (a kind of Turkish sweetmeat) are specialities of Bayburt meals.

HISTORICAL PLACES

The Castle Of Bayburt: *It is located on the steep hills on the north of Bayburt. Its construction date is unknown but it is supposed to have been built before the year 58. It is a very secure place on the transit trade road of Trabzon-Iran-Basra and has been under the sovereignty of Rome, Armenia, Byzantium, Arabia, Comnenos, Saltuklu, Seljuk, Akkoyunlu and Ottoman Empire. It has been restored during the reign of Roman Emperor Justinian, Tuğrul Şah (1225-1230), Kanuni Sultan Süleyman (1541) and Murat III period. Evliya Çelebi stated that the castle is a pentagon and it has a three-layer iron eastern door and a western door with guards' room. It was decorated with painted tiles, thus called "Çini Maçin", but today there are not such ornaments. The Russians occupatied it during the Russian-Ottoman war and it had been destroyed. However, it is still magnificient.*

olan batı kapılarından bahsetmektedir. Kalenin çini süslemeli olması nedeniyle " Çini Maçin" denildiği halde çiniler günümüze ulaşamamıştır. 1828 Osmanlı -Rus Savaşı sırasında Ruslar tarafından işgal edilip, tahrip edilen kale, günümüzde hala görkemini korumaktadır.

Merkeze 35 km uzaklıktaki Saruhan köyündeki Saruhan Kalesi, 40 km uzaklıktaki Bayrampaşa köyü, 42 km uzaklıktaki Kitre köyü ve 27 km uzaklıktaki Çayıryolu köyünde savunma ve gözetleme amacıyla yapılmış kale kalıntıları vardır. Bu kalelerin Pontus İmparatoru Mithridates Eupator zamanında yaptırılan 75 kaleden bazıları olduğu sanılmaktadır.

Ulu Cami: Bayburt merkezinde Selçuklu Sultanı II. Gıyaseddin Mesut (1282-1298) tarafından yaptırıldığı sanılmaktadır. Birçok kez onarılan caminin kuzey doğusunda kare kaideli minaresi bulunmaktadır. Minare, geometrik ve bitki motifli mozaik çinilerle süslenmiştir.

Gökçedere Cami: Demirözü ilçesi Pulur kasabasında bulunan cami, Akkoyunlu Korkmaz Bey'in oğlu Ferahşat Bey tarafından 1517 yılında yaptırılmıştır. Kesme taştan yapılan caminin çatısı tek kubbe ile kapatılmıştır ve minaresi tuğladan yapılmıştır. Caminin yanındaki harabe hamam dışında, han, imaret ve misafirhane yıkılmıştır.

Sünür Kutlu Bey Cami: Çayıryolu köyünde, Akkoyunluların kurucusu Turali Bey'in oğlu Fahrettin Kutlu Bey (?-1389) ta-

İl Kültür ve Turizm Md. Arşivi

Saruhan castle, which is 35 km from the village of Saruhan, ruins of castles 40 km from the village of Bayrampaşa, the ones 42km from the village of Kitre, 27 km from the village of Çayıryolu are made to defend and watch. These ruins are supposed to have once been some of the 75 castles built during the period of Pontus Emperor Mithridates Eupator.

Ulu Mosque: *It is supposed to have been built during the period of Seljuk Sultan, Gıyaseddin Mesut II (1282- 1298). It has been repaired many times, and there is a square based minaret on the northeastern side. Minaret is decorated with geometric and plant motifs.*

Gökçedere Mosque: *It is located in Demirözü district of Pulur village and was built by the son of Akkoyunlu Korkmaz Bey; Ferahşat Bey in 1517. It has a single cupola, its roof was made with shears and its minaret has been ma-*

rafından yaptırılmıştır ve 1550 yılında onarılmıştır. Minaresi ise 1676 yılında yaptırılmıştır.

Çatalçeşme Cami: Demirözü ilçesi Çatalçeşme köyünde bulunan cami, Akkoyunlular zamanında yapılmış ve değişk dönemlerde onarım görmüştür.

Zahit Efendi Cami: Bayburt merkezinde Zahit mahallesinde bulunan cami 1514-1515 yıllarında Zahit Efendi tarafından yaptırılmıştır.

Şehit Osman Türbeleri: Bayburt'un batısında bir tepe üzerinde bulunan iki türbenin Saltukoğullarından Mengüç Gazi'nin kardeşi Osman ve kızkardeşine ait olduğu sanılmaktadır. Türbeler sarı renkli kesme taştan yapılmıştır.

Saat Kulesi: 1916 yılındaki Rus işgalinden kaçarak İç Anadoluya yerleşenlerin daha sonra Bayburt'a dönüşleri anısına, Belediye tarafından 1924 yılında yaptırılmıştır.

Aydıntepe Yeraltı Şehri: Aydıntepe ilçesindeki yeraltı şehri, yüzeyden 2-2,5 m derine, ana kaya oyularak yapılmıştır. 2 m genişliğinde ve 2-2,5 m yüksekliğindeki galeriler, kare planlı odalar, gözetleme yerleri, havalandırma delikleri bulunmaktadır. Yeraltı şehrinin, kesin olmamakla birlikte, hıristiyanlığın henüz yayılmadığı dönemde, ilk hıristiyanların bölgeye gelip sığınmak amacıyla kullandıkları sanılmaktadır.

Ahmet Zenca-i Kümbeti (1325), Sünür Kutlu Bey Türbesi (1389), Bedesten, Pulur Medresesi (1517) Bayburt'un diğer önemli tarihi eserleridir.

de of brick. The inn, the hospice and public guest house have been demolished but not the Turkish bath.

Sünür Kutlu Bey Mosque: *It was built by Fahrettin Kutlu Bey (the son of Akkoyunlu founder Turali Bey) in the Çayıryolu village and repaired in 1550. The minaret was built in 1676.*

Çatalçeşme Mosque: *It is located in the Çatalçeşme village of Demirüzü district and was built by Akkoyunlu and has been repaired many times.*

Zahit Efendi Mosque: *It was built by Zahit Efendi between 1514-1515 in the Zahit quarter of Bayburt center.*

Şehit Osman Tombs: *(Martyr Osman Tombs) These two tombs are located on a hill on the west of Bayburt and they are supposed to belong to the brother and sister of Mengüç Gazi (Mengüç Veteran) of Saltuklu .They were made with yellow shears.*

Clock Tower: *It was built by the municipality in 1924 as a monument for the immigrants who came to Central Anatolia during the Russian occupation and returned to Bayburt after many years.*

Aydıntepe Underground City: It has been formed by carving into the main rock, which is 2- 2,5m deep from the surface. There are galleries of 2m in width and 2-2,5 in height, square planned rooms, places for watching. It is claimed that it is supposed to be used by the first Christians in order to take refuge.

Ahmet Zenca-i Vault (1325), Sünür Kutlu Bey Tomb (1389), Pulur Medrese (theological school) (1517) are the other historical places to visit.

Taner Demirbulut

DOĞAL GÜZELLİKLER

Yaylalar: Kop ve Soğanlı dağları üzerinde bulunan 30'a yakın yayla henüz turizmde değerlendirilebilmiş değildir. Kop Dağı 7 Şubat 1991 tarihinde Turizm Merkezi ilan edilmiştir. Aydıntepe, Akbulut, Otlukbeli, Yazyurdu, Yoncalı Çavdar, Karakaya, Kuşmer Bayburt'un önemli yaylalarından bazılarıdır.

Çimağıl Mağarası: Bayburt'a 35 km uzaklıktaki Aşağı Çimağıl köyü Taşındibi mahallesinde bulunan mağara 600 m uzunluğundadır ve tavan yüksekliği yer yer 30 m'yi bulmaktadır. Sarkıt ve dikitler bulunan mağara 11 bölümden oluşmaktadır.

Helva Köyü Buz Mağarası: Merkeze 33 km uzaklıkta Helva köyündeki mağaranın içinde buzdan oluşmuş sarkıt ve di-kitler bulunmaktadır.

TURİZM ALTERNATİFLERİ

Bayburt, başta kalesi ve camileri olmak üzere tarihi eserleri kültür turizmine, Kurucakol, Çayırköprü, Saraycık köyleri ve Kop Dağı'ndaki maden suları sağlık turizmine, mağaraları ile mağara turizmine, Çoruh Nehri rafting ve yaylaları ile kamp, karavan turizmine olanak sağlamaktadır.

Unutmayın

Bayburt Kalesi'ne çıkmayı, ihram ve diğer el dokumalarından almayı, kefinli kebap ve kadayıf dolması yemeyi, Çoruh'ta rafting yapmayı unutmayınız...

NATURAL BEAUTIES

***Plateaus:** There are over 30 plateaus on the Kop and Soğanlı mountains but they are not visitable for tourism yet. Mount Kop was declared 'Tourism Center' on 7 February 1991. Aydıntepe, Akbulut, Otlukbeli, Yazyurdu, Yoncalı Çavdar, Karakaya, Kuşmer are amoung the plateaus of Bayburt.*

***Çimağıl Cave:** It is 35 km from Bayburt, in Taşındibi quarter of Çimağıl village, 600 m in length and the length of its ceiling is about 30 m. There are stalactites and it has 11 sections.*

***The Iced Cave in Helva in village:** It is 33 km from the center, there are stalactites and stalagmites of ice in this cave.*

TOURISM ALTERNATIVES

The castle and the mosque contribute to cultural tourism, Kurucakol, Çayırköprü, Saraycık villages and the mineral waters of Mount Kop contribute to health tourism, the caving tourism, Çoruh river provides rafting, the plateaus contribute to camping and caravan tourism.

Do Not Forget

To visit the castle of Bayburt, to buy the handicrafts and ihram, to eat kebab and kadayıf dolması, to do rafting in Çoruh River.

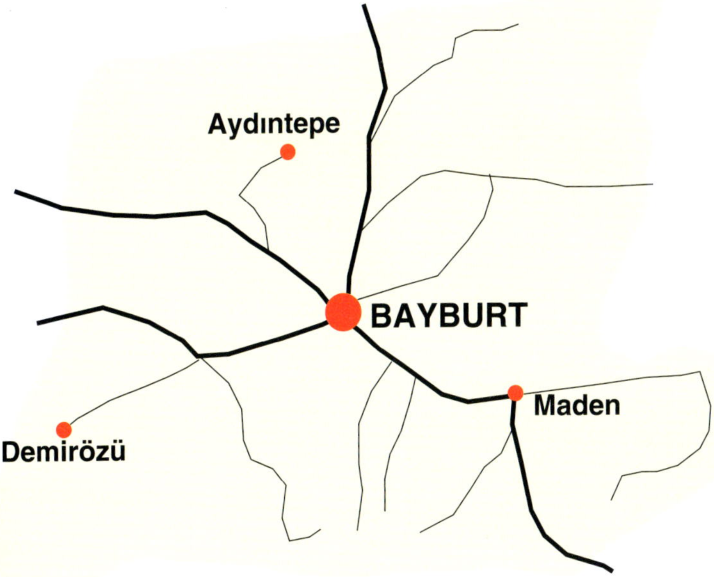

0458..........Bayburt telefon rehberi

NEREDE KALMALI? / *WHERE TO STAY?*

Otel Adıbeş**	211 58 13
Saraçoğlu Otel	211 12 17

NEREDE YEMELİ? / *WEHERE TO EAT?*

Çoruh Lokantası	211 10 54
Mintaş Lokantası	211 32 41
Zafer Lokantası	211 13 35

OTOBÜS / *COACH*

Ulusoy	211 21 35
Has Bayburt	211 29 38
Bayburt Seyahat	211 70 90
Kanberoğlu	211 53 39
Süzer	211 72 60

BANKALAR / *BANKS*

Akbank	211 48 69
İş Bankası	211 71 12
Ziraat	211 31 85
Yapı Kredi	211 32 69

HASTANELER / *HOSPITALS*

Devlet Hastanesi	211 71 88

GEREKLİ TELEFONLAR / *USEFUL PHONES*

Valilik	211 32 32
Belediye	211 70 31
Emniyet Müdürlüğü	211 44 07
Jandarma	211 66 66
Kültür ve Turizm Md.	211 60 27
Turizm Danışma	211 22 75
Karayolları Şb. Md.	211 50 10

BOL

Genel Nüfus: 270.654, **Yüzölçümü:** 11.200 km^2
Harita Koordinatları:40° 15' ve 41° 05' kuzey enlemleri 30° 37' doğu boylam
İl Trafik Kodu: 14, **Telefon Kodu:** 0374

Population: *270.654,* ***Land mass:*** *11 200 km^2*
Coordinates: *40° 15'and 41° 05' north latitude, 30°37' east longitude*
Traffic Code: 14 ***Telephone Code:*** 0374

Gölcük

U

İl Kültür ve Turizm Md. Arşivi

İl Kültür ve Turizm Md. Arşivi

Gölleri, yaylaları, kaplıcaları ve ormanları ile doğal güzelliklerin iç içe yerleştiği Bolu, yılın her mevsiminde turistik bir cazibe merkezidir.

Tarihçe

Yazılı tarihin başladığı Bithynialılar döneminde "Solonia Campus" denilen Bolu ovasında "Bithynium" (Bolu) ve "Krateia" (Gerede) şehirleri kurulmuştur. MÖ 188'de Roma İmparatorluğu'nun güçlenmesiyle bağımsızlığını kaybeden Bithynia bölgesi, 395 yılında Bizans egemenliği altına girmiş ve 780 yılında şiddetli bir depremle şehir tamamen yıkılmıştır. İmparator 7. Kostantin zamanında (915-956) yeniden imar edilerek, Ankara'ya bağlanan Bolu, 1071 yılından itibaren, Bizans-Selçuklu çatışmalarına sahne olmuştur. Selçuklular döneminde İznik Beyliği'ne bağlanan yöre, Orhan Gazi döneminde (1324-1326) tümüyle Osmanlı topraklarına katılmıştır.

Ankara Savaşı sonrası Anadolu'ya yerleşen Moğolların bölgesinin dışında kalan bölge, 1460 yılında Fatih Sultan Mehmet'in

The lakes, plateaus, spas and forests of Bolu can be visited any time as they are magnificent throughout the year.

History

The cities of "Bithynium" (Bolu) and "Krateia" (Gerede) have been established on the Bolu plain which was called "Solonia Campus" during the period of Bithynials at the time when the written history began. Bithynia region lost its sovereignty when the Roman Empire gained power in 188 BC., it became a part of Byzantium in 395 and the city completely collapsed by a severe earthquake in 780. During the period of Emperor Constantin VII (915-956) it was rebuilt and became affiliated with Ankara and it had witnessed Byzantine-Seljuk battles since 1071. It became affiliated with Iznik principality when the Seljuks were in power and it became a part of the Ottoman Empire during the period of Orhan Gazi (1324-1326).

The region except the place where Mongols settled in Anatolia after the Ankara War, was enlarged when Fatih Sultan Mehmet

Cenevizlilere ait Amasra bölgesini de fethetmesiyle daha da genişlemiştir.

Kanuni Sultan Süleyman'ın şehzade olarak bulunduğu (1509) Bolu, Tanzimat sonrası (1864) Kastamonu eyaletine bağlandı ve 1909 yılında da tekrar Mutasarrıflığa dönüştürüldü ve Kurtuluş Savaşı sonrası Türkiye Cumhuriyeti Devleti'nin bir ili oldu.

Ormanları, akarsuları, gölleri, kaplıcaları, plajları ile eşsiz doğal güzelliklere sahip Bolu'nun % 61'i dağlar, % 9'unu ovalar kaplar. İlin kuzeydoğusunda Orhan ve Kaplandede Dağları (en yüksek yeri Kızıltepe, 1864 m), güneybatı-kuzeydoğu yönünde de Bolu dağları (en yüksek yeri Çele Doruğu, 1954 m) yer alır. Güneyde ise Köroğlu Dağları (Köroğlu tepesi 2378 m) olarak adlandırılan volkanik dağlar uzanır.

İlin en önemli akarsularını Abant gölünden doğan Büyüksu yanısıra Mudurnu suyu, Gerede çayı, Aladağ Çayı, Göynük suyu,

conquered Amasra which belonged to the Genoese.

Bolu where Kanuni Sultan Süleyman was living as a prince (in 1509) became affiliated with Kastamonu state (in 1864) and it was turned into "Sanjak government" (in 1909) and became a city of Turkish Republic after the Independence War.

Its forests, rivers, lakes, spas, beaches have unique beauties, 61 % of its total area is covered with mountains and plains constituting 9 % of the total area. On the northeastern part of the city rise Orhan and Kaplandere mountains (the highest point is Kızıltepe, 1864m), on south western-north eastern line rise Bolu mountains (the highest point is Çele Doruğu, 1954m). On the south rise volcanic mountains called Köroğlu mountains (Köroğlu Hill 2378 m).

Important rivers are Büyüksu, Mudurnu stream, Gerede brook, Aladağ brook, Göynük stream, Melen brook; Bolu plain, Gerede plain, Dörtdivan plain, Mudurnu plain, and are among the impor-

Melen çayları oluştururken, Bolu Ovası, Gerede Ovası, Dörtdivan Ovası, Mudurnu Ovası şehrin bereketli topraklarını oluşturulan ovalardır.

Ayrıca Yedigöller, Abant Gölü, Gölcük, Yeniçağ Gölü, Karamurat Gölü, Çubuk Gölü, Sülük Gölü, Sümet Gölü ve Karagöl, Bolu'nun orman güzelliklerini süsleyen incilerdir.

Bitki Örtüsü

%53'ü ormanlarla kaplı Bolu bölgesinde, özellikle Karadere, Seben ve Aladağ ormanları asırlık ağaçlarla kaplıdır. Kayın, gürgen, ıhlamur, kestane, kızılağaç, meşe, dişbudak, karaağaç, sarıçam, köknar, kavak ağaçlarının yanısıra orman altı florası da oldukça çeşitlidir.

Yaban Hayatı

Ormanlar ayı, vaşak, yaban domuzu, geyik, karaca, kurt, sansar, tilki, tavşan, kokarca, porsuk, gelincik, kunduz, sincap, keklik, üveyik, bıldırcın, çil, toy, turna, çulluk, atmaca, şahin, kartal gibi yaban hayatının üyelerini de barındırmaktadır.

İklim

Dağlarının denize bakan yamaçlarında Karadeniz ikliminin hüküm sürdüğü bölgede, Mudurnu, Göynük, Seben, Kıbrıscık civarında daha çok İç Anadolu iklimi gözlenir. Bolu'da ise genel olarak karasal iklim görülürken, yıllık yağış ortalaması 533,7 mm olarak kaydedilmiştir. Yılın en soğuk ayı 0,3 0C ile Ocak, en sıcak ayı ise 19,5 0C ortalama ile Ağustos'tur.

Tarım

Topraklarının %22,56'sında tarım yapılabilen Bolu'da, patates ve pancar üretimi en önemli geçim kaynağını oluşturmaktadır. Tahıl, mısır, sebze ve meyve üretiminin yanı sıra hayvancılık da yapılan yörede özellikle kümes

tant plains with their fertile soil.

Yedigöller, Lake Abant, Gölcük, Lake Yeniçağ, Lake Karamurat, Lake Çubuk, Lake Sümet and Karagöl are other natural beauties of Bolu.

Flora

53% of its total area is covered with forests. There are a century-old trees especially in Karadere, Seben and Aladag forests. Besides beech trees, horn beams, limes, chestnuts, oaks, common ashes, elm trees, Scots pines, fir trees and poplars. It has a huge variety of flora .

Fauna

Wild animals such as bears, lynxes, wild boar, deer, roe deer, foxes, martens, wolves, rabbits, skunks, badgers, weasels, beavers, red squirrels, partridges, stock doves, common quails, Eurasian woodcocks, cranes, eagles, falcons and hawks live in this region.

Climate

We may observe the Black Sea climate on the coastal area, and Central Anatolian climate around Mudurnu, Göynük, Seben, Kıbrıscık. The land climate is observed in Bolu, annual rain average is 533,7 mm. The hottest month is August with an average of 19,5°C, the coldest one is January with an average of 0,3°C.

Agriculture

% 22,56 of its total area can be planted; especially potatoes and beets can be grown. Cereals, maize, vegetables and fruit are grown; animal husbandry and poultry are vital sources of income.

Transportation

Bolu is situated in the area where Anatolia and Marmara region meet. From Ankara and Istanbul to Bolu the highway can be used. You can use minibuses for travelling to the districts.

hayvanları önemli bir yer tutar.

Marmara Bölgesini Anadolu'ya bağlayan en önemli noktada bulunan Bolu'ya ulaşım Ankara ve İstanbul'dan ancak, karayolu ile yapılabilmektedir. İlçelere ulaşım minibüslerle sağlanmaktadır.

Al yemeni, Gerede Zeybeği, Halimem, Karaköy sekmesi, Karşılama, Köroğlu, Meşeli, Ördek, Mudurnu Zeybeği, Adayolu Kestane gibi oyunların oynandığı yörede, davul, zurna, kaval, tef, divan sazı, bağlama, cura ve kabak kemane oyunlara eşlik eden çalgılardır.

Her yıl Ağustos ayının ilk haftası Mengen'de Aşçılar ve Turizm Festivali, 17 Temmuzda Abant'ta Abant Bayramı, 4 Temmuzda Bolu Atyaylası'nda Kiraz Bayramı, Ağustos 15'inden sonraki ilk Pazar günü Yağlı Güreş Müsabakaları düzenlenmektedir. Şehrin turizm hareketine büyük katkıları bulunan festival ve şenliklerin yanı sıra değişik tarih ve ilçe-

İl Kültür ve Turizm Md. Arşivi

Kartalkaya

Folk Dances

Al yemeni, Gerede Zeybegi (local folk dance of the Aegean coast), Karşılama (welcoming), Köroglu, Meşeli, Ördek (duck), Mudurnu Zeybeği, Adayolu Kestane are the folk dances of the region and they are accompanied by the drum, the shrill pipe, kaval (shepherd's pipe), the tambourine, divan sazı, bağlama (lute with three double strings), cura and kabak kemane.

Festivals

'Cooks and Tourism Festival' is held in Mengen on the first week of August. Abant Fest is held in Abant on 17 July 'Cherry Festival' is held on Bolu Atyaylası on 4 July, Wrestling competitions are organized on the third Sunday of August. Also, many fairs are organized which contribute stalactites a lot to tourism.

Handicrafts

Coppersmith, leather trade, wood engraving, shepherd's pipe, basketry are widespread and embroidery of young girls are among the souvenirs to buy.

Regional Cuisine

Bolu is famous for its cooks of Mengen. Ovmaç çorbası (soup with bread-crumbs), kızılcık tarhana, tarhana (a kind of soup),

lerde bir çok panayır düzenlenmektedir.

El Sanatları

Bakırcılık, dericilik, ağaç işlemeciliği, kaval, sepet gibi elsanatlarının yaygın olduğu yörede özellikle kadınların göznuru iğne oyaları, satın alınabilecek Bolu anılarıdır.

Yöresel Yemekler

Mengenli aşçıların ünü düşünüldüğünde, Bolu mutfağının zenginliği de kaçınılmaz olmaktadır. Ovmaç çorbası, kızılcık tarhana, tarhana, nohutlu, düğün, yoğurtlu bakla çorbaları, çiğ börek, kabaklı gözleme, acısu bazlaması, çantıklı pide, etli mantı, kedi batmaz, orman kebabı, mengen pilavı, bakla çullaması, paşa pilavı, kabak hoşafı, çeleçöş yöre mutfağının zengin örneklerinden bazılarıdır.

TARİHİ ESERLER

Yıldırım Bayazıt Cami (Büyük Cami): 1382 yılında Yıldırım Bayazıt tarafından yaptırılan cami, 1899 yılında yandıktan sonra yeniden yapılmıştır. Çift minareli ve tek kubbelidir.

Ilıca Cami: Merkeze 5 km uzaklıkta Karacasu'da bulunan cami, 1510-1511 yılları arasında Mustafa Paşa tarafından yaptırılmıştır.

Yıldırım Cami: Mudurnu ilçesinde 1382 yılında Yıldırım Bayazıt tarafından yaptırılmıştır. Aynı isimle Gerede ilçesi Eskiçağa köyünde aynı dönemde yapılmış, aynı isimli bir cami daha bulunmaktadır.

Kanuni Cami: Mudurnu ilçesinde Kanuni Sultan Süleyman adına yapılan cami, özellikle tavan süslemeleriyle dikkat çekmektedir.

soups with chick-pea, yoghurt or soup made with meat-stock, flour and yoghurt, çiğ börek (raw pasty) kabaklı gözleme (pancake with marrow), acısu bazlaması (pastry cooked on a griddle), çantıklı pide (flat bread), etli mantı (meat pasty), kedi batmaz, orman kebabı (stewed mutton chops), mengen pilavı (pilaff of mengen), bakla çullaması (food covered with dough and baked with beans), paşa pilavı (a kind of pilaff), kabak hoşafı (marrow in syrup), çeleçöş are among the specialities of Bolu cuisine.

HISTORICAL PLACES

Yıldırım Bayazıt Mosque (Büyük Mosque): *It was built by Yıldırım Bayazıt in 1382. It burned down in 1899 and was rebuilt then. It has two minarets and a single cupola.*

Ilıca Mosque: *It is 5 km from Bolu in Karacasu and was built by Mustafa Paşa between 1510-1511.*

Yıldırım Mosque: *It was built in 1382 by Yıldırım Bayazıt. There exists another mosque with the same name in Eskiçağ village, in the district of Gerede .*

Asar Kale: Gerede ilçesinin Örencik köyünde bulunan kalenin, Bizans dönemine ait olduğu sanılmaktadır.

Keçi Kalesi: Gerede ilçesinde bulunan kale, geniş bir alanı kaplamaktadır. Kuzey ve güney cephelerinde 2 kapısı tespit edilen kalede, 1992 yılında restorasyon çalışmaları başlatılmıştır.

Seben Kaya Evleri: Seben ilçesinde Çeltik Deresi, Hoçaş, Kaşbıyıklar ve Yuva köylerindeki vadilerdeki kayalar üzerinde katlı evlere rastlanmaktadır. Bu kaya evleri ilk hıristiyanlık dönemlerinde yapılarak barınak ve şapel olarak kullanılmıştır. Aynı ilçede Solaklar, Alpagut ve Muslar köylerinde benzer kaya evlerine rastlanmaktadır.

Eski Evler: Özellikle Göynük ve Mudurnu ilçelerinde bulunan geleneksek Türk evlerinin çoğu 19. yüzyıl sonları ve 20. yüzyıl başlarında yapılmıştır. Kırma çatılı ve kiremit örtülü bu evlerde "hayat" adı verilen avlu, içten merdiven bulunmaktadır. Tavan süslemelerinde ince bir işçilik görülmektedir. Mudurnu ve Göynük evleri koruma altına alınarak "Kentsel Sit Alanı" olaral ilan edilmiştir.

DOĞAL GÜZELLİKLER

Yedigöller Milli Parkı: Bolu'nun 42 km kuzeyinde bulunan ve adını içindeki yedi tane gölden alan Yedigöller, 1965 yılında Milli Park ilan edilmiştir. 550 hektar alanı kapsamaktadır.

Toprak kayması sonucu oluşan bu göller, iki ayrı platodadır. 780 m yükseltili platoda Büyükgöl, Deringöl, Seringöl, 880 m yükseltili platoda ise Nazlıgöl (Şelale

Kanuni Mosque: *It was named after Kanuni Sultan Süleyman in the district of Mudurnu. It is famous for its ceiling decorations.*

Asar Castle: *It is located in the district of Gerede, Örencik village. It is supposed to have been built by the Byzantines.*

Keçi Castle: *It covers a huge area in the district of Gerede. It has two doors on the southern and northern sides. The restoration began in 1992.*

Seben rock houses: *There are one storey houses on the rocks in the valleys of Çeltik Stream, Hocaş, Kaşbıyıklar and Yuva villages.They were built during the first Christian period and used as a shelter. In Solaklar, Alpagut and Musalar villages, similar houses are seen.*

Ancient houses: *These traditional Turkish houses in Göynük and Mudurnu were built in the 19th and in the beginning of the 20th Century. There is a yard called `hayat' and inner stairs in these tile houses. Ceiling decorations are worth seeing. Mudurnu and Göynük houses were declared as within the 'Urban Site Area'.*

NATURAL BEAUTIES

Yedigöller National Park: *It is on the 42km north of Bolu and covers 550 hectares of area. In 1965 it was declared a national park.*

These lakes were formed after a landslide. They are located on two plateaus. There is Büyükgöl, Deringöl, Seringöl on the plateau of 780 m, and Nazlıgöl (lake Şelale), Sazlıgöl, lncegöl and Küçükgöl (Kurugöl) on the plateau of 880 m.

Beech, hornbeam, oak, aspen

İl Kültür ve Turizm Md. Arşivi

Gölcük

gölü), Sazlıgöl, İncegöl, Küçükgöl (Kurugöl) bulunmaktadır.

Milli Park ve çevresinde kayın, gürgen, meşe, kızılağaç, akçaağaç, karaağaç, titrek kavak, sarıçam, karaçam, köknar ağaçları yaygındır. Ayı, domuz, kurt, tilki, sansar, sincap, geyik, karaca, tavşan, yabani ördek, yabani güvercin, keklik çevredeki yabanı hayvanlardandır.

Fotoğraf sevenler için Yedigöller, sonbahar aylarında eşsiz manzaralar sunmaktadır.

Abant Gölü: Bolu'nun 34 km güneybatısında, Abant dağları üzerinde, deniz seviyesinden 1325 m yükseklikte, 125 hektar büyüklüğündeki gölün en derin yeri 17 m'dir.

Çam, köknar, kayın ağaçlarıyla çevrili Abant Gölü üzeri, nadir su bitkilerinden olan sarı ve beyaz nilüferlerle bezelidir. Abant Gölü çevresindeki ormanlarda, geyik üretme istasyonunda çalışmalar sürdürülmektedir.

Konaklama imkanının da bulunduğu Abant Gölü, ziyaretçilere piknik ve kamp yanı sıra, olta balıkçılığı, yürüyüş, tekne ve faytonla gezinti gibi bir çok aktivite sunmaktadır.

Gölcük: Bolu'nun 13 km güneyinde suni olarak yapılmış bir set gölü olan Gölcük, özellikle günübirlik gezmek, dinlenmek ve piknik yapmak isteyenlerin tercih ettiği yerlerdendir. Orman içi Dinlenme Merkezi olan Gölcük, çam ve köknar ağaçları ile çevrilidir ve kamping için en uygun yerlerden biridir.

Çeşitli göl kuşlarının bulunduğu, Gerede ilçesine 13 km uzaklıktaki Yeniçağa Gölü, Mudurnu

and fir trees are seen a wid area. Bears, pigs, wolves, foxes martens, squirels, deer, rabbits wild ducks, wild pigeon and partridge are the species of wild life animals.

Yedigöller is very suitable for taking photos of magnificent scene especially in autumn.

Lake Abant: *It is 34 km southwest of Bolu on Abant mountain and 1325 m in height from sea level. It is 125 hectares and the deepest part is 17 m.*

Pine, beech and fir trees cover Lake Abant, and there are yellow and white water lilies, which are rarely seen. Deer production center has been established and is still working.

There are activities to do, like camping, fishing, trekking, sailing on a boat or travelling by a phaeton.

Gölcük: *This artificially set lake which is located 13 km south of Bolu, is preferred by daily travellers to rest and to have a picnic. It is covered with pine and fir trees and is very suitable for camping.*

Lake Yeniçağa 13 km from the district of Gerede, Lake Karamurat in the village of Mudurnu Karamurat, Lake Sülük near the village of Akyokuşkavağı and Nature Protection Area, Lake Çubuk 11 km from Göynük, Lake Sünnet, Karagöl on the way of Kıbrıscık-Beypazarı, which traverse on the way to Mudurnu are the places to visit in Bolu.

Aladağ plateaus, Kızık Plateau, At plateau, and the ones in Gerede, Kıbrıscık, Mengi, Mudurnu, Göynük, Seben region are among the places to see.

Karamurat köyü yakınındaki Karamurat gölü ve Akyokuşkavağı köyü yakınlarındaki Sülük Gölü ve Tabiatı Koruma alanı, Göynük'ün 11 km kuzeyindeki Çubuk Gölü ve 27 km doğusundaki Sünnet Gölü Ormaniçi Dinlenme Yeri, Kıbrıscık-Beypazarı yolu üzerindeki Karagöl, Bolu'nun 10 km güneyinde Mudurnu yolu üzerinde traverten oluşumu Akkaya Boğazı, bölgede görülebilecek, dinlenip kamp yapılabilecek doğal güzelliklerden birkaçıdır.

Ayrıca, Aladağ Yaylaları, Kızık Yaylası, At Yaylası, Gerede, Kıbrıscık, Mengi, Mudurnu, Göynük, Seben bölgelerindeki birçok yayla, Boluluların olduğu kadar, doğa ile başbaşa kalmak, yayla yaşantısını görmek isteyenler için bulunmaz fırsatlar sağlamaktadır.

KAPLICALAR

Bolu Kaplıcaları: Şehir merkezine 5 km uzaklıkta, Karacasu mevkiinde bulunan, 40 °C sıcaklığındaki kaplıcaların; romatizma, deri, dolaşım ve kalp, sindirim sistemi, böbrek ve idrar yolları, solunum yolu, kemik ve kireçlenme, kadın hastalıkları, ve metabolizma bozukluklarına iyi geldiği belirtilmektedir.

Babas Kaplıcası: Mudurnu ilçesinin 5 km doğusunda, 40 °C sıcaklığındaki kaplıca suyu; karaciğer ve safra yolu rahatsızlıklarının, romatizma, kadın, sindirim sistemi ve böbrek hastalıklarının tedavisi için kullanılmaktadır.

Sarot Kaplıcası: Mudurnu ilçesinin 30 km kuzeybatısında Taş-

SPAS

Bolu spas: *They are located in Karacasu, 5 km from the city centre, with the temperature of 40 °C. It is stated that they help to treat rheumatic, circulation system, digestive system problems, calcification, trachea, gynaecological and metabolism complaints.*

Babas spa: *It is located 5 km east of the district of Mudurnu. Its water at a temperature of 40 °C is used to treat liver, bladder complaints, diseases related to rheumatism, gynaecological and kidney.*

Sarot spa: *It is located 30 km southeast of Mudurnu in Taşkesti district. Its water at a temperature of 60 °C has positive effects on kidney, urethra complaints and rheumatic diseases.*

Benden selam olsun Bolu Beyi'ne
Şu dağlara çıkıp yaslanmalıdır.
At kişnemesinden, kargı sesinden
Dağlar seda verip seslenmelidir.

Köroğlu düşer mi acep şanından
Çoğu ayırır er meydanından,
Kır at köpüğünden, düşman kanınd
Çevren dolup şalvar ıslanmalıdır.

Asker geldi sıra dizildi,
Alnımıza kara yazı yazıldı.
Delikli demir icat olundu, mertli
bozuldu,
Eğri kılıç kında paslanmalıdır.

Köroğlu

İl Kültür ve Turizm Md. Arşivi

KÖROĞLU

"Benden selam olsun Bolu beyine" diye başlayan haykırışlarıyla tanıdığımız Köroğlu, at meraklısı olan Bolu Beyi'nin seyisi Yusuf'un oğludur. Beyin güzel ve cins bir at aramaya gönderdiği Yusuf, ileride mükemmel bir at olacağına inandığı, cılız, gösterişsiz bir tayı beye getirince Bey, Yusuf'un gözlerine mil çektirir. Köye dönen Yusuf, oğlu Ruşen Ali (Köroğlu) ile tayı eğitip yetiştirirler ve Ruşen Ali babasının intikamını almak üzere dağa çıkar. Bundan sonra Köroğlu diye anılmaya başlar ve zalimlerin korkulu rüyası haline gelir ve dilden dile anlatılan bir efsaneye dönüşür

KÖROĞLU

Köroğlu is known with his saying "I am saluting Bolu bey (ruler)". He is the son of Yusuf; the groom of Bolu bey . Bey sends Yusuf to find a blood horse, but when Yusuf returns with a thin, ordinary horse hoping that it would be a perfect horse, Bolu bey makes him blind. Yusuf returns to the village and trains the foal with his son Ruşen Ali (Köroğlu) and Ali takes to the mountain to take the revenge of his father. From then on, he is known as Köroğlu and the tyrannicals began to be afraid of him and turns into a legend which is on everyone's tongue.

kesti bucağındaki 60 °C sıcaklığındaki kaplıca; böbrek ve idrar yoları rahasızlıkları ile romatizmal hastalıkların tedavisinde olumlu etkileri vardır.

Bağlum (Kesenözü) Kaplıcası: Seben ilçesi Kesenözü köyünde bulunan 78 °C sıcaklığındaki kaplıca; mide, safrakesesi, solunum ve dolaşım bozukluklarına iyi gelmektedir.

TURİZM ALTERNATİFLERİ

Bolu ve çevresi, sahip olduğu zengin orman dokusu nedeniyle başta yürüyüş, botanik, kamp, yayla turizmi yanı sıra, göllerdeki balıkları ve ormanlardaki yaban hayatı ile av turizmine ve olta balıkçılığına da olanak sağlamaktadır.

Bir çok hastalığın tedavisinde kullanılan kaplıcaları ile sağlık turizmi, tarihi mekanları ile kültür turları, doğal güzellikler arasındaki tesisleri ile kongre turizmi için en uygun bölgelerdendir. Ayrıca, 38 km uzaklıkta 2000 m rakımlı Kartalkaya ve Gerede'de 1300 m rakımlı Esentepe, son yıllarda kayak turizminin gözde merkezlerinden olmuşlardır.

Bağlum spa: *It is located in K senözü village of Seben district. treats stomach, gall bladder, res piratory and digestive complaint (78 °C).*

TOURISM ALTERNATIVES

Bolu is very suitable for alternat ves with its richness of forest, na tural beauties; apart from trek king, botany, camping, platea tourism; fish, wild life animal contribute to hunting tourism. It i also suitable for health tourism with the healing spas, for cultura tours with the historical place and for congress tourism with it places to accommodate. Also Kartalkaya with an altitude o 2000 m and 38 km far from Bolu and Esentepe with an altitude o 1300 m have become very good ski resorts.

Oğuz Kurdoğlu

Unutmayın

Sonbaharda Yedigöllerin fotoğraflarını çekmeyi, Abant Gölü çevresinde bisiklete binip, nilüferleri seyretmeyi, kaplıcalara girmeyi, dağlarda gezerken Köroğlu'nu hatırlamayı, Mengenli ahçıların yemeklerini tadmayı ve doğayı korumayı Unutmayınız! ...

Do Not Forget

To take photographs of Yedigöller during autumn, to ride along Abant, to watch water lilies, to visit spas, to remember Köroğlu, to taste the meals of Mengen cooks and to conserve the nature.

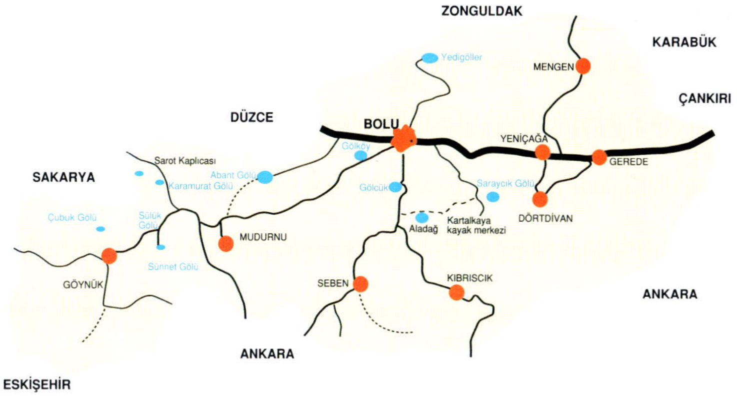

0374..............Bolu telefon rehberi

NEREDE KALMALI? / *WHERE TO STAY?*

Abant Palace *****	224 50 12
Büyük Abant ****/Abant	224 50 33
Koru ****/Boludağı	225 22 90
Termal ***/Karacasu	262 84 72
Kartal ***/Kartalkaya	234 50 05
Dorukkaya ***/Kartalkaya	234 50 26
Esentepe ***/Gerede	311 40 80

NEREDE YEMELİ? / *WEHERE TO EAT?*

Filiz Restaurant /Bolu	243 90 10
Gölcük Kır Gazinosu	262 84 90
Abant Göl Gazinosu	224 50 45
Gökdemirler Et ve Kebap	225 23 36
Bi-Tur Restaurant/Bolu	212 53 16

HANGİ ACENTA? / *WHICH AGENCY?*

Kınacı/Bolu	215 58 09
Eldebaran/Gerede	311 50 09
Uzman/Gerede	311 65 74
İnter Oto/Bolu	218 00 29

OTOBÜS / COACH

Üstün Erçelik	212 17 67
Öz Bolu Seyehat	215 11 91
Düzce Ekspres	

BANKALAR / *BANKS*

Akbank	215 42 79
Garanti Bankası	212 20 79
İş Bankası	215 36 36
Ziraat Bankası	215 10 08

MÜZELER / *MUSEUMS*

Bolu Müzesi	215 39 72

HASTANELER / *HOSPITALS*

Devlet Hastanesi	215 44 50
SSK Hastanesi	215 16 39
Fizik Tedavi Reh. Hast.	262 84 45

GEREKLİ TELEFONLAR / *USEFUL PHONES*

Valilik	215 10 10
Belediye	215 10 75
Emniyet Müdürlüğü	215 37 21
Jandarma	245 11 74
Kültür ve Turizm Md.	215 76 22
Turizm Danışma	217 14 05
Karayolları Şb. Md.	215 56 26

GİRE

SUN

Genel Nüfus: 524.010, **Yüzölçümü:** 6.934 km²
Harita Koordinatları: 40° 07' ve 41° 08' kuzey enlemleri 37° 50 - 39° 12" doğu boylamları
İl Trafik Kodu: 28, **Telefon Kodu:** 0454

Population: 524.010, ***Land mass:*** 6.934 *km²*
Coordinates: 40° 07''*and* 41° 08' *north latitude*, 37° 50' - 39° 12 *east longitude*
Traffic Code: 28 ***Telephone Code:*** 0454

Giresun kayıkları
Hep geliyor karından
Sevdim de alamadım
Ölüyom efkarımdan.

Fındığın ve kirazın vatanı Giresun'un güzelliğini anlamanın en iyi yolu, Giresun Kalesi'nde günbatımının keyfini çaylarınızı yudumlarken Gedikkaya'nın öyküsünü hatırlamak olsa gerek.

Giresun Kalesinden doğuya doğru bakıldığında, karşı tepede Gedikkaya görülür. Yere sırtüstü uzanmış bir dev görünümündeki Gedikkaya, tanrı tarafından ilk yaratıldığında Giresun'u görmüş ve bu güzellik karşısında ağzı açık kalmış. Bu doğal güzellikten kopamayan dev sırtüstü yatmış şekilde hala Giresun'u seyretmeye devam etmektedir.

Tarihçe

Giresun eski adını "kiraz" anlamındaki "kerasus"dan almaktadır. MÖ 2. yy'da Giresun'daki "kiraz" ismindeki meyve, Romalı komutan Lucullus'in dikkatini çekmiş ve ülkesine dönerken ağacını da beraberinde götürmüş. Böylece Giresun'a adını veren "kiraz" Romalılarca bütün dünyaya yayılmıştır. Kerasus ismi Türklerin bölgeye gelmesin-

The best way to understand the beauty of Giresun which is the land of cherry and hazelnut, is to remember the story of Gedikkaya while drinking tea in Giresun castle at sunset.

When you look towards the east, Gedikkaya is seen on the hill. Gedikkaya is like a giant lying on his back on the ground. When he was created by God, he was surprised very much upon this beauty. The giant, who could not leave this beauty, is still watching it.

History

Giresun took its old name from 'Cerasus' which means 'cherry'. In the 2nd century BC, the fruit called cherry took the attention of Roman Commander Lucullus and he took its tree to his country when he returned. Thus, cherry, which gave Giresun its name, was spread to the whole world by Romans. The name 'cerasus' turned into Giresun after the Turks came to the region.

The well known Turkish traveller Evliya Çelebi mentioned about the abundance of the fruits in vi-

den sonra Giresun'a dönüşmüştür.

Ünlü Türk seyyahı Evliya Çelebi ise Seyehatname'sinde Giresun'un bağ ve bahçelerindeki meyvelerin çokluğundan bahsetmiş ve adının da kaleyi Cenevizlilerden almak isteyen Fatih Sultan Mehmet'in, Mahmut Paşa'ya "bu gece kale altına giresun" diye ferman göndermesi nedeniyle Giresun adının verildiğini aktarmıştır.

İlk olarak bugünkü Giresun'un 2 km batısında Çıtlakkale mahallesinde kurulan Kerasus'un, MÖ 8. yy'da bölgeye gelen (MÖ 756 civarında) Miletli koloniciler tarafından kurulduğu kabul edilmektedir. MÖ 6. yy'da tüm bölge Pers İmparatorluğuna katılmış, Pontus Kralı Büyük Mithridates zamanında bölge, Pontus ve Roma savaşlarına sahne olmuş ve MÖ 50 yıllarında komutan Lucullus tarafından Roma topraklarına katılmıştır.

Bu dönemde "kiraz" Giresun'dan Roma'ya götürülmüştür. MS

neyards and gardens of Giresun and stated that it was called Giresun because Fatih Sultan Mehmet, who wanted to take the castle from the Genoese, sent a ferman to Mahmut Pasha and said "bu gece kale altına giresun" (means; Get the castle this evening).

It is accepted that Ceresus was first situated, 2 km west of today's Giresun by Milesian colonists who came to the region in the 8th century BC (approximately 756BC). The whole region was added to Persian Empire in the 6th century BC, and during the kingdom of Mihridates Eupator there were Pontic and Roman wars in the region, and the region was added to the Roman Empire by Commander Lucullus in 50s BC.

In this period 'kiraz' (cherry) was taken from Giresun to Rome. Giresun, which remained in the territories of East Roman Empire (Byzantine) when Roman Empire separated into two in 395 AD, was conquered by Kutalmışoğlu Süleyman Şah, a well-known commander of Seljuks who spre-

305'te Roma İmparatorluğu ikiye ayrılınca Doğu Roma İmparatorluğu (Bizans) sınırları içinde kalan Giresun, 1071 Malazgirt Zaferi'nden sonra Anadolu'ya yayılan Selçuklular'ın ünlü hükümdarı Kutalmışoğlu Süleyman Şah tarafından fethedilmiş, ancak daha sonra tekrar Bizans egemenliği altına girmiştir. 1204 yılından sonra İstanbul'dan Trabzon'a gelen ve burada "Komnenos" devletini kuran Komnenoslar Giresun'u kendi topraklarına katmış ve bu dönemde Giresun Trabzon Devletinin ikinci önemli şehri olmuştur. 1398 yılında Yıldırım Bayazıt Samsun'u alarak Osmanlı topraklarını Trabzon'a kadar genişletmiş ancak bölgenin vergi ödemesi karşılığında kontrolü Trabzon Devleti'ne bırakmıştır. 1461 yılında Fatih Sultan Mehmet'in düzenlediği seferle Giresun tamamen Osmanlı Devleti'nin topraklarına katılmış ve Trabzon Sancağına bağlanmıştır. Cumhuriyetten bir süre önce (1920'de) mutasarrıflık (il) olan Giresun, 1923 yılında da Türkiye Cumhuriyeti Devletinin bir ili olmuştur.

Coğrafya

Doğu Karedeniz sıra dağlarının batı ucunda, Giresun sınırları içinde Giresun Dağları adıyla isimlendirilen bölümleri hemen kıyıdan başlayarak, 15-20 km içerilerde 2000 m yüksekliğe ulaşır. Giresun Dağlarının en yüksek tepesi 3331 m ile Abdal Musa'dır. Giresun Dağlarının Aksu deresi batısında kalan bölümlerine ise Karagöl Dağları (3095 m) ismi verilir ve bu dağlar Ordu iline kadar uzanır. Bu dağların bazı yüksek kesimlerinde küçük buzul göllerine rastlanır. Giresun Dağlarının güneyinden doğu-batı yönünde uzanan Kel-

ad out Anatolia after Malazgirt Victory in 1071. However, it was again taken under control of Byzantium. After 1204, Comnenos who had come from Istanbul to Trabzon and established the Comnenos State added the region to its territory and in this period Giresun became the second important city of Trabzon State. In 1398 Yıldırım Bayazıt enlarged Ottoman land until Trabzon by taking Samsun but he gave the control of the region to Trabzon State in return for a tax with the campaign held by Fatih Sultan Mehmet in 1461. Giresun was added to the Ottoman territory permanently and it was put under the control of Trabzon Sanjak. Before the Republic (in 1920) Giresun became a city and in 1923 it became a city of the Turkish Republic.

Geography

On the west end of the East Black Sea chain of mountains, the parts named Giresun mountains start immediately from the coast and reach up to 2000m height in 15-20 km inland. The highest point of Giresun mountains is Abdal Musa, 3331m. The parts of Giresun mountains on the west of Aksu river called Karagöl Mountains (3095m) and they reach until Ordu. There are some small lakes on the high parts of these mountains. Kelkit Stream going from south of Giresun mountains to east-west direction, Harşit Stream reaching the sea between Tirebolu-Görele and Aksu stream reaching the sea on the east of Giresun are the most important rivers of Giresun.

Flora

The vegetation on the north of Giresun mountains, which gets a lot of rain and which has a slope of 40%, is very rich. Hazelnut (up to 800 m high from the sea level)

ıt Çayı, Tirebolu-Görele arasın-
an denize dökülen Harşit Çayı,
iresun'un doğusundan denize
ökülen Aksu Deresi Giresun'un
n önemli akarsularıdır.

ğimi %40'a varan ve bol yağış
lan Giresun Dağları'nın kuzey
esiminde bitki örtüsü zengin-
ir. 800 m yüksekliğe kadar fın-
ık ve diğer meyve ağaçları, daha
üksekler de ise sarıçam, ladin,
işbudak, köknar, gürgen ve me-
e ağaçları yetişir. Toprak üstü
orasında ise sürünücü, otsu,
oğanlı bitkiler ile mantarlar bu-
ınur.

iresun dağlarının sahile bakan
amaçları yıllık 1350 mm3'yi bu-
ın yağış oranına sahiptir ve bu
ran bütün mevsimler az-çok
şit dağılım göstermektedir. Yıl-
k 15 °C sıcaklık ortalamasında-
i Giresun'un en soğuk ayı 5.8
C ile Şubat ayı, en sıcak ayı ise
3 °C ile Ağustos'dur.

'oplam tarım arazisi 174.643
ektar olan Giresun'da en önem-
i tarım ürünü fındıktır. Deniz
eviyesinden 800 m yüksekliğe
adar olan bölgede 53 milyon
cakta, 76 541 ton fındık yetişti-
ilmektedir. Ordulular tersini
üşünse de, Giresunlular dün-
anın fındık başkenti olduklarını
avunmaktadırlar. Fındığın yanı
ıra mısır, buğday, patates, çay,
asulye, lâhana, domates, çi-
ek, elma, armut ve kiraz
n fazla yetiştirilen tarım
irünlerindendir.

and other fruit trees and on the upper parts Scotch pine, spruce, ash tree, Scotch fir, beech and oak trees can be seen. Bulb plants, mushrooms and some kinds of plants can also be seen.

Climate

Hillsides of Giresun mountain looking to the coast have a rainfall of 1350 mm3 and this proportion is more or less similar in all seasons. With 15 °C average temperatures in Giresun, the coldest month is February with 5.8 °C average and the hottest is August with 23 °C average.

Agriculture

The most important agricultural field is hazelnut in Giresun in which total agricultural area is 174,643 hectarea. Up to 800m from sea level 76,541 tons of hazelnut are cultivated from 53 million hazel bushes. Although people in Ordu think the opposite, people in Giresun claim that they are the capital city of hazelnut. Besides hazelnut, corn, wheat, potato, tea, bean, cabbage, tomato, strawberry, apple, pear and cherry are the agricultural fields commonly cultivated.

Transportation

There are busses from Giresun to other cities everyday. It is possible to reach every part of the world from Trabzon airport, which is

Fındık / *Hazelnut*

İl Kültür ve Turizm Md. Arşivi

Yoğurtlu Mısır Ekmeği / *Cornbread with yoğurt*

Ulaşım

Giresun'dan çoğu şehirlere her gün otobüs seferleri düzenlenmektedir. 137 km uzaklıktaki Trabzon havalimanı ile dünyanın her köşesine ulaşım sağlanabilmekte ve Giresun limanı ise yük gemilerinin yanısıra yolcu gemilerine de hizmet verebilme kapasitesine sahiptir. Şehir içinde belediye otobüsleri ve taksilerle, ilçe ve köylere minibüslerle ulaşım sağlanmaktadır.

Halk Oyunları

Halk oyunları bakımından en belirgin ve özgün olanı Giresun karşılamasıdır. Bunun yanısıra horon, halay da yaygın oyunlardır.

Festivaller

Giresun'da Aksu Deresinin denize döküldüğü açıklık alanda düzenlenen "Aksu Şenlikleri" oldukça ilgi çekicidir. Bir zamanlar Amazon Kadınlarının yaşadığına inanılan Giresun Adasının tam karşısında 20-22 Mayıs tarihleri arasında düzenlenen şenlikler piknik ve halk oyunlarıyla başlar. Katılımcılar festivale, yedi çift ve bir tek avuç dolusu çakıl taşını Aksu deresine atarak başlarlar. Giresun Adası çevresinde saat yönünde üç defa dönerler ve ada üzerinde ayrı duran iri bir kaya parçasının aralık bir yerinden içeri bir çakıl taşı atarlar. Bütün bunlardaki inanç, yokluk çekmemek, kısmeti ve bereketi sağlamaktır.

Ayrıca Temmuz ayının 2. Pazar günü düzenlenen Kümbet Yayla

137 km away fro Giresun. Besid cargo ships, Giresu harbour has the ca pacity to serve pas senger ships too. I the center of the ci public transportatio and taxis are th means of transporta tion and minibuses provide trans portation to towns and villages.

Folk Dances

"Giresun Karşılaması" is th most distinguished folk dance the region. Besides this, "halay and "horon" are also common.

Festivals

"Aksu festival" held in the are where Aksu river reaches the se is very interesting. This festiv on 20-22 May, opposite of Gir sun Island where Amazons ar thought to have lived once start with picnic and folk dances. Pa ticipants start festival by thro wing seven couples and on handful of pebble stones into th river. They go around the Giresu Island three times in a clock wis direction and throw a pebble sto ne through a crack in a rock o the island. They do these thing not to have poverty and to provi de abundance and to bring goo luck.

Kümbet Yayla festivals are hel on the second Sunday of July and the Sis Dağı Festival is hel on the third Sunday of July t which people from Trabzon joi are the most beautifull festivals.

Handicrafts

Aprons, sheets, bath towels, fila ments, crochet-works from Tan zara and bags, çentiks, carpet and handmade carpets from vil lages are the most importan handicrafts in Giresun. Beside these, hazel cream and other ha zelnut products are major souve nirs which can be bought whil

Yoğurtlu Mısır Yarması

şenlikleri, Temmuz ayının 3. Cumartesi günü Trabzonluların da katıldığı Sis Dağı şenlikleri görülmeye değer en güzel yayla şenliklerindendir.

Tanzara dokumalarından önlük, çarşaf, peştemal, banyo lifi, iğne oyaları, köylerde dokunan çanta, çentik, halı ve kilim Giresun'un önemli el sanatları ürünlerindendir. Bunun yanısıra fındık ezmesi ve diğer fındık ürünleri Giresun'dan ayrılırken satın alınabilecek hediyeliklerin başındadır.

Pezik (pazı) muhlaması, ısırganotu püresi, hamsi böreği, hamsili mısır ekmeği, fındıklı tel kadayıf, yaban çileği, kaymaklı baklava ve özellikle Görele ilçesinde imansız peynirle yapılan pide, Giresun da tadılması gereken özel lezzetlerden bazılarıdır.

TARİHİ ESERLER

Giresun Kalesi: Şehri ikiye bölen yarımada şeklindeki tepe üzerinde, Pontus Kralı I. Farnakes tarafından yaptırılan Giresun Kalesi, daha sonraki dönemlere Uzun Hasan tarafından alınmışsa da Cenevizliler tarafından tekrar elde edilmiştir. 1461 yılında Fatih Sultan Mehmet'in düzenlediği seferde Mahmut Paşa tarafından fethedilmiştir.

Ayrıca Espiye ilçesinin 3 km batısındaki Andoz Kalesi, Tirebolu ilçesindeki Tirebolu (St. Jean) Kalesi, Alucra ilçesindeki Kaledere Köyü Kalesi, Şebinkarahisar ilçesindeki Şebinkarahisar

departing from Giresun.

Regional Cuisine

Pezik (pazı) muhlaması, ısırganotu püresi (stinging nettle puree), hamsi böreği (pie with sprat), hamsili mısır ekmeği (corn bread with sprat), fındıklı tel kadayıf (sweet meat of special fresh vermicelli with hazelnut), yaban çileği (wild strawberry), kaymaklı baklava (sweet pastry with cream) and especially flat bread with imansız cheese made in Görele are some of the meals which should be tasted in Giresun.

HISTORICAL PLACES

Giresun Castle: *Giresun Castle, built on a peninsula-shaped hill which divides the city into two parts, was built by Pontus king, Farnakes I, but it was conquered by Uzun Hasan and then was reconquered by the Genoeses. It was taken by Mahmut Pasha during the campaign held by Fatih Sultan Mehmet.*

Moreover, Andoz castle, 3 km west of Espiye, the castle of Tirebolu (St.Jean) in Tirebolu, Kaledere village castle in Alucra, Şebinkarahisar castle in Şebinkarahisar are the other important castles in Giresun.

Topal Osman and Manzara Tepesi (Osman the lame and view hill): *After Topal Osman, who showed great bravery in World War I and the Independence War, and who later became the Regiment Commander of bodyguard of Atatürk, died, he was taken to Giresun and buried on view hill. The hill, which has a wonderful*

Licese Kilisesi / *The Licese Church*

Kalesi Giresun'un diğer önemli kale yapılarıdır.

Topal Osman ve Manzara Tepesi: I. Dünya savaşı ve Kurtuluş Savaşı sırasında büyük kahramanlıklar gösteren ve daha sonra Atatürk'ün Muhafız Alay Komutanı olan Topal Osman, olaylı ölümünden sonra Giresun'a getirilerek, kale içinde Manzara Tepesi adı verilen yere gömülmüştür. Şehrin her iki cephesini gören güzel manzaralı tepe, özellikle fotoğraf meraklıları için iyi bir noktadır.

Şeyh Kemaleddin Camii: (Katolik kilisesi): 18.yy'da Çınarlar mahallesinde inşa edilen kilise, gotik mimari özelliklerini taşımaktadır. Günümüzde çocuk kütüphanesi olarak kullanılmaktadır.

Müze: 18.yy'da kilise olarak yapılan bina 1999 yılında müzeye dönüştürülmüştür. Müzenin tavan süslemeleri ilgi çekicidir.

view of both sides of the city, is a good place for photographers.

Church: It was built is 18th century as a Catholic church in Gothic style in Çınarlar quarter. Today, it is used as a children's library.

Museum: *It was built as a church in the 18th Century. It became a museum in 1999.*

Tomb of Seyit Vakkas: *It belonged to Seyit Vakkas who lived in*

Andoz Kalesi / *The Castle of Andoz*

Şebinkarahisar Kalesi / *The Castle of Şebinkarahisar*

Seyit Vakkas Türbesi: 15.yy'da Fatih Sultan Mehmet zamanında yaşayan ve büyük yararlıklar gösteren uç beyi Seyit Vakkas'a aittir ve türbe 19.yy'da inşa edilmiştir.

Şebinkarahisar: Tarihi eserler bakımından oldukça zengin olan Şebinkarahisar ilçesi, Giresun ve Karagöl dağlarının güneyinde Kelkit vadisinin verimli toprakları üzerinde, Giresun'a 118 km uzaklıkta, denizden 1360 m yükseklikte bulunmaktadır. Eski Tunç Çağına ait izlerin görüldüğü Şebinkarahisar (Kara Hisar-ı Şarki), Kimmer, İskit, Pers, Pontus, Roma, Bizans, Emevi, Komnenos, Selçuklu, İlhanlı, Akkoyunlu ve Osmanlı yönetimlerinde kalmıştır. 1923'te il olan Şebinkarahisar, 1933 yılında Giresun'un ilçesi olmuştur.

the 15th Century period of Fatih Sultan Mehmet.

Şebinkarahisar: *Şebinkarahisar, which is very rich in historical works, is in the south of Giresun and Karagöl Mountains, on the fertile lands of Kelkit Valley, and 118 km away from Giresun and 1360 m high from the sea level. Şebinkarahisar (Kara Hisar-ı Şarki), in which Bronze Age traces can be seen, was taken under control by, Kimmer, Iskit, Persian, Pontic, Roman, Byzantine, Emevi, Commenos, Seljuks, Ilhanlı, Akkoyunlu and Ottomans. Şebinkarahisar became a city in 1923 and became a town of Giresun in 1933.*

The most important historical place is the castle which is 160 m above the city

Müzede İsa Freski / *The Fresco of Jesus*

İlçenin tarihi eserlerinin başında şehirden 160 m yükseklikteki, muhtemelen Roma döneminden daha önce yapılmış olan Kale gelmektedir. Sarp kayalar üzerine oturtularak kulelerle desteklenen kale, dış ve iç kale kısımlarından oluşur. Buradaki yer altı su tünelleri ilginçtir.

Ayrıca 12. yy'da Mengücük Beyi Muzafferüddin Muhammet tarafından yaptırılan Berhan Paşa Cami, 1352-1366 yıllarında yapılan Taş Mescit, 1586 tarihli Kurşunlu Cami, ilk olarak 1461 yılında ahşaptan yapılan ve iki defa yangın geçirip 1888'de yeniden yapılan Fatih Cami, tarihi hamamlar ve içmeler, şehir merkezinin 11 km doğusunda Kayadibi köyündeki yüksek kayalar üzerinde 481-490 yıllarında yapılan Meryemana Manastırı, Şaplıca köyü Licese mahallesindeki Licese Kilisesi ve Asarcık mahallesindeki Asarcık Kilisesi ilçenin önemli tarihi eserlerinden bazılarıdır.

Ayrıca Alucra ilçesinde; Kamisli Kilisesi, Arda, Kaledere, Hacıahmetoğlu köylerindeki kaleler, Dereli ilçesinde, Kuşluhan Kalesi ve kemerli köprüleri, Espiye ilçesinde; Andız kalesi ve 3 km batısında Çağlayan köyündeki Gebe kilisesi, Tirebolu ilçesinde; Tirebolu Kalesi, Eminağa Çeşmesi, Bediana Kalesi Giresun'un diğer tarihi eserleridir.

YAYLA VE DOĞAL GÜZELLİKLER

Giresun Adası: Savaşçı Amazon Kadınları ile Argonotların savaşa tutuştuğu yer olarak bilinen Giresun Adası, Doğu Karadeniz'in tek adasıdır. Antik dönemde "Aritia" olarak bilinen Giresun

and which was probably built before Roman period.The castle which was situated on rocks and supported by towers consists of an inner and an outer castle. The underground water tunnels are interesting.

In addition, Berhan Paşa mosque built by Muzafferüddin Muhammed, Mengücük Bey built in the 12th Century, Taş Mescit built around 1352-1366, Kurşunlu mosque built in 1586, Fatih mosque, first built of wood in 1461 and burnt twice and rebuilt in 1888 m, historical Turkish baths and mineral springs, The Virgin Mary monastery built around 481-490 on high rocks in Kayadibi village which is 11 km east of Şebinkarahisar, Licese church in Şaplıca village, Licese district and Asarcık church in Asarcık district are some of the historical sites.

Moreover, Kamişli church, castles in Arda, Kaledere, Hacıahmetoğlu villages in Alucra town, Kuşluhan castle and Kemerli bridges in Dereli town, Andız castle in Espiye town, Gebe church in Çağlayan village which is 3 km east of Giresun, Tirebolu castle, Eminağa fountain, Bediana castle in Tirebolu town are other historical sites in Giresun.

Adası, sahilden 2 km açıkta olup, 35.000 m2'lik bir yüzey alanına sahiptir. Üzerinde manastır kalıntıları bulunan ada, özellikle Aksu Şenliklerinin de kutlama törenleri içindedir ve yaz aylarında da mesire yeri olarak kullanılmaktadır.

Kümbet Yaylası: Aksu Deresinden dönülüp Giresun-Dereli yolu takip edilerek ulaşılabilen Kümbet Yaylası, Giresun'un 55 km güneyinde, deniz seviyesinden 1640 m yüksekliktedir. Her yıl Temmuz ayının 3. Pazar günü şenlikler düzenlenip, koç dövüşleri de yapılan yaylada, konaklama tesisleri, PTT, bakkal, kasap, lokanta, fırın, berber, kır kahvesi, elektrik, su, tuvalet mevcuttur.

Kümbet yaylasının 800 m içerisinde bulunan Salon Çayırı da özellikle piknik ve kamp yapmak isteyenler için uygundur. Burada Orman İşletme Müdürlüğüne ait kamp tesisi mevcuttur. Kümbet Yaylası'nın 2 km batısında bulunan Aymaç tepesi de çok güzel manzaraları ve Temmuz ayının 2. Pazar günü düzenlenen şenlikleri ile de oldukça ilgi çekicidir.

Bektaş Yaylası: Giresun'un 65 km güneyinde, deniz seviyesinden 2100 m yükseklikteki Bektaş Yaylasına Giresun-Develi yolu ya da Bulancak yolu takip edilerek ulaşılabilir. Yaylada turistik belgeli bir otel, elektrik, su, PTT, bakkal, kasap, fırın, kır kahvesi, mevcuttur. Bektaş yaylasının yakınındaki Karagöl ziyaretçilerin ilgisini çekmektedir. Yaylaya yaz kış minibüs dolmuşları çalışmaktadır.

Kulakkaya (Hanalanı) Yaylası: Giresun'un 38 km güneyinde yak-

PLATEAU AND NATURAL BEAUTIES

Giresun Island: *Giresun Island, which is known as a place in which Amazons and Argonauts fought is the only island of East Black sea. Giresun Island, which was known as "Aritia" in ancient times, is 2 km off the coast and has an area of 35000, sqm. There are still monastery ruins on the island. And İt is included in the Aksu Festival and is used as a picnic area in summer.*

Kümbet High Plateau: *Kümbet high plateau which can be reached by turning from Aksu stream and following Giresun-Dereli road is 55 km south of Giresun and 1,640 m above sea level. Every year on the third Sunday of July a festival and ram fight is held in Kümbet. There are accommodations, post office, market, butcher, restaurant, baker's, hairdresser's, cafe, electricity, water and wc in Kümbet.*

Salon Çayırı, which is 800 m inside of Kümbet, is suitable for those who want to have a picnic or camp. There is a camp of Orman İşletme Müdürlüğü (Management of Woods). Aymaç hill, which is 2 km west of Kümbet, is very interesting with its magnificent views and a festival is held on the second Sunday of July.

Bektaş High Plateau: *Bektaş high plateau which is 65 km south of Giresun and 2100 m above the sea level can be reached through Giresun-Develi road or Bulancak road. There is a touristic hotel, electricity, water, post office, market, butcher, baker's, café in the plateau. Karagöl near the Bektaş high plateau attracts visitors' attention. There are minibuses to the plateau in all seasons.*

laşık 1500 m yükseltili Kulakkaya Yaylası için "doğal botanik parkı" denilmektedir. Özellikle botanik, trekking, fotosafari için tercih edilebilecek yaylaya Bektaş Yaylası minibüsleri ile ulaşılabilmektedir. Kamp ve yiyecek malzemeleri unutulmamalıdır.

Melikli Obası Yaylası: Giresun'un 40 km güneyinde yaklaşık 1500 m yükseklikteki Melikli obası, özellikle kamp ve trekking için tercih edilebilecek özelliktedir. Bektaş Yaylası minibüsleri ile ulaşılabilen yaylaya 2 km uzaklıkta Yavuz Kemal beldesi bulunmaktadır.

Şebinkarahisar ilçesi Tanzara kasabasındaki ve İnişdibi madensuları Giresun'un termal kaynakları olarak sıralanmaktadır.

TURİZM ALTERNATİFLERİ

Doğal güzellikleri bakımından olukça zengin olan Giresun, kültür turlarının yanısıra, doğa yürüyüşleri, yayla, kamp, fotosafari, botanik amaçlı turlar bakımından tercih edilebilecek özellikler sunmaktadır. Ayrıca Emniyet, Arif Kumaş, Efes, Nebioğlu ve Tirebolu gibi doğal plajları ile Giresun, yaz sonunda denize girmek isteyenler için keyifli bir tatil olanağı sağlamaktadır.

Unutmayın

Kaleden gün batışını seyretmeyi, kiraz ve diğer meyvelerin tadına bakmayı, fındık satın almayı ve kalbiniz için her gün bir avuç fındık yemeyi, Kümbet Yaylasında horon oynamayı, İnişdibi maden sularından içmeyi, "Anılarınızla birlikte çöplerinizi de götürmeyi" unutmayınız...

Kulakkaya (Hanalanı) High Plateau: *Kulakkaya high plateau which is 38 km south of Giresun and 1500 m above the sea level is called "natural botanic park". Transportation to the plateau which can be preferred for botanic, trekking and photo safari are possible with Bektaş high plateau minibuses. Equipment for camping and food should not be forgotten.*

Melikli Obası High Plateau: *Melikli Obası which is 40 km south of Giresun and 1,500 m above sea level may be preferred, especially for camping and trekking. Yavuz Kemal village is 2 km away from the plateau which can be reached with Bektaş high plateau minibuses.*

Mineral waters in Şebinkarahisar town Tanzara village and in Inişdibi are the mineral water springs of Giresun.

TOURISM ALTERNATIVES

Giresun, which is rich in natural beauties, presents characteristics for trekking, high plateau, camping, photo safari and botanic tours as well as cultural tours. Giresun also gives the opportunity to have a good holiday for those who want to swim in the sea with its natural beaches such as Emniyet, Arif Kumaş, Efes, Nebioğlu and Tirebolu.

Do Not Forget

To watch sunset from the castle, to taste cherries and other fruit, to buy hazelnut and eat a handful for your heart, to do Horon in Kümbet high plateau, to drink İnişdibi mineral water and to take your garbage with your sweet memories.

0454..........Giresun telefon rehberi

NEREDE KALMALI? / *WHERE TO STAY?*

Başar Otel **/Giresun	212 99 20
Kittur Otel **/Giresun	212 02 55
Çarıkçı Otel **/Giresun	216 10 26
Karagöl Otel**/Bektaş Y.	314 10 81

NEREDE YEMELİ? / *WEHERE TO EAT?*

Çerkez Restaurant	216 31 39
Deniz	216 11 58

HANGİ ACENTA? / *WHICH AGENCY?*

Çotanak Turizm	212 48 80
Tabya Turizm	212 38 58

HAVAYOLLARI / *AİR LİNES*

Türk Hava Yolları	212 48 80

OTOBÜS / *COACH*

Fındıkkale	216 64 64
Sema	212 34 25
Metro	212 63 63
Ulusoy	216 24 92

BANKALAR / *BANKS*

Ziraat Bankası	216 15 66
Yapı Kredi	216 12 14
Akbank	216 35 02
İş Bankası	216 32 70

MÜZELER / *MUSEUMS*

Müze Müdürlüğü	212 13 22

HASTANELER / *HOSPITALS*

Devlet Hastanesi	216 10 31
SSK Hastanesi	215 01 00

GEREKLİ TELEFONLAR / *USEFUL PHONES*

Valilik	215 75 50
Belediye Başkanlığı	216 21 81
Emniyet Müdürlüğü	216 10 91
Jandarma	215 06 51
Kültür ve Turizm Md.	215 71 96
Turizm Danışma Müd.	216 67 90
Karayolları Şb. Md.	215 16 81

GÜMÜ

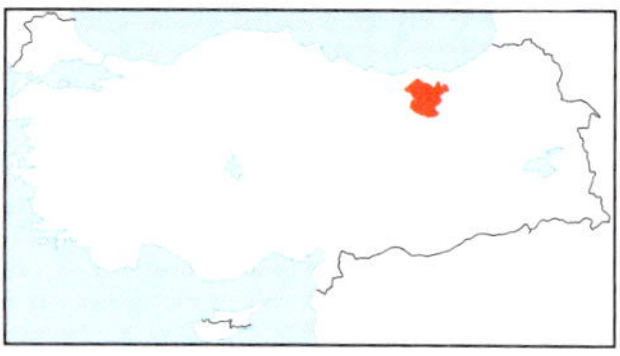

İl Kültür ve Turizm Md. Arşivi

SHANE

Genel Nüfus: 186.953 **Yüzölçümü:** 6585 km^2
Harita Koordinatları: 38° 45' – 40° 12' doğu boylamları ile 39° 45' – 40° 50' kuzey enlemleri arasındadır
Trafik Kodu: 29 **Telefon Kodu:** 0456

Population: *186.953* ***Land mass:*** *6585 km^2*
Coordinates: *38° 45' – 40° 12' east longitude and 39° 45' – 40° 50' north latitude.*
Traffic Code: 29 ***Telephone Code:*** 0456

Yaylam otun nedendir
Çiçeği kendindendir
Şurutlu hasta olmuş
Yaylanın derdindendir.

Günümüzde kuşburnusu, pestili ve inanılmaz güzelliklere sahip Karaca mağarası ile adından söz ettiren Gümüşhane, 13. yy'da Anadolu'nun gümüş başkentiydi.

MÖ 4.yy'dan beri gümüş çıkartılan ve antik kaynaklarda "gümüşün doğduğu yer" diye anlatılan şehir, Osmanlı darphanesinin de en önemli merkezi olmuştur. Ünlü Türk gezgini Evliya Çelebi, 1647'de geldiği bu şehirde Büyük İskender'in hakimlerinden Filkos'un gümüş madenini bulduğu ve şehri imar ettiğini, o zamanlarda da şehre "Gümüşhane" denildiği, Osmanlı döneminde kayıtlara "Catha" diye yazıldığını ve 70 gümüş madeninin olduğu şehirde halkın tüm vergilerden affedilerek gümüş işletmeye memur olduklarını anlatarak, "bu Gümüşhane şehrinin gümüş damarları yedi koldan, kol kalınlığında damarlar olup, hepsi kurşunsuz, halis cevherdir" demektedir.

Gümüşhane adı ile ilgili olarak anlatılan bir başka hikaye ise şöyledir; Bir zamanlar bu bölgenin bir beyi, beyin de "Gümüş" adlı çok güzel bir kızı varmış. Kızı komşu beylerden isteyenlerin çok olmasına rağmen, o fakir ama yakışıklı, yiğit bir delikanlı-

Today, Gümüşhane is famous for its hip, dried fruit pulp and Karaca cave which is an incredible natural beauty; but in 13th century it was the silver capital of Anatolia.

The city which is known as the center of silver and told as "the city where silver is born" has been the most important center of the Ottoman mint. When the famous Turkish traveller Evliya Çelebi visited this city in 1647, he noticed that Filkos, one of the rulers of Alexander the Great, had discovered silver and developed the city. The city was being called "Gümüşhane" (silver city) and registered during the Ottoman Empire period as "Catha", the people of this city in which there are 70 silver minerals were forced to process silver and they were also exempted from taxes. It is also told by Evliya Çelebi that "the lodes of this city's silver are very large and they emerged from seven paths and also they are pure, untouched jewels."

Another story about the name, Gümüşhane is, as follows: Once upon a time there was a ruler of this region and his daughter whose name was "Gümüş"(silver). Many neighboring rulers wanted to marry her, however, she was in love with a poor but handsome and brave man. When her father

Dut / Mulberry

Karaca Mağarası / *The Karaca Cave*

ya aşıkmış, babası beylerden birisiyle evlenmesini isteyince, kız reddetmiş. Buna sinirlenen babası Gümüşhane'nin bulunduğu yerde, gümüşten bir köşk yaptırıp, kızını buraya kapatmış. Kız, altın sarısı saçları, gümüş gümüş tel olup yaşlanıncaya kadar burada yaşamış. Sonra bir şehir kurulmuş, adına "Gümüşhane" demişler.

Osmanlı dönemi öncesinde "Gümüş Şehri" anlamına gelen "Argyropolis" Osmanlı döneminde "Canca" isimleriyle anılan Gümüşhane'in tarihi, MÖ. 3000 yıllarına kadar uzanmaktadır. İran, Makedonya, Roma egemenlikleri altında kalan Gümüşhane, MS 395'de Bizans döneminin başlamasından sonra Partlar, Sasaniler, Ermeniler ve Bizans arasında sık sık el değiştirmiştir. 1058 yılında Selçuklu Sultanı Tuğrul Bey tarafından alınan bölge, daha sonra çeşitli Türk beylikleri arasında el değiştirmiştir. 1204 yılından sonra bir süre Trabzon Komnenos Devleti sınırları için-

asked her to marry one of those rulers, she refused. Becoming angry, he had a silver palace built and kept his daughter there, and the girl lived there during her lifetime. Then, a city was established and named "Gümüşhane".

History

Gümüşhane was called "Argyropolis"; "silver city", before the Ottoman period and during the Ottoman period changed as "Canca". Its history dates back to 3,000 BC. Gümüşhane was dominated by İran, Macedonia and Rome, and after the Byzantine period began in 395 BC exchanged hands several times between Parthians, Sasanis, Armenians and Byzantine. Later the land was ruled by Seljuk Sultan Tuğrul Bey in 1058 and ruled by many Turkish principalities. After 1204, Gümüşhane has been considered within Trabzon Comnenos State borders and then conquered by Mongols, İlhanlı, Akkoyunlu states and after Fatih Sultan Mehmet's victory over Akkoyunlu in 1473, the land became affiliated with the Ottomans. Du-

de kalan Gümüşhane, Moğol, İlhanlı, Akkoyunlu Devleti egemenlikleri altında kalmış ve 1473 yılında Fatih Sultan Mehmet'in Akkoyunlu'ları Otlukbeli Savaşında yenmesinden sonra tamamı Osmanlı topraklarına katılmıştır. Osmanlı döneminde Bayburt'la birlikte bir süre Diyarbekir Beylerbeyliğine, daha sonra Erzurum Beylerbeyliğinin 12 sancağından (vilayet) biri olan Şebinkarahisar'a ve Tanzimat'tan sonra da Trabzon'a bağlanmıştır

1828'de Osmanlıların Ruslara yenilmesinden sonra, o tarihe kadar Anadolu'nun ve Osmanlıların en önemli gümüş madeni merkezi olan Gümüşhane'yi, 1829 yılında madenciler terk ederek "şap" işinde çalışmak üzere Şebinkarahisar'a gitmişlerdir. 19 Temmuz 1916- 15 Şubat 1918 tarihleri arasında Ruslar tarafından işgal edilen ve daha sonra Ermeni çetelerin saldırılarına uğrayan Gümüşhane 1925 yılında Türkiye Cumhuriyeti Devleti'nin bir ili olmuştur.

Coğrafya

Engebeli arazi yapısına sahip Gümüşhane, kuzeyde Doğu Ka-

ring tho Ottoman period, like Bay burt, it became a part of Diyarbe kir Principality, then of Şebinka rahisar, one of the 12 provinces o Erzurum Principality and afte the Reformation period, became a part of Trabzon.

After the Ottomans had lost the Ottoman-Russian war in 1828 miners left the city which has al ways been the vital silver cente for Anatolia and the Ottomans They went to Şebinkarahisar to work in the field of alum. From 1[illegible] July 1916 to 15 February 1918 Gümüşhane was under the occu pation of Russia and Armenian gangs thereafter. In 1925 it beca me a city of the Turkish Republic

Geography

Gümüşhane that has been situ ated on a rough land has been surrounded by Zigana Mountains (Çakırgöl Hill 3063 m, Alacadağ 2180 m). They are considered within East Black Sea Mounta ins, Çimen Mountains (Akdağ 2710 m), Giresun Mountains (Sa rıyer Hill 2919 m). The deep val leys shaped by Harşit and Kelkit Streams, more than 400 plate aus, 20 glacier lakes on the peak of Balaban Mountains (3331 m) on the south-west of Gümüşhane

İl Kültür ve Turizm Md. Arşivi

Şanlar Konağı / *The Şanlar Mansion*

..radeniz Dağları'nın bir bölümü olan Zigana Dağları (Çakırgöl tepesi 3063 m, Alacadağ 2180 m), güneyde Çimen Dağları (Akdağ 2710 m), batıda Giresun Dağları (Sarıyer Tepesi 2919 m) ile çevrilmiştir. İlin iki önemli akarsuyu Harşit Çayı ve Kelkit Çayının oluşturduğu derin vadiler ve 400'den fazla, Gümüşhane'nin güneybatısındaki Balaban Dağları'nın yüksek zirvesindeki (3331m) 20 buzul gölü bu dağların en önemli doğal güzelliklerinin başındadır.

Karadeniz ikliminden Doğu Anadolu iklimine geçiş bölgesinde bulunan Gümüşhane'de bitki örtüsü de oldukça zengindir. Harşit Havzasında ormangülü, çalı çiçeği, defne, şimşir yaygınken, Zigana Dağları ve Torul ilçesi civarındaki ormanlarda en çok çam, köknar, ladin ve meşe ağaçlarına rastlanır. Özellikle Kürtün ilçesi sınırları içindeki Örümcek Ormanları, Avrupa'nın en yüksek köknar ağaçlarına (61,5m), Türkiye'nin en uzun ladin ağaçlarına (57,6m) sahip olması ve anıt ağaç sayısının da fazla olması nedeniyle görülmeye değer zenginliklerdir.

Bölgede ayı, yaban domuzu, kurt, tilki, vaşak, sansar, su samuru, dağ keçisi, tavşanın yanı sıra özellikle kartal, akbaba, şahin, atmaca, ispinoz, tarla kekliği sık rastlanan yabani hayvanlardandır.

Gümüşhane'de iklim, kara iklimi ile Doğu Karadeniz iklimi arasında bir geçiş özelliği taşır. Kuzeyindeki dağları soğuk ve nemli kuzey rüzgarlarını engellerken Doğu Karadeniz havzasında kalan yerler nemli ve ılıktır. Karasal iklimin görüldüğü yerlerde

are all the most outstanding beauties.

Flora

The plants of Gümüşhane, a transitional region between Black Sea climate and Eastern Anatolian climate, are also very rich. In Harşit Basin bush flower, laurel, boxwood are widespread, but in the woods around the district of Torul and Zigana Mountains pine tree, fir tree, spruce and oak trees are dominant. Especially Örümcek Woods which have the longest fir trees (61,5 m) of Europe and the longest spruce trees of Turkey (57,6 m) and numerous memorial trees in the district of Kürtün are worth seeing.

Fauna

Wild animals such as bear, wild boar, wolves, fox, lynx, otter, goats, rabbits, eagles, vultures, falcon, hawk, partridge are seen in this region.

Climate

The climate of Gümüşhane is somehow between a land climate and an East Black sea climate. The northern mountains prevent the cold and humid northern winds, East Black Sea basin is rather warm and humid. Summers are hot and dry, winters are cold in land climate. The coldest month is February (-17,5 °C), the hottest one is July (36,8 °C). Annual rainfall is 434,5 mm3.

Agriculture

A little part of this land can be cultivated. Valleys formed by Harşit and Kelkit Streams are mostly planted areas. Mostly cereal is grown in this area and also beet, potato, vegetable and hip are important agricultural products. In Gümüşhane hip can be used in making fruit juice, marmalade and tea. Also Gümüşhane is famous for its "göbek elması" (a kind of apple).

ise yazları sıcak ve kurak, kışları soğuktur. En soğuk ay Şubat (-17,5 °C), en sıcak ay Temmuz (36,8 °C)'dur. Yıllık yağış ortalaması ise 434,5 mm3'dir.

Tarım

Gümüşhane'de ekilebilir topraklar azdır. Ancak Harşit Çayı ve Kelkit Çayının oluşturduğu vadiler tarımın en çok yapıldığı alanladır. Başta tahıl üretiminin geldiği şehirde, meyve, pancar, patates, sebze ve son yıllarda adından daha çok bahsedilen kuşburnu önemli tarım ürünlerindendir. Gümüşhane'de kuşburnunun meyve suyu, marmeladı, reçeli ve çayı yapılmaktadır. Ayrıca Gümüşhane'nin ünlü "göbek elması" burada hatırlatılmalıdır.

Ulaşım

Trabzon-İran transit yolu üzerindeki Gümüşhane'nin Trabzon ve Erzurum karayolları en önemli bağlantılarıdır. Ankara, İstanbul ve çevre illere düzenlenen otobüs seferleriyle diğer illere ulaşılabilen Gümüşhane'nin havayolu ulaşımı 100 km uzaklıktaki Trabzon havalimanı ile sağlanmaktadır.

Şehir içinde belediye otobüslerinin kullanıldığı şehirde, ilçe ve köylere minibüslerle ulaşılabilmektedir.

Halk Oyunları

Tarihi ipek yolu üzerinde bulunması nedeniyle, folklorik özellikler bakımından zengindir. Halk oyunlarında özellikle bar ve horon oynanan Gümüşhane'de, Kürtün ve Torul ilçelerinde kemençe, Kelkit, Köse, Şiran ilçelerinde davul-zurna ile bu oyunlara eşlik edilir.

Festivaller

Yaylalar bakımından oldukça zengin olan Gümüşhane'de, özellikle Trabzon il sınırında olan bir çok yaylada Trabzon-

Transportation

As it is on the transit way from Trabzon to Iran, Gümüşhane's vital roads are Trabzon and Erzurum highway. You can go to Ankara, Istanbul and other neighbouring cities via travel by bus;

Trabzon airport which is 100 km from Gümüşhane provides air transportation.

From the city to the provinces and villages minibus journeys are organized, within the city municipal buses are used.

Folk Dances

As it is located on the historical silk road, the city is rich in folkloric properties. As a folk dance we can talk about bar and horon and these are accompanied by kemençe (a small three-stringed violin) in the districts of Kürtün and Torul and in the districts of Kelkit, Köse, Şiran drum and shrill pipe are played.

Festivals

Gümüşhane is also rich in plateaus; plateau festivals are held especially in Trabzon to which many people from Trabzon also join. Some of them are: Kadırga, Kazıkbeli, Çövendi, Alacapazarı high plateau in Kürtün; Zigana high plateau and Ayazma in Torul district; Köse high plateau in Köse district; Yeşilbük high pleateau in Şiran district. These festivals also contribute to tourism in this region. Moreover, as hip

İl Kültür ve Turizm Md. Arşivi

Aktürkler Konağı / The Aktürkler Mansion

ıların da katıldığı yayla şenlik-eri düzenlenir. Bunların başın-la; Kürtün ilçesinde Kadırga, Kazıkbeli, Çövendi, Alacapazarı yaylaları, Torul'da Zigana yaylası ve Ayazma, Köse'de Köse yaylası ve Şiran'da Yeşilbük yaylaların-da düzenlenen şenlikler yöre tu-rizmine katkı da sağlamaktadır. Ayrıca, kuşburnu meyvesinin yöre insanının geçiminde önemli bir kaynak haline gelmesiyle, şe-hirde her yıl Kuşburnu Festivali düzenlenmektedir.

Saz örgülü sepetler, Kürtün ve Kelkit ilçelerinde ipek ve zilli ha-lı dokumacılığı, çömlekçilik, gü-müş işçiliği, kemik tarak, yayık, ahşap kovalar Gümüşhane'nin yaygın el sanatı ürünlerinden bazılarıdır.

Mart çorbası, fırın çorbası, siran, fasulye bulgurlusu, tarhana, pestil ve köme Gümüşhane'nin özel lezzetlerindendir. Dut şıra-sından yapılan ve dövülmüş fın-dık, fıstık ve ceviz serpilerek ku-rutulan pestil, yöreyi ziyaret edenlerin satın alabilecekleri ürünlerin başında gelmektedir.

TARİHİ YERLER

Tarihi süreç içinde birçok önem-li olayların yaşandığı Gümüşha-ne tarihi, eserler bakımından ol-dukça zengindir.

Kaleler: İpek yolu üzerinde bu-lunması nedeniyle bölgenin ve ipek yolunun korunmasını sağ-lamak amacıyla yapılan kaleler en çok görülen tarihi eserlerdir. Savunma ve gözetleme amacıyla yapılmış 35 kalenin bulunduğu bölgede Canca Kalesi, Akçakale, Kov Kalesi, Keçi Kalesi, Edirne (Dörtkonak) Kalesi, Kodil Kalesi, Torul Kalesi, Sadak Kalesi, Gü-

Holgent Şelalesi / *The Holgent Waterfall*

has become a part of people's li-ves, every year Kuşburnu (hip) Festival is held.

Handicrafts

Straw baskets, silk carpets, car-pets with bells, potteries, silver objects, combs made of bone, churn, wooden buckets are some examples of the handicrafts in Gümüşhane.

Regional Cuisine

Mart (March) soup, oven soup, si-ran, fasulye bulgurlusu (boiled and pounded wheat with bean), tarhana (soup with dried yog-hurt), dried fruit pulp and köme are among the specialities of Gü-müşhane cuisine. Pestil which is made from mulberry must and dried hazelnut and peanut are good alternatives for tourists to buy.

HISTORICAL PLACES

As many events took place in Gü-müşhane, it is rich in historical monuments.

Castles: *As it is located on the Silk Road, there are a lot of cast-*

müştuğ Kalesi önemli kalelerdendir.

Eski Gümüşhane ve Süleymaniye Camii: Bugünkü Gümüşhane'nin güneybatısında, merkeze 4 km uzaklıktadır. Kanuni Sultan Süleyman (1520-1566) İran seferi sırasında uğramış ve o devirde Osmanlı hazinesinin 1/6'sını sağlayan gümüş ocaklarını görerek, buraya bir camii, 50 ev yapılmasını emretmiş ve şehre "Gümüşhane" ismini vermiştir. 1829 yılında terk edilen şehirde günümüzde sadece birkaç kişi yaşamaktadır. Burada Kanuni Sultan Süleyman'ın emri ile 16. yy'da yapılmış, 19. yy'da minaresi dışında diğer bölümleri yeniden yapılan Süleymaniye Cami ve eski ahşap evler görülmesi gereken önemli tarihi değerlerdendir.

Santa Kiliseler Grubu: Gümüşhane-Trabzon sınırına yakın bir bölgede ilk olarak ortaçağ döneminde sahildeki derebeyi anlaşmazlıkları süresince sığınıldığı sanılan Santa'nın 17. yy sonları ve 18. yy'daki nüfusu, yedi köyden oluşmaktadır. 1856'dan sonra kiliselerin ve okulların inşa edildiği Santa'da, üç apsisli, üç nefli, bazilika planlı, beşik tonozlu ve son derece güzel pencere çerçevelerine sahip kiliseler dikkat çekicidir. Bunlar Pişoflu, İşhanlı, Binatlı, Çingallı, Goballı, Terzili, Zurnacili mevkilerine yayılmıştır. Yunanistan ve Türkiye arasındaki savaştan sonra nüfus değişimi nedeniyle boşalan köyler korumasızlık ve bakımsızlık nedeniyle harabe haline dönmüştür.

Satala (Sadak) Yerleşimi: Kelkit ilçesinin 17 km güneydoğusunda Sadak köyünde bulunan yer-

lco built to protect both the regio and the Silk Road. There are 3 castles built with the aim of de fence and observation. Most im portant ones are: Canca castle Akçakale, Kov castle, Keçi castle Edirne castle (Dörtkonak), Kod castle, Torul castle, Sadak castle and Gümüştuğ castle.

Old Gümüşhane and Süleymani ye Mosque: It is situated on the south west of today's Gümüşha ne and 4 km from the city center Kanuni Sultan Süleyman (1520-1566) visited here during his Iran campaign and having seen the silver pits which made up 1/6 of the Ottoman treasure, he had a mosque and 50 houses built and then named the city "Gümüşhane". In 1829, this city was abandoned. Today, few people live there. Süleymaniye Camii (Süleymaniye Mosque) which was built upon the order of Kanuni Sultan Süleyman in the 16th Century and repaired in the 19th centuries, except for its minaret and the ancient wooden houses are important historical works to see.

***Santa Churches Group:** There are only 7 villages at the end of the 17th and 18th Centuries and are thought to have been used as shelters the Middle Ages during the conflicts of the feudal lords. It is situated near the Gümüşhane-Trabzon border. After 1856 churches and schools were built in Santa. Churches are attractive with their three apsid naves, basilica plans and beautiful window frames. These have spread over the provinces of Pişoflu, İşhanlı, Binatlı, Çingallı, Goballı, Terzili, Zurnacili. However, they have turned into ruins because of lack of care, protection after the exchange of population, which occurred as a result of Greece-Tur-*

Sarıçiçek Köyü Köy Odası / *A Villageroom of Sarıçiçek*

leşim alanı, Hitit, Asur, Makedonya, Roma, Bizans ve Trabzon Komnenos egemenliği altında kalmıştır. Doğudaki en eski tarihi yerlerden biri olan ve antik devir de "Satala" adını taşıyan yöre, Roma İmparatorluğu'nun Anadolu'daki en uçtaki ve en önemli ordugahı olarak bilinmektedir. 47 gözlü olan ancak bugüne 3 gözü ulaşılabilen su kemeri Sadak Köyü dışındaki Çirit tepesinde bulunan mezar sitelleri, kentin çevresindeki tiyatro, agora ve saray kabartmaları, Mantara yolu üzerindeki "nike kabartması" Sadak köyünde görülebilecek tarihi kalıntılardır.

Eski Evler: Yöre mimarisine uygun olarak ahşap ve taş malzeme kullanılarak, genellikle üç katlı yapılan Gümüşhane evleri, özellikle süslemeleri ile dikkat çekicidir. Dış cephede genellikle madeni süslerin ve kapı tokmaklarının ilgi çektiği evlerin, kapı kanatları, saçak altları ve tavandaki geometrik ve bitkisel ahşap işlemeleri yörenin en iyi ahşap işçiliğini sergilemektedir. Sanlar Konağı, Fehmi Ataş Konağı, Zekeriye Aktürk Konağı yanı sıra

key war.

Salata (Sadak) Settlement: *It is 17 km from southeast of Kelkit, in Sadak. It has been under the occupation of Hittite, Assyrian, Macedonian, Roman, Byzantine and Trabzon Comnenos. This region is one of the oldest historical places in the east and called "Stala", during the ancient times it was also known as the most important frontier military camp of Roman Empire in Anatolia. The aqueduct has 47 sections but only 3 of them were found. Grave sites on the Çirit Hill outside the village of Sadak, the theatre which surrounds the city, agora, palace reliefs, nike designs are the historical ruins which can be seen on the way to Mantara.*

Old Houses: *The houses in Gümüşhane were built using wood and stone in accordance with the region's architecture. In general they are triplex and attractive with their decorations. Metal decorations and wooden works on the outher part display the region's best wooden works. Apart from Sanlar residence, Fehmi Ataş residence, Zekeriya Aktürk residence and the houses built in*

Şiran Tomara Çelalesi / The Tomara Waterfall in Şiran

Sarıçiçek köyündeki, odalarındaki süslemeleriyle ünlü, 1873 ve daha sonraki tarihlerde yapılan evler, Gümüşhane'nin sahip olduğu kültürel zenginliğin iyi örneklerindendir.

Mescitli (Beş kilise) köyündeki 1405 tarihli Parvezi Şapeli, Pir Ahmet Köyündeki 1550 tarihli Pir Ahmet Türbesi, Tekke Köyündeki 14. yy. Komnenos yapısı olan Hatura Hagios Gergorgios Manastır Kilisesi, il merkezine 38 km uzaklıkta Olucak köyündeki Olucak "İmera" Manastırı, Şiran ilçesine 20 km uzaklıktaki 13. yy'dan kalma Çakırkaya (Kelür) Kilisesi, kemerli taş köprüler (Erzurum karayolu üzerinde Sel-

Sarıçiçek village during and after 1873 were famous for their decorative rooms and all these are the examples of cultural richness.

The Parvezi Chapel (1405) in Mescitli (Beşkilise) village, Pir Ahmet Tomb (1550) in Pir Ahmet village, the church of Hatura Hagios Gergorgios Monastery (built in 14th century) by Comnenos in Olucak village which is 38km away from the city center, Çakırkaya (Kelür) church (built in 13th century) which is 20 km away from Şiran district and old stone bridges (Tohumlu bridge built by Seljuks, on Erzurum highway and Gümüştuğ bridge near Gümüştuğ village) are among the fantastic historical places in Gümüşhane.

...çuklu yapımı Tohumoğlu Köprüsü, Gümüştuğ Köyü yakınlarında Gümüştuğ Köprüsü) Gümüşhane'nin görülebilecek diğer tarihi eserlerindendir.

YAYLALAR VE DOĞAL GÜZELLİKLER

Karaca Mağarası: Gümüşhane'nin 17 km kuzeybatısında, Torul ilçesinin Cebeli köyünün Karaca mahallesi yakınlarındaki Karaca Mağarası, özellikle son yıllarda Gümüşhane turizminin en önemli kaynaklarından biri durumundadır.

Deniz seviyesinden 1550 m yükseklikteki mağara; sarkıtlar, dikitler, sütunlar, bayrak şekilleri, org desenli duvarlar, mağara çiçekleri, mağara incileri, traverten havuzları, traverten basamakları adı verilen oluşumlar, demir ve magnezyum gibi erimiş minerallerin çokluğu nedeniyle, gözalıcı renklerle süslenmiş gibidir.

Oluşumu günümüzde de devam eden Karaca Mağrası'nın toplam alanı 1500 m2'yi bulmaktadır. Uzunluğu 150 m ve en derin yeri girişten 18 m alçak, en yüksek yeri ise 4 m yüksektir. Yazın dışarıya göre serin, kışın sıcak olan mağara havasının astım gi-

PLATEAU AND NATURAL BEAUTIES

Karaca Cave: *It is near the Karaca quarter in Cebeli village in the province of Torul. It is 17th km northwest of Gümüşhane and one of the most important places for Gümüşhane's tourism.*

It is 1,550 m above sea level with its stalactites, stalagmites, pillars, flag figures, cave flowers, cave pearls, travertine pools, travertine cascades and such figures; also, with its abundance of melted minerals such as iron, magnesium. It seems as though ornamented with attractive colours.

Karaca cave's formation is still continuing and its total area is 1,500 sqm. Its length is 150 m, the deepest point is 18 m lower than the entrance, the highest point is 4m high. In summer it is cooler than outside. In winter it is hotter and thus it is said to be good for respiratory diseases.

Apart from Karaca cave, there are 23 caves which have capacity of tourism. The rest are not open. These are; Arılı, Kartalkaya, Ardıçlı, Ikisu; Altınbaş, Inönü, Mamatlar, Cingara, Köroğlu, Akçakale, K. Ardıçlı, Buz, Üçbacak, Kobanbaşı, Arsa, Köprübaşı, Am-

Santa Köyü / *The Village of Santa*

bi bazı solunum rahatsızlıkları-na iyi geldiği söylenmektedir.

Ayrıca Gümüşhane çevresindeki Karaca Mağarası dışında turizm potansiyeline sahip 23 mağara mevcuttur. Bu mağaraların turizme açılması için gerekli çalışmalar henüz tamamlanmamıştır. Bunlar; Arılı, Kartalkaya, Ardıçlı, İkisu, Altıntaş, İnönü, Mamatlar, Cingara, Köroğlu, Akçakale, K. Ardıçlı, Buz, Üçbacak, Kabanbaşı, Arsa, Köprübaşı, Ambela, Taşbaşı, Üstüaçık, Yaylım, Geremezini, K. Cingara, Karşı mağaralarıdır.

Yaylalar: Yaylalar açısından oldukça zengin olan Gümüşhane'de 283 yayla bulunmaktadır. Trabzon ile olan komşuluğu nedeniyle iki şehir tarafından ortak kullanılan bir çok yaylada her yıl yayla şenlikleri düzenlenmektedir.

Özellikle Kadırga yaylasında (2300 m), her yıl Temmuz ayının 3. Cuma günü Gümüşhane, Trabzon, Rize, Giresun illerinden gelen 35-40 bin kişinin katılımıyla düzenlenen şenlik, yörenin bütün karakteristik özelliklerini yansıtır. Kazıkbeli, Güvendi, Zigana, Erikbeli, Alacapazarı, Köse, Yeşilbük yaylalarında düzenlenen şenlikler de binlerce yıldan beri süre gelen yayla geleneği ve kültürünün günümüzde yaşatılan örnekleridir.

Gümüşhane'nin Zigana yaylası (2032 m) kayak turizmi için yüksek bir potansiyele sahiptir ve Turizm Bakanlığınca Turizm Merkezi ilan edilmiştir. Yaz aylarında çim kayağı, kış aylarında kayak turizmine uygun olan yayla, doğa yürüyüşlerine de uygundur. Yaylaya 3 km uzaklıkta

bela, taşbaşı, Üstüaçık, Yaylım, Geremezini, K. Cingara, Karşı caves.

Plateaus: *Gümüşhane is rich in plateaus, there are more than 400 of them. As Trabzon is a neighbour of it, on the commonly used plateaus every year many festivals are held.*

On the 3rd Friday of July, every year a festival is held in Kadırga plateau with the participation of 35-40 thousand people from Gümüşhane, Trabzon, Rize and Giresun. It displays all the characteristics of the region. Plateau tradition and culture stayed alive with the festivals in Kazıkbeli; Güvendi, Zigana, Erikbeli, Alacapazarı, Köse, Yeşilbük plateaus.

Zigana plateau (2032 m) has a high potential of skiing tourism and has been declared "Tourism Center" by the Ministry of Tourism. In summer skiing on the grass and in winter skiing and trekking are possible activities. Lake Limli is 3 km from the plateau. There you can find electricity, water, teleski, pensions, a restaurant, a country coffee house, butcher, greengrocer's, grocer's shop.

Tomara Waterfall: *It is on the 14 km southwest of Şiran province and 2 km from Seydibaba village. It flows from 10 m height into the river. It is surrounded by nut, oak, beech trees. Food can be obtained from Seydibaba village but for accommodation one should have a tent and a sleeping bag.*

Also 20 glacier lakes near the Abdal Musa Hill, which is 3331 m among the Balaban mountains, are on the south west of Gümüşhane and they are worth seeing.

Limli (Saranoy) gölü vardır. Yaylada elektrik, su, teleski, konaklama tesisi, lokanta, kır kahvesi, kasap, bakkal, manav mevcuttur.

Tomara Şelalesi: Şiran ilçesinin 14 km güneybatısında, Seydibaba köyüne 2 km uzaklıkta Tomara Şelalesi, 10 m yükseklikteki kaynaktan çıkarak dereye dökülmektedir. Fındık, meşe, gürgen ağaçlarıyla çevrili şelaleye, minibüslerle ulaşılabilmektedir. Yiyecek ihtiyaçları Seydibaba köyünden karşılanabilmekte ancak konaklama için çadır ve uyku tulumu gerekmektedir.

Ayrıca, Gümüşhane'nin güneybatısındaki Balaban Dağları'nın 3331 m yüksekliğindeki Abdal Musa Tepesi yakınlarındaki 20 buzul gölü görülmeye değerdir. El değmemiş güzellikte, kış mevsiminde donan bu göllere Gümüştuğ köyünden 2-3 saatlik yürüyüşle ulaşılabilmektedir.

TURİZM ALTERNATİFLERİ

Tarihi ve doğal güzellikler bakımından oldukça zengin olan Gümüşhane, kış aylarında Zigana Dağları ile kayak turizmine ve çok sayıdaki mağarası ile mağara turizmine, yaz aylarında ise yayla turizmine ve kültürel turlarına olanak sağlamaktadır.

Unutmayın

Gümüşhane'de Karaca Mağarası'nı görmeyi, Harşit Çayı kıyılarındaki elma bahçelerinin "Göbek" elmasını tatmayı, pestil, köme ve kuşburnu marmelatı satın almayı, Kadırga'da horon oynamayı, kalelere çıkmayı unutmayınız.

İl Kültür ve Turizm Md. Arşivi

Limni Gölü / *Limni Lake*

Untouched, pure beauties, these lakes which freeze during winter can be seen after a 2-3 hours walk from Gümüştuğ village.

TOURISM ALTERNATIVES

Gümüşhane is rich in historical and natural beauties, in winter on Zigana mountains skiing is possible, caving tourism, in summer plateau tourism, cultural trips all contribute to tourism.

Do Not Forget

To see the Karaca cave, to eat "Göbek elması" (a kind of apple) from the apple gardens near the Harşit stream, to buy dried fruit pulp, köme, hip marmalade, to dance horon in Kadırga and to visit the castles.

KUŞBURNU

Yol ve bahçe kenarlarında görmeye alışkın olduğumuz kuşburnu, temmuz ayından itibaren olgunlaşmaya başlayarak, kırmızı renge dönüşür. Şeker, organik asit, C ve P vitaminleri bakımından zengindir. Çay, toz, şurup, likör, marmelat olarak tüketilen kuşburnu, dişeti kanamaları, mide, böbrek, mesane, safrataşı, tenya yılancık şeker hastalıkları, ishal, mide yanması kuvvet şurubu, hemoroid, egzama hastalıklarına karşı kullanılmaktadır.

Her yıl Temmuz ayının ilk haftası Gümüşhane'de Kuşburnu Festivali düzenlenmektedir.

ROSEHIP

Rosehip can be seen all around and it becomes ripe by June and then turns to red. It is rich in sugar, organic acid, C and P vitamins. It is consumed as tea, powder, syrup, liquor, marmalade and used in the treatment of gum diseases, stomach, kidney, bladder, gall stones, tenia, diabetics, diarrhea, gastric complaints, hemorrhoids and eczama.

Every year during the first week of June, Kuşburnu (Hip) Festival is held.

0456.....Gümüşhane telefon rehberi

NEREDE KALMALI? / *WHERE TO STAY?*

Çimenler Otel*** 213 33 33
Yeni Gümüş Otel** 213 76 23
Zigana Gümüş Kayak Ts. 611 31 11

NEREDE YEMELİ? / *WEHERE TO EAT?*

Kandemir Restaurant
İskender Kebap 213 35 88

OTOBÜS / *COACH*

Gümüşhane Seyahat 213 19 30
Ulusoy 213 17 64
Süzer 213 17 59
Gümüşvadi 213 81 21
Metro 213 59 29

BANKALAR / *BANKS*

Ziraat Bankası 213 10 73
İş Bankası 213 11 75
Vakıfbank 213 13 06

HASTANELER / *HOSPITALS*

Devlet Hastanesi 213 15 56

GEREKLİ TELEFONLAR / *USEFUL PHONES*

Valilik 213 10 07
Belediye 213 10 10
Emniyet Müdürlüğü 213 14 67
Kültür ve Turizm Md. 213 34 72
Karayolları Blg.Md. 233 70 03

KARA

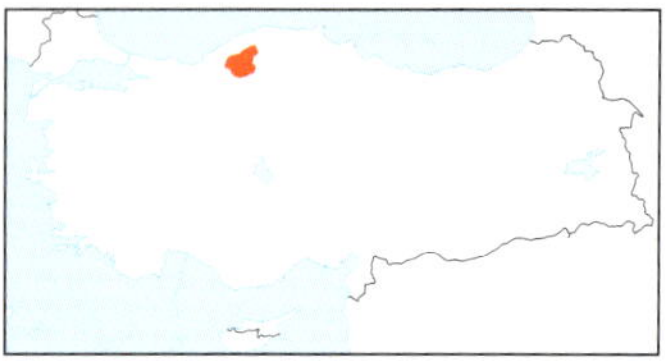

Soğanlı kenarında
Ekin yıkayamadım
Kara kömür yüzünden
Çillime doyamadım.

Aytekin Kuş

BÜK

Genel Nüfus: 225.102 **Yüzölçümü:** 4145 km^2
Harita Koordinatları: 32° 04' – 33° 06doğu boylamları ile
48° 57'- 41° 34' kuzey enlemleri arasındadır
Trafik Kodu: 78 **Telefon Kodu:** 0370

Population: *225.102* ***Land mass:*** *4145 km^2*
Coordinates: *32° 04' –33° 06' east longitude and*
48° 57'- 41° 34' 12' north latitude.
Traffic Code: 78 ***Telephone Code:*** 0370

Safranbolu

Safranbolu

13 haneli bir köy olan Karabük, 1939 yılında Demir Çelik fabrikasının üretime başlamasıyla gelişerek bir endüstri merkezi ve tarihi dokusu bozulmadan korunabilen Safranbolu ilçesiyle de önemli bir turizm merkezi olmuştur.

Her ikisi de Zonguldak'a bağlıyken 1995 yılında Karabük il merkezi, Safranbolu da onun ilçesi oldu. Tarihi süreç içinde ise bölgenin merkezi Safranbolu olmuştur.

Bizans döneminde "Dadybra" adıyla bilinen Safranbolu, 12.yy'da "Zalifre" ve 13.yy'dan sonra "kaleli kut" anlamına gelen "borglu" sözcüğüyle birleşerek "Zalifre Borlu" olarak adlandırılmıştır. Osmanlı döneminde verilen isim ise "Zağfiran Borlu"dur.

Safranbolu adının bölgede yetiştirilen ve ağırlığının yüzbin katı kadar sıvıyı sarıya boyayabilen Safran bitkisinden aldığı da anlatılır. "Karabük" adı ise "çalılık, fundalıkların karaltısı" ve "kara üzümlük" anlamlarına gelmektedir.

With its 13 households, Karabük started to develop with the launching of Iron-Steel factory in 1939 and became an industrial center; also the district of Safranbolu with its unspoilt historical view is an important tourism center.

Both of them had been affiliated with Zonguldak at first and then in 1995, Karabük became a city center and Safranbolu its district. Within the historical period the center of the region was Safranbolu.

It was known as 'Dadybra' during the Byzantine period, it was named 'Zalifre Borlu' which is composed of the words given in the 12th Century: 'borglu' meaning 'wolf with castle' and 'Zalifre' in the 13th Century.

It is also told that the name Safranbolu originated from the plant 'safran' with which you can paint millions to yellow. Karabük originates from "bushes , shrubbery silhouette" and "black vineyard".

History

Its history dates back to 3,000 BC and the exact foundation date of Safranbolu is unknown. After

Imren
LOKUMLARI

Tarihçe

Tarihi MÖ 3000 yıllarına kadar uzanan bölgede, Safranbolu şehir yerleşiminin kesin kuruluş tarihi tam olarak bilinmemektedir. Gasgaslar, Hitit, Kimmer, Lidya, Medler, Kapadokyalılar, Helen Roma, Bizans, Selçuklu, Candaroğulları egemenliklerinden sonra, 1460 yılında Fatih Sultan Mehmet'in düzenlediği seferle Osmanlı Devleti sınırlarına dahil olmuştur. 13. ve 14. yüzyıllarda Sinop - Gerede - İstanbul ticaret yolu üzerinde önemli bir konaklama ve malların değişim merkezi olan Safranbolu, bu dönemde de önemini koruyarak, Osmanlı sarayının arka bahçesi olarak nitelendirilmiştir. Sarayda bir çok Safrabolulu görev aldığı gibi, bir çok sadrazam ve devlet adamı Safranbolu'da ikamet etmiştir.

Bu dönemde Karabük Safranbolu'nun küçük bir köyü idi. Cumhuriyet döneminde Zonguldak'ın ilçesi olan Karabük, Demir Çelik fabrikasının kurulmasıyla gelişmiş ve Araç Çayı vadisinin sağ yamacına Yenişehir adıyla yerleşim alanları, vadi tabanına da ticaret alanları kurulmuştur.

Coğrafya

Engebeli bir arazi yapısına sahip bölgede Bolu, Köroğlu ve Küre dağlarının uzantısı niteliğindeki dağların yüksekliği 2000 m'yi geçmez. İlin en yüksek dağı Keltepe (1999 m), Sarıçiçek Tepesi (1750 m), Hodulcadağı (1730 m), Çaldağı (1683 m) Dikmen Tepesi (1600 m)'dir. Şehrin en önemli akarsuları ise Filyos Irmağı, Soğanlı Çayı, Eskipazar Çayı, Araç Çayı'dır.

Bitki Örtüsü

%60'ı ormanlarla kaplı Karabük bölgesinde 700-800 m yükselti-

Gasgas, Hittites, Kimmers, Lyc ans, Medes, Cappadocians, He lenes. Romans, the Byzantine Seljuks, Candaroğulları had ru led the city, in 1460 upon Fati Sultan Mehmet's journey, it inco porated with Ottoman Empire During the 13th and 14th Centu ries, Safranbolu was an impor tant place to accommodate and t exchange goods on Sinop- Gere de- İstanbul trade route. It conti nued to preserve its importanc and considered the backyard c the Ottoman Empire. There wer a lot of peopl from Saf ranbolu in the palace, and many officers and granc viziers lived here.

Safran
Saffron

At that time, Karabük was a village of Safranbolu. During the republican period Karabük was c part of Zonguldak. Upon the establishment of Iron and Steel factory, it began to develop, and or the right side of Araç Stream valley new settlements named Yenişehir were established.

Geography

Being a rough region, heights o Bolu, Köroğlu and Küre mountains do not exceed 2000 m. The highest mountain of the city is Mount Keltepe (1999 m), Sarıçiçek Hill (1750 m), Hodulcadağı (1730 m) , Çaldağı (1683 m), Dikmen Hill (1600 m) are other mountains. The most important rivers are the Filyos, Soğanlı Stream, Eskipazar Stream, and Aras Stream.

ere kadar kızılçam, 1600-1700 n'ye kadar köknar görülebil- nektedir. Kayın, meşe, gürgen, lişbudak, akçaağaç, kavak, ya- oani kiraz, çınar, ıhlamur, şimşir ürleri yaygındır. Gökpınar mev- kiinde dört hektarlık alan ağaç özellikleri nedeniyle Açık Hava Orman Müzesi (arboretum) ola- rak belirlenmiştir. Geyik, kara- ca, vaşak, yaban kedisi, yaban domuzu, tilki, tavşan, ayı, kek- lik, kara tavuk, çulluk sık görü- len yaban hayvanlarıdır.

Yörede Karadeniz iklimi ile İç Anadolu iklimi arasında geçiş özellikleri görülür. Yazları sıcak, kışları soğuktur. İlkbahar ve sonbahar mevsimlerinde yoğun- laşan yağışların yıllık ortalaması 478,7 mm3'dür. En soğuk ay 2,6 °C ile Ocak, en sıcak ay ise 23,1 °C ortalama ile Temmuzdur.

Karabük'te en önemli ekonomik kaynak Demir-Çelik fabrikasıdır. Köylerde ise tarım ve hayvancılık yapılmaktadır. En önemli tarım ürünü ise tahıldır.

Kültür ve Turizm Bk. Arşivi

Flora

60 % of Karabük is covered with forest, up to 700-800m Calabrian pines and to 1600- 1700m fir trees are seen. Beech trees, oaks, hornbeams, common ashes, limes, poplars, plane trees, boxwoods are widespread. Due to its tree types ,an area of four hectars are declared as Open Air Forest Museum (arboretum).

Fauna

Deer, roe deer, lynxes, wild cats, wild boars, foxes, rabbits, bears, partridges and woodcock are frequently seen animals.

Climate

Transition characteristics of Black Sea and Central Anatolian region are observed. Summers are hot, winters are cold. Springs and autumns are rainy and average annual rain is 478,7 mm3. The coldest month is January with the temperature of 2,6 °C, the hottest one is July with the temperature of 23,1 °C.

Agriculture

Most important economical resource is Iron - Steel factory. In the villages agriculture and husbandry are performed. Cereals are the most important agricultural products. Viniculture, fruit and vegetable growing are also possible.

Transportation

From Karabük to Safranbolu, Gerede, Kastamonu, Bartın highways are available, coaches provide service to Ankara, İstanbul, İzmir, İskenderun, Bartın, Kastamonu, Zonguldak, Trabzon. Between Karabük-Safranbolu municipality buses and minibuses provide service. Railways are used for shipping.

Safranbolu and Yenice are famous for their folk dances.

KARABÜK DEMİR-ÇELİK FABRİKASI

1932 yılında Atatürk'ün emriyle başlatılan çalışmalar sonucunda, maden kömürüne yakınlığı, demiryolu güzergahı üzerinde ve bölgenin işçi yerleşimine uygunluğu nedeniyle demir çelik fabrikasının Karabük'e kurulmasına karar verilmiştir.

1936 yılında yapımı İngilizlere ihale edilen fabrikanın temeli 1937'de atılmış ve 1939'dan itibaren belirli periyotlarla işletmeye alınmaya başlanmıştır.

30 Mart 1995'te özelleştilen fabrika; fabrika çalışanları, yöre halkı, esnafı ve sanayicisine satılmıştır. Fabrikada pik, çelik, kütük, yuvarlak, profil, ray çaliği, maden direği, köşebent, metal ve çelik döküm, döküm blum, platina katran boyası, pres ve saf naftalin, ham ve yıkanmış benzal, amonyum sülfat, krezot ve yol katranı üretilmektedir.

Yüksek fırınlar ve Sinter tesisleri, enerji tesisleri, dökümhane, çelikhane, haddehaneler kok fabrikaları, makine ve çelik yapı fabrikaları bulunan Karabük Demir Çelik, Türkiye'nin ilk ağır sanayi atılımıdır.

KARABÜK IRON & STEEL FACTORY

Upon the order of Atatürk works started to establish this factory in 1932 as it is near the coal mine , the railway and as the region is convenient for the workers to settle down.

In 1936 the bid was awarded to English and in 1937 its foundation was laid and finally by 1939 it started to be operated periodically.

The factory was privatized on March 30, 1995; it was sold to its workers, the public and to tradesmen. A lot of by products of iron and steel like cast iron, steel, trunk, moulding materials, press and pure naphthalene, road tar are produced.

Bunu bağcılık, sebzecilik ve meyvecilik izler.

Karabük ve Safranbolu'ya Gerede, Katsamonu, Bartın yolları ile kara ulaşımı sağlanmakta ve Ankara, İstanbul, İzmir, İskenderun, Bartın, Kastamonu, Zonguldak, Trabzon illerine otobüs seferleri düzenlenmektedir. Karabük – Safranbolu arasında ise Belediye otobüsleri ve minibüsler çalışmaktadır. Demiryolu daha çok yük taşımada kullanılmaktadır.

Halkoyunları bakımından Safranbolu ve Yenice dikkat çekicidir. Seymen oyunları yaygındır. Aç Kapıyı, Beyleraman, Bozaklı oyun, Çıtırdak, Genç Osman, Mızmız, Kaşık oyunu, Irgalama, Selamlama, Köçek oyunu, Köroğlu, Kol Bastı bilinen yaygın halkoyunlarıdır.

Her yıl Haziran ayının 2.haftası Yenice'de düzenlenen Zümrüt Yenice Göktepe Şenlikleri, Eskipazar ilçesinde 17-18 Ağustos tarihlerinde düzenlenen Müzik ve Yağlı Güreş Festivali, Eylülün son haftası Safranbolu'da düzenlenen Safranbolu Festivali, Aralık ayının 2.haftası Eflani'de düzenlenen Boduroğlu Yayla Şenliği yöre turizmini de hareketlendiren önemli festivallerdir.

Folk Dances

Seymen dances are widespread. Aç Kapıyı, Beyler aman, Bozaklı dance, Çıtırdak, Genç Osman, Mızmız, Kaşık dance (the Spoon Dance), Irgalama, Selamlama, Köçek dance, Köroğlu, Kol Bastı are among the well known folk dances.

Festivals

Every year, on the second week of June, Zümrüt Yenice Göktepe Festivals are held in Yenice; on 17-18 August Music and Wrestling Festival in the district of Eskipazar; on the last week of September Safranbolu Festival in Safranbolu; on the second week of December Boduroğlu Yayla (plateau) Fest are held and they form the colorful part of the tourism in this region.

Handicrafts

Among the handicrafts in Safranbolu works of copper, leather, packsaddles, coloured kerchiefs and woods are prominent. Moreover, in the districts and villages linen dresses, socks, carpet and sack weaving,production of scarfs named 'çember'(circle) are common.

Regional Cuisine

Safranbolu is famous for its Turkish delight. Zerde cooked with safran plant, perohi, yayım, hoşmerim, delioğlan sarığı, tarhana soup, meatball with flour, walnut

El Sanatları

Safranbolu'da eskiden beri süregelen el sanatlarının başında yemenicilik, deri işlemeciliği, ağaç oymacılığı, semercilik, bakır işlemeciliği gelmektedir. Bunun yanısıra köylerde ve çevre ilçelerde keten elbiseler, çoraplar, kilim ve çuval dokumacılığı "çember" denilen başörtülerinin yapımı yaygındır.

Yöresel Yemekler

Safranbolu deyince ilk akla gelen özel lezzet Safranbolu lokumudur. Ayrıca safran bitkisi kullanılarak yapılan zerde, perohi, yayım, hoşmerim, delioğlan sarığı, tarhana çorbası, unlu köfte, ceviz helvası, çullu börek yöre hatıralarının ağız tatlarındandır.

SAFRANBOLU EVLERİ

Safranbolu deyince akla ilk gelen Safranbolu evleridir. 18.ve 19.yy ile 20.yy başlarında yapılan bu evlerden 2000'inin 800'ü koruma altına alınmıştır.

Eski Safranbolu ve Bağlar semtlerinde toplu olarak

halva, çullu pastry are commo[n] region cuisine.

SAFRANBOLU HOUSES

When Safranbolu is mentioned the first thing that comes to ou[r] mind is its houses. These houses were built in 18th, 19th and 20t[h] century, 800 of 2000 are unde[r] preservation.

Safranbolu houses in ancient Safranbolu and in Bağlar could be preserved together, they were situated near the valleys which are not arable and designed in order not to hamper one another's sunshine and view. In the base of the valley,public areas like mosque, shops, Turkish bath are all in the same distance from the houses. Cobblestone pavements are enduring to flood and reduces humidity.

The areas which are not suitable for house building are utilized, even in such places houses were built.

Aytekin Kuş

korunabilmiş Safranbolu evleri, çoğunlukla tarıma elverişli olmayan vadi kenarındaki yamaçlara, çevreye ve komşulara saygılı bir biçimde birbirinin güneşini ve manzarasını kapatmadan inşa edilmiştir. Vadi tabanı ise bütün evlere aynı mesafede cami, çarşı, hamam gibi herkesin ortak kullanımına sunulan yapılar için ayrılmıştır. Ev ve sokak araları ise taş parke ile döşenmiştir. Bunun sel sularına karşı dayanıklılık özelliği ve rutubeti azaltma faydası vardır.

Safranbolu evlerinde ev yapımına uygun olmayan arsaların dahi uygun çıkıntılar yapılarak değerlendirildiği görülmektedir. Evlerde genellikle alt katlarda taş, üst katlarda kerpiç, ahşap ve çatıda da alaturka kiremit malzeme kullanılmıştır.

Evler sokaktan taş duvarlarla ayrılmış ve yemiş ağaçları bulu-

Generally stone is used downstairs, adobe is used upstairs, tiles in the Ottoman style are used in roofs.

The houses are separated from the street with stone walls and there are gardens with fruit trees and huge doors. There usually are small pools and they are used to cool the hot weather in summer, to water the gardens, and used as a measure for fire.

You can enter the houses either by the door of the house or by the door of the garden. Generally there are double entries. There are rings and slapstick- latch mechanisms to knock the door. Neighbors use rings, foreigners use latches.

The floor of the first floor is called "hayat"(life), if it is of stone it is called "taşlık" (made of stone). In this part apart from the "gliste" which is used to prevent dryness, there are sheds, warehouses and equipment for use.

There are wooden stairs, middle floor is for daily use, rooms have

nan bahçeler içine yerleştirilmiştir ve bahçeye çift kanatlı geniş kapılardan giriş sağlanır. Genellikle bahçelerde ya da evlerin alt katında küçük bir havuz bulunur. Bu havuzlar hem sıcak yaz aylarında havayı serinletmek, hem bahçeyi sulamak hem de yangına karşı bir tedbir amacıyla kullanılmıştır.

Evlere bahçe kapısı veya ev kapısından girilir. Genellikle çift girişi vardır. Kapılar üzerindeki kilitlerde halka, kapının çalınması için şakşak ve mandal düzeneği bulunur. Eve gelen komşu kadınlar halkaları, yabancılar ise şakşağı çalarlar. Dışardan gelen evdekilerden biri ise mandal düzeneğini kullanarak içeri girer.

Evin girişinde zemine "hayat" adı verilir. Hayat taş kaplıysa "taşlık" da denir. Bu bölüme ışık sağlayan ve odaların hava akımıyla kurumasını sağlayan "gliste" yanı sıra, ahırlar, kazan ocakları, ambarlar ve kullanılacak araç gereçler bulunur.

Üst katlara ahşap merdivenlerle çıkılır. Orta kat gündelik yaşamın geçtiği, daha alçak tabanlı,

lower ceilings, windows are smaller, there are small rooms, the kitchen and the pantry.

Third floor is of main importance. There is a hall and rooms on every side. In halls, rooms there are decorations. As houses are built for large families ,rooms are used as bedrooms of parents, daughters, sons, daughters-in-law. Every room is designed to meet a need of the family. There are cupboards called 'yüklük', shelves, furnaces and sofas in every room. Rooms are heated with furnaces and stoves, lighted with gas lamps.

The ceilings of Safranbolu houses are wooden decorated. In the middle of them there are star patterns. In large mansions every ceiling decoration is different from the others.

The number of narrow and long windows differ according to size of the room and they are covered with wooden cages called 'muşabak'. Windows provide a large view of the street and form a spectacular view of the house. The roofs have long eaves due to rainy weather. Sides of the eaves are

encereleri küçük ölçüde ve faz-
a geniş olmayan odaların, mut-
ağın ve kilerin bulunduğu kat-
ır.

Safranbolu evlerinin asıl zengin-
iğini sergileyen üçüncü katları-
lır. Ortada bir sofa ve sofanın
köşelerinde odalar bulunur. Bazı
sofalarda, eyvanlarda ve odalar-
da kalemişi süslemelerde görü-
ür. Evler geniş bir aileyi barındı-
abilecek özellikte yapıldığından,
odalar genellikle anne-babanın,
oğulların, kızların, gelinlerin ya-
ak odaları olarak kullanılmak-
adır. Odaların her biri bir aile-
nin ihtiyaçlarını karşılayabilecek
şekilde yapılmıştır. Her odada
eşyaların konulabileceği "yük-
ük" adı verilen dolaplar, sergen-
ler, ocak ve sedirler vardır. Ah-
şap yüklük dolapları aynı za-
manda yıkanmak amacıyla da
kullanılabilmektedir. Odalarda
ısınma ocak ve sobalarla, ay-
dınlanma gaz lambaları ile yapıl-
maktaydı.

Safranbolu evlerinin tavanları ahşap işlemelidir. Ortalarında göbekte, yıldız şekilleri yer alır. Büyük konaklarda her odanın

either decorated with wooden decorations or they have deer horns as a symbol of good luck. Outer sides are painted in white, light grey, blue and yellow like apricot.

Kaymakamlar Konağı (Mansion of officials): *It was built in 18th century by Hacı Mehmet Efendi, the commander of Safranbolu barracks, is known as 'Kaymakamlar Konağı' due to Hacı Mehmet Efendi's rank. It was nationalized in 1979 by the Minister of Culture, restored and opened as an Education Center in 1981. It is used as a museum house.*

Mümtazlar Konağı (1888), Kavsalar House, Karaüzümler House, Kileciler House and many more houses have been restored and serve as hotels or motels, and they are open to visitors.

Köprülü Mehmet Paşa Mosque: *It was built in 1662 by Sadrazam (vizier) Köprülü Mehmet Paşa and its roof is built with a cupola. Inside the mosque there are many historical decorations. In its courtyard there is a sun clock.*

Hidayetullah Mosque: *It was built in Safranbolu Musalla quar-*

Kültür ve Turizm Bk. Arşivi

tavan süslemesi birbirinden farklı yapılarak, göz estetiği zenginleştirilmiştir.

Odaların büyüklüğüne göre sayısı değişen dar ve uzun pencerelerde "muşabak" adı verilen ahşap kafesler bulunur. Pencereler sokakların geniş bir açı ile görünmesini sağlarken, evlerin dış cephe görüntüsüne de renk katar.

Evlerin çatıları ise yağışlı bölge iklime uygun olarak uzun saçaklı yapılmıştır. Saçak kenarları ise ya ahşap işçiliği ile süslenmiş ya da en azında altlarına uğur olarak birer geyik boynuzu asılmıştır. Beyaz, açık gri, su katılmış çivit tonları ve kayısı sarısı evlerin dış renkleridir.

Kaymakamlar Konağı: Safranbolu kışlası komutanı Hacı Mehmet Efendi tarafından, 18.yy başlarında yapıldığı sanılan konak, Hacı Mehmet Efendi'nin "Yarbay" karşılığı olan "Kaim – Makam" rütbesinden dolayı Kaymakamlar Konağı" olarak bilinmektedir. Kültür Bakanlığınca 1979 yılında kamulaştırılan konak, restore edilip, 1981 yılında Eğitim Merkezi olarak hizmete açılmıştır. "Müze ev" olarak kullanılmaktadır.

Mümtazlar Konağı (1888), Kavsalar Evi, Karaüzümler Evi, Kileciler Evi gibi bir çok ev yanı sıra, restore edilerek otel ve pansiyon haline getirilen ev ve konaklar ziyaretçilerini geçmişe bir yolculuğa çıkarmaktadır.

Köprülü Mehmet Paşa Camisi: Safranbolu Çeşme Mahallesinde, Sadrazam Köprülü Mehmet Paşa tarafından 1662 yılında yaptırılan cami kare planlıdır ve üstü kubbe ile örtülmüştür. Cami

Kaymakamlar Konağı / The Kaymakamlar Mansion

ter in 1719 by Hidayet Ağa. Its walls are of rubble stone and roof is of wood. Women's pew is situated on six wooden pillars and pulpit is decorated with geometrical patterns.

Kazdağlıoğlu Mosque: *It was built in Safranbolu Çeşme quarter in 1778 by Mehmet Ağa. Its single cupola is made of stone and brick and its roof is of tiles. Its minaret is of brick.*

İzzet Mehmet Paşa Mosque: *It was built in 1796 by İzzet Mehmet Paşa who was born in Safranbolu in 1743, became vizier during III. Selim, but was exiled as he was said not to have taken necessary precautions during the occupation of Egypt .It is in the center of Safranbolu and has one cupola. Decorations inside the mosque are worth seeing.*

Cinci Han (INN): *It was built in 1640-1648 by Hüseyin Efendi who was born in Safranbolu and became a soldier in 1640 during Sultan İbrahim period. It is in Çeşme quarter and made of rubble and cut stone consisting of rooms and a shed .*

içinde daha geç döneme ait kalemişleri görülmektedir. Avlusunda bir güneş saati bulunmaktadır.

Hidayetullah Camisi: Safranbolu Musalla Mahallesinde, 1719 yılında Hidayet Ağa tarafından yaptırılmıştır. Duvarları moloz taş, üstü ahşap örtülüdür. Kadınlar mahfili altı ahşap direk üzerine oturtulmuş ve mimber geometrik desenlerle süslenmiştir.

Kazdağlıoğlu Camisi: Safranbolu Çeşme mahallesinde, 1778 tarihinde Kazdağlıoğlu Mehmet Ağa tarafından yaptırılmıştır. Taş ve tuğladan, tek kubbeli olarak yapılmış ve üstü kiremitle örtülmüştür. Minaresi ise tuğladan yapılmıştır.

İzzet Mehmet Paşa Camisi: 1743 yılında Safranbolu'da doğan ve III.Selim zamanında sadrazam olan, ancak Fransızların Mısır'ı işgalinde gereği kadar tedbir almadığı söylenerek sürgüne gönderilen İzzet Mehmet Paşa tarafından 1796 yılında yaptırılmıştır. Safranbolu çarşısının içinde bulunan cami, tamamen kesme taştan yapılmış ve kubbe ile örtülmüştür. Caminin içinde kalemişi süslemeler görülmeğe değerdir.

Cinci Hanı: Safranbolu'da doğan ve 1640 yılında Sultan İbrahim'in tahta çıkışından sonra Anadolu Kazaskeri olan Hüseyin Efendi tarafından 1640-1648 yılları arasında yaptırılmıştır. Çeşme mahallesinde kesme ve moloz taştan yapılmış olan han, odalar ve ahır bölümlerinden oluşmaktadır.

Aytekin Kuş

Kirpe Konyonu / *The Kirpe Canyon*

There is also a Turkish bath in the shopping center built by Cinci Hoca in the quarter of Çeşme. Turkish baths consist of parts for men and women, both with its cold, hot, stove parts and has two cupolas.

Eski Hükümet Konağı (Ancient House of Goverment): *It was built on a hill by the governor of Kastamonu and the official of Mir Ahmet Bey. It was destroyed by a fire in 1976.*

Küre-i Hadid Mosque: *It was built in 1451 by İsmail Bey of İsfendiyaroğulları in the district of Eflani. It is situated on wooden pillars and its decorations are worth seeing.*

Aqueduct: *It was built during the Byzantine period near İncekaya village which is 3 km from Safranbolu and restored by Sadrazam (vizier) Izzet Mehmet Pasha.It is 60 m above the ground and 116 m in length. Water was distributed to the public by Asmalar Havuzlu Konağı (mansion) hydraulic column.*

Çeşme mahallesinde çarşı içinde Cinci Hoca tarafından yaptırılan bir de hamam mevcuttur. Hamam, kadınlar ve erkekler bölümlerinden oluşur. Soğukluk, sıcaklık, külhan, ocak yerleri bulunan hamam iki kubbe ile örtülmüştür.

Eski Hükümet Konağı: Eski kalenin bulunduğu tepe üzerinde, 1904 yılında Kastamonu valisi Enis Paşa ve kentin kaymakamı Mir Ahmet Bey ve halkın katılımıyla yapılmıştır. 1976 yılında çıkan bir yangınla tahrip olmuştur.

Küre-i Hadid Camisi: Eflani ilçesindeki cami, 1451 yılında İsfendiyaroğullarından İsmail Bey tarafından yaptırılmıştır. Ahşap direkler üzerine oturtulan ahşap çatı ve cami içi süslemeleri ilginçtir.

Su Kemeri: Safranbolu'ya 3 km uzaklıkta İncekaya köyü yakınlarındaki su kemeri, Bizans döneminde yapılmış ve Sadrazam İzzet Mehmet Paşa tarafından onarımı yaptırılmıştır. Zeminden 60 m yükseklikte ve 116 m uzunluğundadır. Buradan getirilen su Asmalar Havuzlu Konağının bahçesindeki su terazisinden kente dağılmakta idi.

Tümülüsler: Bölgede 32 adet tümülüs ve 4 büyük höyük bulunmaktadır. Karabük Bulak köyü Mezaraltı tümülüsünde ilk kurtarma kazısı yapılmıştır. Safranbolu Gümüş semtinde Büyük Göztepe, Konarı köyünde Kocatepe, Barış mahallesinde Küçük Göztepe, Yukarı Çiftlik köyünde Keten, Yolbaşı köyünde Özenler ve Değirmenciler tümülüsleri, bölgedeki en önemli tümülüslerdir.

Mehmet Havuş

Tumuluses: *There are 32 tumuluses and 4 large mounds in this region. First rescue excavation was made in grave tumulus of Karabük Bulak village. Büyük Göztepe in Gümüş quarter of Safranbolu, Kocatepe in Konarı village, Küçük Göztepe in Barış quarter, Keten in Yukarı Çiftlik village, Özenler and Değirmenciler tumuluses are the most important ones.*

Rock Tombs: *In Karabük Bürnük village rock tombs; Yukarı Kızılcaören rock tombs ; in Safranbolu Çatalin, Çavuşlar village, Hacılararabası and Üçbölük rock tombs; İn Eskipazar Delikkaya and Hisariçi rock tombs; in Ovacık Gerdek Strait and Karain rock caves are the eminent rock tombs of the region.*

The City of Hadrianopolis: *It is supposed to have been founded in 64 BC in the district of Eskipazar. Water resting pools, rock tombs; in Hamamlı village written*

Kaya Mezarları: Kaya mezarları bakımından oldukça zengin olan bölgede Karabük Bürnük köyünde; kaya mezarı, Yukarı Kızılcaören kaya mezarı, Safranbolu'da; Çatalin, sarıyan, Çavuşlar köyü, Hacılarararabası ve Üçbölük köyü kaya mezarları, Eskipazar'da; Delikkaya ve Hisariçi kaya mezarları, Ovacık'ta; Gerdek Boğazı ve Karain kaya mezarları bulunmaktadır.

Hadrianopolis Kenti: Eskipazar ilçesinde bulunan Hadrianopolis kentinin MÖ 64 yıllarında kurulduğu sanılmaktadır. Su dinlendirme havuzları, kaya mezarları, hamamlı köyünde yazılı sütun, heykel ve sürun kaideleri bulunmuştur.

Ayrıca Kimistene'de Asar Tepesi (MÖ3-4 yy), Eskipazar'da Deresamail, Dereköy, Değirmendere, Tamışlar köyü Emiroğlu mahallesi Boncuklar köyü Yahyalar mahallesi ve Emiroğlu köylerinde MÖ 1.yüzyıla ait olduğu sanılan eski yerleşim yerlerine rastlanmaktadır.

Kanyonlar: Daha çok Safranbolu çevresinde bulunan kanyonlar, kireçtaşı tabakalarının derin biçimde yarılmasıyla oluşmuştur. İncekaya kanyonu, Tokatlı, Sakaralan, Şeker kanyonu yanısıra Düzce (Kirpe) kanyonu en çok bilinen ve turizm amaçlı kullanılan kanyonlardır.

Mağaralar: Bulak (Mencilis) ve Hızar mağaraları ilin en tanınmış mağaralarıdır. Dik bir kaya üzerinden girilebilen ve oldukça uzun olan Bulak mağarasında bir yer altı nehri bulunur ve Safranbolu'nun içme suyu ihtiyacını karşılar.

column, sculpture and column bases were found.

Moreover,some ancient settlement ruins which are supposed to belong 1st century BC were found in Asar Hill (3-4 century BC) in Kimistene, Deresamail , Değirmendere, Tamışlar village Emiroğlu quarter, Boncuklar village Yahyalar quarter in Eskipazar.

Canyons: They were formed by deeply split limestone layers and found in Safranbolu. İncekaya canyon, Tokatlı, Sakaralan, Seker canyon and Düzce (Kirpe) canyon are the ones used in favour of tourism.

Caves: *Bulak (Mencilis) and Hızar are the most famous caves of the region. Through a steep rock you can get to Bulak cave where there is an underground river providing the public water.*

Unutmayın

Hıdırlık tepesinden Safranbolu'yu seyretmeyi, Çavuşüzümünü, lokumu ve safranlı yiyecekleri tatmayı, Yemeniciler Arastasında alışveriş yapmayı, konakları gezmeyi unutmayınız...

Do Not Forget

To watch Safranbolu from Hıdırlık Hill; to taste Çavuş üzümü(a kind of grape), Turkish delight and meals made with safran plant;
to shop at Yemeniciler Arastası and to visit Safranbolu houses.

ISO 9001
İmren
LOKUMLARI
1942 'DEN BERİ
DÜNDEN
BUGÜNE
ŞEKERCİ
1942
LOKUM
İmren
“65. yılımızda sizlerin hizmetinizdeyiz.”
www.imrenlokumlar
bilgi@imrenlokumlar
Tel:0370 712 77 33

Safranbolu Tarihi Kent Planı

0370.........Karabük telefon rehberi

NEREDE KALMALI? / *WHERE TO STAY?*

Otel Zalifre	725 47 18
Uz Otel**	712 10 86
Turing Asmazlar Konağı	712 66 92
Hatice Hanım Konağı	712 75 45
Kadıoğlu Şehzade Kn.	712 56 57
Paşa Konağı	712 81 53

NEREDE YEMELİ? / *WEHERE TO EAT?*

Çevrik Köprü Restaurant	737 21 19
Yörük Sofrası	737 24 64
Kadıoğlu Şehzade	725 27 62

HANGİ ACENTA? / *WHICH AGENCY?*

Safranbolu Turizm	712 60 62

OTOBÜS / *COACH*

Ulusoy	725 15 90
Güven	712 45 86
Metro	712 54 19
Safran	712 21 45

BANKALAR / *BANKS*

İş Bankası	424 11 14
Garanti	415 39 00
Akbank	413 03 81

HASTANELER / *HOSPITALS*

Devlet Hastanesi/Karabük	424 11 61
Devlet Hastanesi/S.bolu	712 11 87
SSK	415 50 70
Özel Vatan Hst.	424 49 01

GEREKLİ TELEFONLAR / *USEFUL PHONES*

Valilik	412 19 65
Belediye	412 89 93
Emniyet	424 11 15
Jandarma	415 36 82
Kültür ve Turizm Md.	415 68 18
Turizm Danışma	712 38 63
Safranbolu Kaymakamlık	712 11 80
Safranbolu Belediye	712 41 14
Safranbolu Emniyet	712 12 22
Safranbolu Jandarma	712 12 21
Karayolları Blg. Md.	712 11 92

KAST

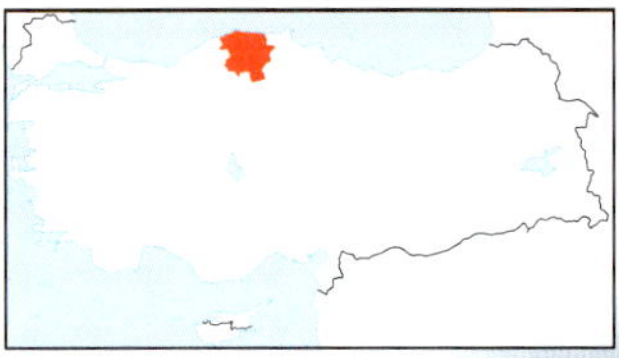

Mehmet Havuş

MONU

Genel Nüfus: 376.725 **Yüzölçümü:** 13.108 km²
Harita Koordinatları: 40° 48'- 42° 00' kuzey enlemleri ve
32° 43' – 34° 37' doğu boylamları arasındadır.
Trafik Kodu: 37 **Telefon Kodu:** 0366

Population: *376.725* ***Land mass:*** *13.108 km²*
Coordinates: *40° 48' – 42° 00' north latitude and*
32° 43' – 34° 37' east longitude.
Traffic Code: 37 ***Telephone Code:*** 0366

Kalk gidelim kışla önüne aşağı
Salıvermiş ince belden kuşağı
Yaman olur Kastamonu uşağı
Yassıl dağlar yassıl aslan geliyor.

Hükümet Konağı

Atatürk Kastamonu'da / *Atatürk in Kastamonu*

Tekfur'un güzel kızı Moni, kaleyi kuşatan Türk askerlerinin komutanını kale burçlarından görünce ona aşık olur ve aşkını dadısı ile komutana bildirir. Aşkına karşılık veren yakışıklı kahraman bu komutana kale anahtarlarını gönderen Moni, askerlerin aniden kaleye girmesiyle durumu anlayan babası tarafından kale burçlarından aşağı atılır. Türkler tarafından söylenen " Kastın ne idi Moni'ye?" sözü zaman içinde değişerek "Kastamonu" ya dönüşmüştür. Kale eteklerindeki "Kırk Kız" türbesi hala halk tarafından saygıyla ziyaret edilmektedir.

Anlatılan bu aşk öyküsünden başka, Kastamonu adının akla yatkın kaynağı, bölgenin bilinen en eski halkı "Gas Kavmi"dir. Gas'ların bu şehir merkezine verdikleri isim "Tumanna" olarak bilinmektedir. Gasların Tumannası anlamına gelen "Gastumanna" zamanla Kastamonu'ya dönüşmüştür.

Tarihçe

MÖ 18.yy'da (1780-1200) Gasların egemen olduğu Kastamonu

Moni, the beautiful daughter of Tekfur falls in love with the commander of the Turkish soldiers who have: besieged the castle and informs her nanny and commander about her love. This hero returns her love, and Moni sends the keys of the castle to him; her father blows them up when suddenly the soldiers enter the castle and he realizes the situation. And Turks' question, 'Kastın ne idi Moni'ye?' (What did you want from Moni?) has been turned into 'Kastamonu' in the course of time. 'Kırk Kız' tomb on the foot of the castle is still being visited by the public.

Apart from this love story, there is another plausible story about the origin of this city's name ; the most ancient people of the region 'Gas Tribe'. The name of the city given by the Gas is known as 'Tumanna'. 'Tumanna' has turned into 'Kastamonu' within time.

History

In 18th century BC (1780- 1200) Kastamonu and its surroundings ruled by the Gas were then under the authority of Hittites, Phrygians, Kimmers, Lycians ,Pers and Pontus. After the battles between Pontus and Rome, Kastamonu passed under the control of Romans. General

ve çevresi daha sonra Hitit, Frig, Kimmer, Lidya, Pers, Pontus yönetiminde kalmıştır. Pontus ve Roma çekişmelerine sahne olan Kastamonu Roma topraklarına katılmasından sonra General Pompei, bugünkü Taşköprü ilçesi yakınlarında yeniden bir şehir kurarak, eyalet merkezi yaptı (MÖ 64). 395-1222 yılları arasında Bizans yönetimindeki Kastamonu, Alp Arslan'ın komutanlarından Gümüş Tekin tarafından fethedilmişse de Haçlı Seferleri sırasında Bizanslılarca yeniden ele geçirilmiştir.

Danişmentliler, Anadolu Selçukluları, Çobanoğullarından sonra Candaroğulları Beyliğinin (1292-1460) egemen olduğu Kastamonu, bu dönemde devrin bilim ve kültür merkezi olmuştur.

1460 yılında Fatih Sultan Mehmet tarafından düzenlenen seferle Osmanlı topraklarına katılan Kastamonu, Sancak merkezi haline gelmiştir.

Yunanlıların İzmir'i işgalinden bir gün sonra 16 Mayıs 1919'da binlerce Kastamonulu kadın Nasrullah meydanında toplanarak, işgali protesto mitingi düzenlemişlerdir ve işgalci devletlerin devlet başkanları ve eşlerine telgraflar çekmişlerdir. Dünya ülkeleri arasında düzenlenen bu ilk kadın mitinginden sonra, 10 Aralık 1919 ve 16 Mart 1920'e düzenle-

Saat Kulesi
The Clock Tower

Pompei established a new city near the district of Taşköprü and declared it as the province center (64 BC). Between 395 –1222, Kastamonu which had been ruled by the Byzantines, although conquered by Gümüş Tekin, one of the commanders of Alp Arslan, Kastamonu was taken over again by the Byzantines during the Crusades.

Danişments, Anatolian Seljuks, Çobanogulları and Candarogulları principality (1292- 1460) ruled over Kastamonu and the city has been the center of culture and science during this period.

In 1460, Kastamonu was incorporated into the lands of the Ottomans and became the county center after the journey of Fatih Sultan Mehmet.

On 16 May 1919,the following day of the İzmir occupation by Greeks, thousands of Kastamonian women gathered and held a protest demonstration condemning this occupation and they sent telegrams to occupying countries presidents and to their wives. This was the world's first women's demonstration. After this one, on 10 December 1919 and 16 March 1920 Kastamonian women held demonstrations and protested these occupations again.

During the War

nen diğer gösterilerde de Kastamonu kadınları, işgalleri kınayarak, protesto etmişlerdir.

Kurtuluş Savaşı sırasında İnebolu ilçesi cephanelerin cepheye sevk edildiği en önemli merkez olmuştur. Sandallarla İnebolu'ya getirilen cephane, kadınlar ve yaşlı erkeklerce kağnılara yüklenerek, sarp Küre ve Ilgaz Dağları kar, kış, yağmur, tipi altında, uykusuz geçen 10 günlük bir yolculukla cepheye taşınmaktaydı. İşgal edilmemesine rağmen Kastamonu, Kurtuluş Savaşında en fazla şehidin verildiği 3.il olmuştur. Araç ilçesi ise nüfusa oranı bakımından en fazla şehit veren ilçedir.

Coğrafya

%74,6'sı dağlarla kaplı Kastamonu'nun en önemli dağları kuzeyde doğu – batı doğrultusunda kıyıya paralel uzanan İsfendiyar (Küre) Dağları ile güneyde kuzeydoğu –güneybatı doğrultusunda uzanan Ilgaz Dağları'dır. Küre dağlarının en yüksek noktası 1950 m ile Yarılıgöz Dağı (Dikmen 1657 m, Acısu tepesi 1067 m), Ilgaz Dağlarının en yüksek noktası ise 2587 m ile Büyük Hacet Tepesi (Küçük Hacet Tepesi 2313 m)'dir.

Şehrin en önemli akarsuları Kızılırmak nehrinin bir kolu olan Gökırmak ile Devrakani, Araç ve Devrez çaylarıdır. Akarsuların oluşturduğu vadiler, genellikle ova görünümündedir. Kastamonu'nun en önemli gölü ise Tosya ilçesindeki Dipsizgöl'dür. Dipsizgöl son yıllarda giderek artan bir turizm potansiyeline sahiptir.

of Independence, the district of Inebolu was the most important front where ammunitions were being dispatched. Ammunitions brought by rafts were carried by two-wheeled oxcart from Inebolu to the Küre and Ilgaz mountains under the rain and snow during sleepless nights. Although Kastamonu was not occupied, it was the third city which had the most martyrs. The district of Araç had the most number of martyrs in proportion to its size.

Geography

76,6 % of Kastamonu is covered with mountains. Among these, the most important ones are: the Isfendiyar (Küre) Mountains which lay east-west direction and the Ilgaz Mountains which lay northeast and southwest direction. The highest point of Ilgaz mountains is Büyük Hacet Tepesi (2587 m) (Küçük Hacet Tepesi 2313 m) and the highest point of the Küre Mountains is Mount Yarılıgöz (1950) (Dikmen 1657 m, Acısu Tepesi 1067 m).

The most important rivers of the city are: parts of the Red River (Kızılırmak) Gökırmak and Devrekani, Araç and Devrez streams. The valleys formed by the rivers seem like plateaus. The most important lake of Kastamonu is Dipsizgöl, which is in the district of Tosya. Dipsizgöl has had a growing tourism potential in the last few years.

Flora

67% of Kastamonu is covered with forests and shrubberies. Beech trees, fir trees, black pines, Scots pines, hornbeams, chestnuts, limes, juniper are widely seen in the fo-

.astamonu'nun % 67'si orman e fundalarla kaplıdır. Orman- ırda daha çok kayın, köknar, .araçam, sarıçam, gürgen, kes- ıne, ıhlamur, ardıç ağaçları gö- ülür. Ormanlarda karaca, ge- ik, domuz, kurt, ayı, tilki, çakal ;ibi hayvanlar çoğunluktadır.

.de Küre dağlarının kuzeyinde Karadeniz iklimi, güneyinde İç Anadolu iklimi görülür. Yıllık ya- ;ış ortalaması il merkezinde 450 nm3, kıyı kesimindeki İnebo- u'da 1052 mm3, Bozkurt'ta ise 215 mm3'dir. En sıcak ay 22,2 C ile Temmuz, en soğuk ay ise),1 °C ile Ocak ayıdır.

Kastamonu'daki başlıca tarım ılanları Gökırmak ve Devrez Ça- ı vadileridir. İlin % 25,3'ünü oluşturan ekili – dikili alanlarda, buğday, arpa, mısır, şeker pan- carı, patates, pirinç, kenevir, sarmısak yanısıra sebze ve mey- ve üretimi yapılmaktadır. Özel- likle dağ köylerinde hayvancılık ve ormancılık önemli bir geçim kaynağıdır. Şeker fabrikası, süt fabrikası, et kombinası, kontrp- ak, kağıt, kendir fabrikaları Kü- re ilçesi yakınlarındaki bakır

Fauna

rests. Roe deer, deer, pigs, wolves, bears, foxes and jackals are the animals of these forests.

Sarmısak / *Garlic*

Climate

We can observe Black Sea climate on the north of Küre mountains, and Central Anatolian climate on the southern side. Average rain per year is 450 mm3 in the city center, 1052 mm3 in the coastal area İnegöl, 1215 mm3 in Bozkurt. The hottest month is June with the temperature of 22,2 °C , the coldest one is January with the temperature of 0,1 °C .

Agriculture

Main agricultural areas in Kastamonu are Gökırmak and Devrez Stream valleys. Arable land covers 25.3% of the city; wheat, flour, maize, sugar beet, hemp, potato, rice, garlic and fruit and vegetables are mainly grown in this area. Husbandry and forestry are important means of subsistence, especially in the countryside. Sugar, milk factories, meat combines, plywood, paper and hemp factories, copper which is found near the district of Küre are main economy resources of the city.

Tahta Tezgahlarda Dokumacılık / *Weaving on the weoden workbench*

madeni şehirli önemli ekonomik kaynaklarıdır.

Ulaşım

Sinop, İnebolu, Çankırı, Karabük yolları Kastamonu'da birleşir. Ankara, İstanbul, Sinop ve Samsun'a her gün otobüs seferleri düzenlenen Kastamonu'da ilçelere minibüslerle, şehir içinde ise otobüs ve taksilerle ulaşım sağlanmaktadır. En önemli limanı İnebolu Limanıdır. Havaalanı ise küçük uçakların inebileceği özelliktedir.

Halk Oyunları

Zeybek ve kaşık oyunlarının yaygın olduğu Kastamonu'da Sepetçioğlu, Karayılan, Değirmenci, Tiridine Bandım, Ormancı, Çarşamba Oyunu, Beyler Bahçesi en meşhur halkoyunlarıdır. Oyunlar çoğunlukla davul ve zurna eşliğinde oynanır.

Festivaller

Kastamonu Taşköprü ilçesinde her yıl 29-31 Ağustos tarihlerinde Uluslararası Kültür ve Sarımsak Festivali, Daday ilçesinde 30 Ağustos'ta Zafer Koşusu At Yarışları, Tosya ilçesinde 25-28 Eylül tarihinde Kültür Sanat ve Pirinç Festivali, Bozkurt ilçesinde Temmuz ayının ilk pazarı Yakaören İlişi Deniz Bayramı ve Abana'da 25-27 Temmuz'da Deniz Şenlikleri ve Kültür Sanat Festivali düzenlenmektedir. Milli Mücadelede önemli bir role sahip İnebolu'da 9-11 Haziran tarihleri arasında "Şeref ve Kahramanlık Günü" ve Kastamonu merkezinde 23-31 Ağustos tarihlerinde Şapka Bayramı kutlamaları yanısıra, Atatürk'ün Kastamonu'ya gelişi il ve ilçelerde törenlerle kutlanmaktadır.

El Sanatları

Kastamonu yöresinde çarşaf, çarşaf bağları, baskılı sofra bezleri, özel dokuma kumaşlar, kilimler, danteller ve iğne oyaları

Mahmut Bey Camii / *Mahmut Bey Mosque*

Transportation

Sinop, İnebolu, Çankırı, Karabük ro ads connect to Kastamonu. Man private companies provide daily co ach service to Ankara, İstanbul, Si nop and Samsun; minibuses provide a service between the districts o Kastamonu; taxis and coaches are preferred within the city. The mos important port is the Port of İnebolu .The airport is convenient only fo small airplanes.

Folk Dances

Zeybek and kaşık dances are wi despread in the city; Sepetçioğlu Karayılan (black snake), Değirmenc (miller), Çarşamba oyunu, Beyle

Örme Sepetler / *Knitted baskets*

öre kadınının el emeği, göz nuudur. Ağaç oymaları, şimşir kaıklar, örme sepetler evinizde sie Kastamonu gezisini hatırlatacak el sanatlarıdır.

Kastamonu denince ilk akla geen etli ekmektir. İncecik açılan amurun içine hazırlanan kıynalı malzeme konularak yapılan tli ekmek, odun ateşinde saç izerinde pişirilir. Daday usulü denilen etli ekmek ise fırında pişirilir. Ayrıca tarhana çorbası, piryan kebabı, tirit, çekme helvası Kastamonu'dan tadılmadan geçilmemesi gereken özel yemekerdir.

TARİHİ ESERLER

Mahmut Bey Camisi: Kastamonu Daday yolu güzergahında, merkeze 18 km uzaklıktaki Kasaba köyündeki cami, 1366 yılında Candaroğlu Mahmut Bey tarafından yaptırılmıştır. Dış duvarları 120 cm kalınlığında moloz taş ve harçla örülmüş, üstü, ahşap direkler üzerine oturtulan ahşap çatı ve kiremitle örtülmüştür. İç mekanda ahşap direkler üzerindeki mahfiller dikkat çekicidir. Cami içindeki ahşap yüzeyler turuncu, çivit, gök mavisi, altın rengi, kirli sarı ve değişik tonlardaki siyah ve beyaz renkler kullanılarak, nakışla süslenmiştir. Süslemelerde geometrik şekiller ve bit-

Bahçesi (garden of gentlemen) are among the well-known folk dances. They are accompanied by the drum and the shrill pipe.

Festivals

Between August 29-31, International Culture and Garlic Festival is held in the district of Taşköprü; on August 30 Victory Run Horse Races in the district of Daday; between 25-28 September Cultural art and Rice Festival in the district of Tosya; on the first Sunday of July Yakaören İlişi Marine Festival in the district of Bozkurt and between 25-27 July Marine Festivals and Cultural Art Festival in the district of Abana are held. As Inebolu played a distinctive role during the National Fight between 9-11 June "The Honour and Heroism Day" is celebrated in Inebolu and between 23-31 August Hat Festival is celebrated and Atatürk's first arrival to Kastamonu is commemorated in the city center and the districts.

Handicrafts

In this region sheets, specially made tablecloths, special weaving fabrics, carpets, laceworks, embroidery are notable works of the people of this region. Wood engravings, boxwood spoons, weaved baskets are among the souvenirs which will remind you of Kastamonu forever.

Regional Cuisine

Kastamonu is famous for its "etli etmek" (meaty bread). In order to make meaty bread, first you roll out the dough thinly and put mince meat ingredients in it and this is cooked on a trivet.

Kültür ve Turizm Bk. Arşivi

kisel motifler kullanılmıştır. Kapı üzerinde ise kabartma yazı ve geometrik motiflerle üstün bir işçilik sergilenmiştir.

Nasrullah Camisi: Şehir merkezinde, 1506 yılında Nasrullah Kadı Efendi tarafından külliye olarak yaptırılmıştır. Kesme taş kullanılan caminin iç mekanı filayakları üzerine oturtulan 9 kubbe ile, son cemaat yeri ise 7 kubbe ile örtülmüştür. İç mekanda tonoz ve kubbeler kalemişi ile süslenmiştir. Üzeri 2 kubbe ile örtülü şadırvanı caminin önündedir ve buradan su içenlerin yedi defa Kastamonu'ya gelecekleri rivayet edilir. Nasrullah Cami 1746, 1875 ve 1945 yıllarında onarım görmüştür.

İsmail Bey Camisi: Şehir merkezinde, 1451 yılında Candaroğlu İsmail Bey tarafından yaptırılmıştır.

Atabey Camisi: İl merkezinde bulunan cami, 1273 yılında yapılmıştır ve Kastamonu'nun en eski camisidir.

Eligüzel Camisi: 1335'te yapılmıştır. Kapısındaki eşsiz güzellikteki süsleriyle ünlüdür.

Halil Bey Camisi: Emin İsmail Bey tarafından 1363'te yaptırılmıştır. Ahşap tavan süslemeleriyle ünlüdür.

Yakup Ağa Camisi: 1547'de Osmanlılar tarafından yaptırılmıştır.

Kastamonu Kalesi: İl merkezinde, vadiden 112 m yükseklikte

İsmail Bey Camii / *İsmail Bey Mosque*

Meal bread which is made by the Daday method is cooked in the oven. Also tarhana soup, bir yan kebab, tirit, çekme helva (a special kind of sweet) provide an astonishing taste.

HISTORICAL PLACES

Mahmut Bey Mosque: *On the way to Daday, 18 km far from the city center, in the village of Kasaba, this mosque was made by Candaroğlu Mahmut Bey in 1366. Exterior walls were built with crushed stones and mortar (120 cm), its top was built with tiles and its wooden roof was situated on wooden columns. Inside pews on the wooden columns are distinctive. Wooden surfaces in the mosque were embroidered with orange, blue, golden yellow, dark yellow and different tones of black and white motifs. On the door you can see a unique workmanship of geometrical motifs and writings in relief.*

Nasrullah Mosque: *It was built in 1506 in the city center by Nasrullah Kadı Efendi as a complex of buildings. Inside, cutting stones are used and it has 9 domes and 7 domes are built in the community area. Water tank with the fountain is situated in front of the mosque with two domes and it is rumored that they who drink from this fountain will come again to Kastamonu seven times. Nasrullah Mosque was repaired in 1746, 1875 and 1945).*

Ismail Bey Mosque: *It was built in the city center by Candaroğlu İsmail Bey in 1451.*

Atabey Mosque: *It is the oldest mosque in Kastamonu, situated in the city center and built in 1273.*

Eligüzel Mosque: *It was built in*

bir tepe üzerinde bulunan Kastamonu Kalesini, Bizans döneminde Komnenos ailesi tarafından yaptırıldığı sanılmaktadır. Tepe üzerinde heybetli bir görünüme sahip iç kale kısmen ayaktadır. Ortaçağ döneminde şehri kuşatan ve vadiye kadar inen surlar bulunduğu tahmin edilmektedir. Çobanoğulları Beyliği döneminde Hüsamettin Çoban Bey tarafından fethedilmiştir.

Nasrullah Cami Şadırvanı
The water-tank with a fountain of Nasrullah Mosque

Saat Kulesi: Kastamonu'nun sembollerinden biri olan saat kulesi, Vali Abdurrahman Paşa döneminde, İstanbul Sarayburnu'ndan sökülerek, Kastamonu'ya getirilmiş ve aslına uygun olarak yeniden inşa edilmiştir.(1885) Saatin sesi yüzünden Padişahın gözdelerinden birinin çocuğunu düşürdüğü, bu nedenle de Kastamonu'ya sürgün edildiği rivayet edilir.

Kastamonu Evleri: Taş kaldırımlı dar ama hiç çıkmaz hale gelmeyen sokaklarda sıkça gördüğümüz eski evler, büyük bir ailenin ihtiyacını karşılayacak şekilde inşa edilmiştir. Bahçe içindeki bu evler ve konaklar 3 kattan fazla değildir. Yamaçlarda asıl cepheleri doğuya bakan ve birbirinin güneşini ve manzarasını kesmeden yapılan evlerin zemin

1335, and it is famous for its distinguishable ornaments.

Halil Bey Mosque: *It was built in 1363 by Emin Ismail Bey and is famous for its wooden ceiling ornaments.*

Yakup Ağa Mosque: *It was built in 1547 by the Ottoman.*

The Castle of Kastamonu: *Situated on a hill 112 m high from the valley in the city center, the castle is thought to have been built by Comnensos' during the Byzantine period. It provides a magnificent view on the hill, interior castle is still undamaged. There were supposed to be city walls during the Middle Age which surrounded the city and curved around the valley. It was conquered by Hüsamettin Çoban Bey during Çobanoğulları Principality.*

Clock Tower: *One of the symbols of the city, the clock tower was dismant-*

Nasrullah Cami / Nasrullah Mosgue

Mehmet Hevuş

Abana Evi / A house of Abana

katları taştandır. Üst katlar, ahşap direkler arası kerpiç veya tuğla ile doldurulup, içten ve dıştan sıvanarak yapılmış, ahşap çatı ve kiremitle örtülmüştür. Ahşap direkler arasına çakılan uzun çıtalar arası doldurulup sıvandığı ve badana ile boyandığı "bağdadi" adı verilen şekilde yapılmış evler de görülür. Ormanın bol olduğu kırsal kesimde ise ağaç kütüklerle yapılmış "çantı" evler, ahırlar ve samanlıklar yaygındır.

DOĞAL GÜZELİKLER

Ilgarini Mağarası: Pınarbaşı ilçesi Eski Roma Yerleşim alanı Sorkun Yaylası uzantısı üzerinde bulunan Ilgarini (Ilvarini) mağarasının dünyanın 4. büyük mağarası olduğu belirtilmektedir. Denizden 1250 m yükseklikte, 3. ve 4. zamanda 160-220 milyon yıllık bir süre içinde oluşmuştur. Mağaranın içindeki sarkıt ve dikitler ise bir milyon yıllıktır. Uzunluğu 858 m, derinliği 250 m'dir. Geç Roma ve erken Bizans döneminde iskan alanı ve dini amaçlarla kullanılan mağarada, yapı kalıntıları, seramik ve küp parçaları, su sarnıcı, su kuyusu, ardıç ağacından yapılmış lahitler, kilise şapeli, fırın kalıntıları bulunmaktadır.

Ilgaz Dağı Milli Parkı: Kastamonu'nun güneyinde, 2587 m'ye va-

led in İstanbul, Sarayburnu and was brought to Kastamonu during the time of governor Abdurrahman Paşa. It was rebuilt similar to its original (1885). It was rumoured that as velocity of the clock is high one of the prominent friends of Padişah (Ottoman ruler) had had a miscarriage, so this clock was exiled to Kastamonu.

Kastamonu Houses: *In the narrow streets with stone pavements and generally having no ends, we can see Kastamonu houses which were built for huge families. These houses and mansions with garden have no more than a third floor. Their fronts are situated with a view to the east and in a way that none of them hamper other's view of the sun. Their first floors are generally of stone. Upper parts are filled with adobe and brick; plastered from inside and outside; built with wood and tiles. In the houses which are called "bağdadi", between wooden columns, long laths are situated and they are plastered and whitewashed. In the rural area which is near the forest wooden houses, haymows and stables are widespread.*

NATURAL BEAUTIES

Ilgarini Cave: *This cave which is located on the Sorkun plateau in the ancient Roman settlements area in the district of Pınarbaşı, is known as the fourth biggest cave in the world. It was formed 1250m high from the sea level during 3rd and 4th periods. The stalactites and stalagmites in the cave are one million years old. It is 858 m in length, 250 m in depth. It was used during late Roman and early Byzantine period as a settlement; remains of it, ceramics, water cistern, water well, tomb made of juniper trees, church and oven ruins are still found in there.*

Mount Ilgaz National Park: *In the south of Kastamonu, with its peak*

-an zirvesi ile Ilgaz Dağları görkemi ile şarkısını yaşatmaktadır. Zengin bitki örtüsü, akarsuları ve içinde barındırdığı yabani hayvanları ile her mevsim doğanın ender güzelliklerini sergilemektedir. Sarıçam be köknar ağaçlarının çoğunlukta olduğu Ilgaz'da ayı, kurt, yaban domuzu, geyik, karaca, tilki, tavşan barınır. 1976'da 1089 hektar alan Milli Park ilan edilmiştir. Başta kayak olmak üzere, doğa yürüyüşleri, kamp, botanik, jeep safari, çim kayağı yapılabilen Ilgaz dağları ve Milli Parkında konaklama, yeme içme tesisleri bulunmaktadır.

TURİZM ALTERNATİFLERİ

Ayrıca Küre dağları ve Karacehennem Boğazı, Pınarbaşı ilçesi Valla Kanyonu, Daday ilçesi Ballıdağ Dağı, Cide'den başlayarak Abana'ya kadar uzanan 135 km'lik sahildeki muhteşem koyları ve plajları gibi birçok yer Kastamonu'nun henüz tam olarak bilinmeyen ancak doğa sporları ve alternatif turizm için zengin potansiyel sağlamaktadır. Uzun geçmişe dayanan tarihi eserleri ve henüz çoğu toprak altındaki arkeolojik alanları ile Kastamonu turizmde ilerlemeye devam etmektedir.

İl Kültür ve Turizm Md. Arşivi

Ilgarini Mağarası / *The Cave of Ilgarini*

2587 in height and its magnificient view keep its song alive. With its rich plant cover, rivers, wild animals it serves one of the rare beauties of nature. Scots pines and fir trees are widespread in Ilgaz and bear, fox, wild pig, deer, roe deer, wolves, rabbits also live in this area. 1089 hectares of area are declared as national park in 1976. Skiing, trekking, camping, botany, jeep safari, grass skiing are available and within the national park accommodation and food and drink facilities are found.

TOURISM ALTERNATIVES

Moreover, beginning from the Küre mountains and Karacehennem Strait, Valla Canyon in the district of Pınarbaşı , Mount Ballıdağ in the district of Daday, there lay a 135 km of beaches and bays from Cide to Abana. These places are not known by everyone but serves a high potential for sports and alternative tourism. With its unspoiled archaeological areas Kastamonu is still improving in tourism.

Unutmayın

Etli ekmek yemeyi, Şerife Bacı Anıtını görmeyi, Çekme helva ve dokumalardan satın almayı, Sepetçioğlu ve Karayılanı seyretmeyi, Cide ve Abana'da denize girmeyi, Gideros'ta gün batımını seyretmeyi, Ilgaz Dağlarında "Ilgaz Anadolu'nun sen yüce bir dağısın" şarkısını söylemeyi ve yanınızda fotoğraf makinası ve bol film bulundurmayı unutmayınız!

Do Not Forget

To Eat meaty bread, to visit Şerife Bacı(sister) Monument, to buy Çekme helva and weavings, to watch Sepetçioğlu and Karayılan (some kinds of folk dances), to swim in Cide and Abana, to watch the sunset in Gideros, to sing 'Ilgaz Anadolu'nun sen yüce bir dağısın.' Song and to take your camera and films.

ŞERİFE BACI

1921-1922 yılında kış erken gelmişti ve birçok yol kapanmıştı. Bu günlerde İnebolu'dan cephane taşıyanlar gündüzleri yola devam ediyor, geceleri ise en yakın hana sığınıyorlardı.
Aynı yıl Aralık ayında tipili bir gecede, fırtınaya rağmen bir cephane taşıt kolu durmadan Kastamonu'ya doğru ilerliyordu. Bu gruba ait cephane yüklü bir kağnı kışlanın önüne kadar gelmiş ve orada kalmıştı. Sabahın erken saatlerinde olay yerine gelen görevliler, kağnı arabası ile arabaya koşulu geviş getiren öküzleri gördüler. Genç bir kadın kolları ile arabayı kucaklar gibi abanmış şekilde donarak ölmüş ve üzeri kar kaplanmıştı. Gözü yaşlı görevliler şehit kadının üzerindeki karları temizleyip, arabaya düzgün bir şekilde koymaya çalışırken, cephanenin üzerine sarılı yorganın altından bebek haykırışları duyuldu. Otlarla sarılı top mermilerinin arasında çullarla kundaklanmış bir kız çocuğu gördüler. O fırtınalı gecede, tipiye rağmen cephaneyi yetiştirmeye çalışırken yaşamını yitiren Seydilerli Şerife Bacı idi

It was the winter of 1921-1922. The people who were carrying ammunition from Inebolu were on their way during days and staying in inns during nights. On a blizzard night, an ammunition vehicle was on the road despite the storm. One of the two-wheeled oxcart stopped in front of the barracks. In the early morning the officials saw this vehicle and its oxen. A young woman who appeared to be embracing the ammunition died and was covered with snow. While they were laying this woman martyr to rest with tears in their eyes, they heard a baby cry . They saw a baby girl swaddled with sacks near the guns. The woman who tried to carry on her duty despite the storm died and so was Şerife Bacı from Seydiler.

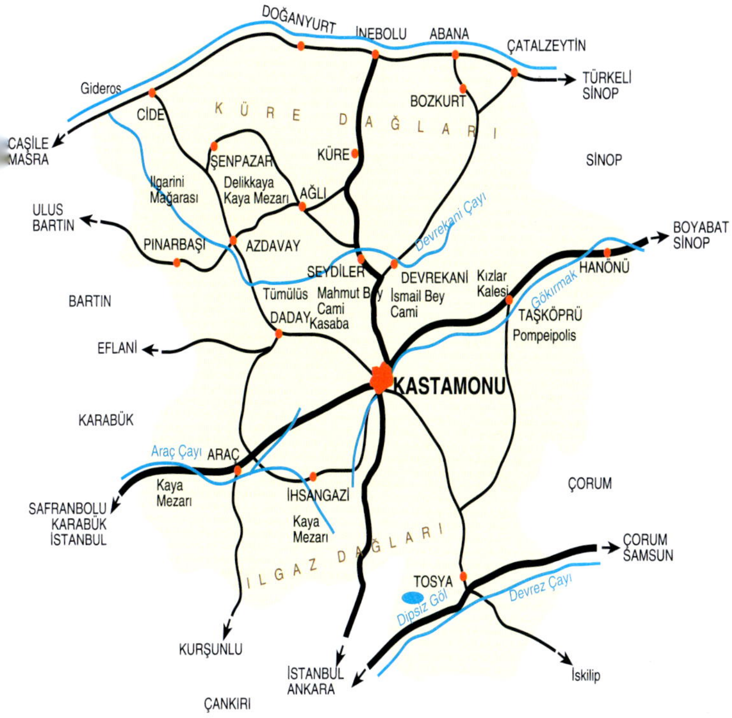

0366......Kastamonu telefon rehberi

NEREDE KALMALI? / WHERE TO STAY?

Dağbaşı Oteli**/ Ilgaz	239 10 10
Turaş Otel	212 67 30
Ilgaz Mountain Resort	239 10 40
Osmanlı Sarayı	214 84 08
Mütevelli Otel **	212 20 20
Ruganci Oteli *	214 95 00
Altınöz Otel/ İnebolu	811 45 02
Abana Tatil Köyü	866 20 05

NEREDE YEMELİ? / WEHERE TO EAT?

Turaş Restaurant	212 67 31
Cafe Rıhtım / İnebolu	866 17 17

OTOBÜS / COACH

Kastamonu Huzur	215 49 49
Kastamonu Özlem	215 48 48
Kastamonu Ünal	215 47 47

BANKALAR / BANKS

Ziraat Bankası	214 65 67
İş Bankası	214 10 14
Vakıfbank	212 15 00
Yapı Kredi	214 65 47
Akbank	212 63 03

MÜZELER / MUSEUMS

Liva Paşa Konağı	214 01 49
Arkeoloji Müzesi	212 20 20

HASTANELER / HOSPITALS

Devlet Hastanesi	214 24 57
Serife Bacı Hastanesi	214 15 15

GEREKLİ TELEFONLAR / USEFUL PHONES

Valilik	214 11 22
Belediye	214 14 53
Emniyet	214 11 55
Jandarma	215 05 00
Kültür ve Turizm Md.	214 22 18
Turizm Danışma	212 01 62
Karayolları Şb. Md.	215 23 28

OR

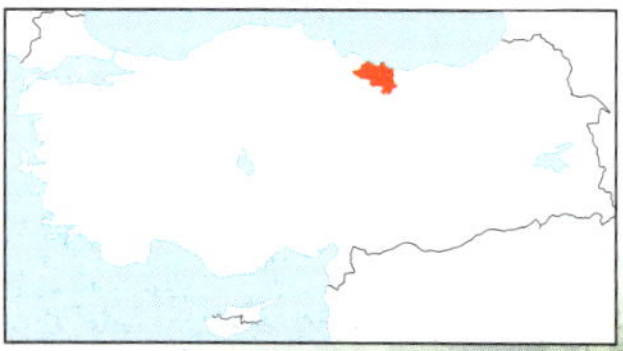

İl Kültür ve Turizm Md. Arşivi

DU

Genel Nüfus: 887.765 **Yüzölçümü:** 6001 km²
Harita Koordinatları: 40° 18' – 41° 09'' doğu boylamları ve 36° 42' – 38° 12' kuzey enlemleri arasındadır.
Trafik Kodu: 52 **Telefon Kodu:** 0452

Population: *887.765* ***Land mass:*** *6001 km²*
Coordinates: *40° 18' – 41° 09' east longitude and 36° 42' – 38° 12' north latitude.*
Traffic Code: 52 ***Telephone Code:*** 0452

Baştan aşağı fındık bahçeleri ile bezenmiş Ordu, Doğu Karadeniz Bölgesi'nin en genç ili olma özelliğini taşıyor.

Tarihçe

18. yy'ın başlarında, tarihi "Kotyora" şehrinin 5 km doğusundaki Bayramlı kasabasının merasında ormanlık ve bataklık alanda kurulmuş ve yavaş yavaş büyümeye başlamıştır. 200 yıl içinde gelişerek bugünkü modern haline dönüşen şehir, ilk yıllarda "Bucak Kazası" olan adını da 1869 yılında "Ordu" olarak değiştirilmiştir.

Halk arasında şehrin kurulu bulunduğu yerde bir askeri ordunun konaklaması ya da sultanın çadırını burada kurmasından dolayı "Ordu" adının verildiği anlatılmaktadır bölgeyi 200 yıldan fazla bir süre ellerinde bulunduran Hacı Emir Beyliğinin yükselme çağında, Süleyman Bey zamanında Bayramlı'nın (şimdiki Ordu) merkez olarak kullanılması ve ordusunun da burada bulunmasının şehre yeni ismini kazandırdığı söylenebilir.

Ünye ilçesi civarında MÖ 15000

Covered with hazelnut trees completely, Ordu is the youngest city in the Eastern Black Sea Region.

History

It was first founded at the beginning of the 18th century in the wooded and marshy field of the pasture of Bayramlı town, 5 km east of the historical city "Cotyora" and started developing slowly. In 200 years, the city developed and transformed into the modern city today and its name, which was "Bucak Kazası" in the first years, was changed into "Ordu" in 1869.

People say that the name "Ordu" was given to the city either because of an army staying for some time in that region or because of Sultan's tent pitched there. In the rising period of Hacı Emir Beyliği, keeping the region for more than 200 years, Süleyman Bey used Bayramlı (present Ordu) as the center and kept his army there. This can also be thought as the reason why the city got this name.

In the region, there are remains belonging to 15000 BC around

İl Kültür ve Turizm Md. Arşivi

Ordu

yıllarına ait yerleşim izlerine rastlanan bölgeye, MÖ 2000 yıllarında Doğu Anadolu'nun iç kısımlarından Karadeniz Bölgesine gelen maden işleme ve tunç silahlar yapmada usta olan Haliplerin dağlık kesimlere yerleştikleri belirtilmektedir.

Eski adıyla "Kotyora" olarak bilinen tarihi şehrin ise, bugünkü Ordu'nun 5 km batısında, Ordu-Samsun yolu üzerinde, halk arasında "Bozukkale" adıyla bilinen yer olduğu söylenmektedir.

MÖ 6. yy'da Sinop'tan gelen Miletli koloniciler tarafından kurulan şehir, bu dönemde Milet asıllı krallar tarafından yönetilerek, önemli bir ticaret merkezi haline getirilmiştir.

Tarihçi Xenophon'un "Anabasis" adlı kitabında, tarihte "Onbinlerin Ricatı" olarak bilinen askeri seferle 8600 kişi olarak MÖ 400 yıllarında Trabzon'a gelen ordunun, Kotyora şehrine de geldikleri ve burada kendilerine yardımcı olan insanların gemilerini ellerinden alıp Karadeniz Ereğli-

Ünye, and it is said that Halipler, who were coming from the inlands of the Eastern Anatolia to the Black Sea Region and who were quite good at metal working and bronze-weapon making, settled in the mountainous parts around 2000 BC.

The historical city called "Cotyora" is said to be the place known as "Bozukkale" in public, 5 km west of Ordu, on the Ordu-Samsun motorway.

The city, established by the Miletian Colonialists coming from Sinop in the 6th century BC, was governed by Milet- originated kings and became an important trade center.

The historian Xenophon stated in his book "Anabasis" that during a military campaign known as the "Retreat of Ten Thousands" in history, an army of 8600 people coming to Trabzon in 400 BC also came to Cotyora city and while leaving for Heraklia (Karadeniz Ereğlisi), they seized the ships of those people, who were helping them.

si'ne gittikleri anlatmaktadır.

Pontos kralı I. Farnekes'in Sinop ve Kotyora'yı ele geçirmesinden sonra, Kotyora halkı boşaltılarak, yeni kurulan "Farnakiya (Giresun)" şehrine nakledildi ve bundan sonra şehir ticaret merkezi olma özelliğini kaybetti.

MÖ 334'de Büyük İskender'in kontrolü altına giren bölge, MÖ 245'de merkezi Amasya'da bulunan Pontos Devleti sınırları içinde kaldı. Bu dönemde Pontos Devleti ile Romalılar arasında bir çok savaşa sahne olan Anadolu'ya Romalıların gönderdiği Lucullus, Murena, Pompeius, Julius Cesar gibi komutanların kazandığı zaferlerle Mihridates Kafkasya'ya kaçmak zorunda kalmış ve MÖ 50 yıllarında Ordu bölgesi de Roma İmparatorluğu topraklarına katılmıştır. MS 395 yılında Bizans sınırları içinde kalan Ordu bölgesi, Malazgirt Zaferinden sonra Anadolu Selçuklularınca alınmışsa da bir süre sonra Bizans'a geri bırakılmıştır. 1204 yılında İstanbul'un Latinler tarafından işgalinden kaçan Komnenos ailesinin Trabzon'da kurduğu Komnenos Devletine bağlanan Ordu, 1398 yılında Samsun'u alan Osmanlı Sultanı Yıldırım Bayazıt'ın topraklarını Trabzon'a kadar genişletmesi sonucu Osmanlılara vergi ödemek zorunda kalmış, ancak 1402 yılında Osmanlıların Timur'a yenilmesiyle bölgede yeniden Komnenos devleti yönetimi hüküm sürmüştür.

After conquering Sinop and Cotyora, the Pontic King Farnekes I evacuated Cotyora and sent the people to the newly founded city "Farnakiya (Giresun)". From then on, Cotyora lost its importance as a trade center.

In 334 BC, Alexander the Great took control of the region. Then, in 245 BC, it was included in the territory of the Pontic State, the center of which was in Amasya. During that period, there were several battles between the Pontic State and the Romans. And as a result of the victories of the great commanders such as Lucullus, Murena, Pompei and Julius Caesar sent to Anatolia by the Romans, Mihridates had to escape to Caucasus and Ordu region was also annexed to the Roman Empire in 50 BC. Then in 395 AD, Ordu region was included in Byzantium. Although it was obtained by the Anatolian Seljuks after Malazgirt victory, after some time it was given back to Byzantium. In 1204, Ordu was annexed by the Comnenos State, founded in Trabzon by the Comnenos family escaping from Istanbul after its occupations by the Latins. But, as a result of the Ottoman Sultan Yıldırım Bayazıt's conquering Samsun in 1398 and extending his territory till Trabzon, Ordu had to pay tax to the Ottomans. However, after their defeat by Timur in 1402, the Comnenos State came into power in the region again.

With a campaign held by Fatih Sultan Mehmet in 1461, Ordu

Ordu'da gün batımı / *Sunset in Ordu*

1461 yılında Fatih Sultan Mehmet'in düzenlediği seferle kesin olarak Osmanlı topraklarına katılan Ordu, Trabzon Beylerbeyliği'ne bağlanmıştır. 1883 yılında büyük bir yangın geçiren şehir, 17 Nisan 1920'de sancak ve 1924 yılında da Türkiye Cumhuriyeti Devletinin bir ili olmuştur.

Deniz kenarından güneye doğru yükselen Doğu Karadeniz sıra dağları nedeniyle oldukça engebeli olan Ordu'nun %83'ü dağlarla, %16'sı yaylalarla kaplıdır. Ordu'nun en önemli dağları Canik dağları ile Karagöl dağıdır. Kıyıdan 48 km içerideki Karagöl dağı (3105 m) ilin en yüksek noktasını oluştururken, bu dağın tepelerinden Göndeliç 2789 m, Seyir Tepesi 2103 m yükseltilerine sahiptir. Doğu Karadeniz dağları kadar yüksek olmayan Canik dağları ise, Çambaşı, Keyfalanı, Perşembe, Yedigöz, Düzdağ ve Güllüyazı yaylaları ile ziyaretçilerinin ilgisini çekmektedir.

Dağların bol yağış alan kuzey yamaçlarında oluşan akarsular,

was definitely included in the Ottoman territory and annexed to Trabzon Beylerbeyliği. In 1883, there was a great fire in the city. On 17 April 1920, it became a Sanjak and a city of Turkish Republic in 1924.

Geography

Because of the Eastern Black Sea Mountain ranges, becoming higher and higher from the seaside towards south, Ordu is quite rough. 83% of Ordu is covered with mountains and just 16% is covered with plateaus. The most important mountains of Ordu are Canik Dağları and Karagöl Dağı. 48 km inland, Karagöl Dağı (3105 m) is the highest mountains of the city. Göndeliç and Seyir tepesi are two of the hills of this mountain, having a height of 2789 m and 2103 m respectively. Despite not being as high as the Eastern Black Sea Mountains, Canik Dağları are also taking the attention of visitors with the high plateaus of Çambaşı, Perşembe, Yedigöz, Düzdağ and Güllüyazı.

The streams on the rainy, northern cliffs of the mountains have resulted in deep valleys. The ma-

derin vadilerin oluşmasını sağlamıştır. Ordu'nun en önemli akarsuları; Turnasuyu, Melet ırmağı (157 km), Akçova deresi, Ilıca deresi, Bolaman ırmağı, Elekçi deresi, Curi dersi, Ceviz deresi ve Akçay deresidir. Göller bakımından Karagöl dağına adını veren ve bu dağın 3000 m'ye ulaşan yerindeki krater gölü, Gölköy'e 16 km uzaklıktaki "Ulu Göl", Fatsa'ya 15 km uzaklıktaki "Gaga Gölü" sayılabilir.

Bitki Örtüsü

Kıyıların ılık ve bol yağışlı olması nedeniyle zengin bir bitki örtüsüne sahip Ordu'da kıyıdan 1500 m yüksekliğe kadar fundalıklar, meyve ağaçları ve ormanlar göze çarpar. Ladin, köknar, kayın, meşe, gürgen, kızılağaç, kestane, kavak, sarıçam ve akçaağaç en çok görünen ağaç türleridir. Bunların yanı sıra portakal, mandalina, limon, incir, defne ve mersin ağaçları da çoktur.

Tarım

%41 orman ve fundalıklarla, %12'si çayır ve meralarla kaplı Ordu'nun %46'sı ekili-dikili alanlarla kaplıdır. En önemli tarım ürünü ve ekonominin temeli fındıktır. Ordu Türkiye'nin en çok fındık üreten ilidir. Fındığın yanı sıra mısır, patates, seracılık, kültür mantarcılığı, elma, armut, dut, incir, erik, kiraz gibi meyveler, arıcılık ve dağ köylerinde hayvancılık ilin diğer tarımsal kaynaklarıdır.

İklim

Tipik Karadeniz ikliminin hüküm sürdüğü Ordu ılıman bir

jor streams of Ordu are as follows: Turnasuyu, Melet Irmağı (157 km), Akçova Deresi, Ilıca Deresi, Bolaman Irmağı, Elekçi Deresi, Curi Deresi, Ceviz deresi and Akçay deresi. As for lakes, there is a crater lake, giving its name to Karagöl Dağı, at 3000 m height, "Ulu Göl" 16 km away from Gölköy and "Gaga Gölü" 15 km away from Fatsa.

Flora

As the coastal parts are warm and rainy, Ordu has a rich plant cover. There can be seen heath-covered lands, fruit trees and forests till 1500 m high. Spruce, fir tree, beech tree, oak tree, hornbeam, alder, chestnut tree, poplar tree, Scotch pine and birch trees are the most observed trees in the region. Besides, there are also orange, tangerine, lemon, fig, bay and myrtle trees.

Böğürtlen / *Blackberry*

Agriculture

41% of Ordu is forests and heath-covered lands, 12% is meadows and pastures and 46% is cultivated land. Hazelnut is the most important agricultural product and the basis of the economy. Ordu is the city producing most of the hazelnuts in Turkey. Besides hazelnut, corn, potatoes, greenhouses, mushrooms, fruits like apple, pear, mulberry, fig and plum, beekeeping and stock-farming in mountain villages are the agricultural sources of the city.

Climate

Typical Black Sea climate being dominant, Ordu has a temperate climate. Average annual rainfall

Orman gülü / *Rhododendron*

iklime sahiptir. Yıllık yağış ortalaması 1100 mm ve sıcaklık ortalaması 14,3 °C olan Ordu'nun en sıcak ayı 24,5 °C ile Ağustos, en soğuk ayı ise 6,1 °C ile Mart ayıdır.

Samsun – Trabzon karayolu Ordu'nun en önemli ulaşım bağlantısıdır. Başta Ankara- İstanbul olmak üzere Türkiye'nin birçok şehri ile karşılıklı otobüs seferleri düzenlenen Ordu, havayolu ulaşımı için 181 km uzaklıktaki Trabzon havalimanı ile 165 km uzaklıktaki Samsun havaalanı kullanılmaktadır. Ordu – Giresun arasında yeni bir havalimanı yapımı planlanmaktadır. Şehir içinde dolmuş taksi ve belediye otobüslerinin kullanıldığı Ordu'da ilçelere ve köylere minibüslerle ulaşılabilmektedir.

Hem Karadeniz hem de Orta Anadolu'nun kuzey bölümlerinin halkoyunu özelliklerini taşıyan Ordu'da Dik Horon, Gürcü Horonu, Sallama, Kız Horonu, Melet Horonu, Nalcı Horonu, Tulum Horonu gibi Horonlar; Ordu karşılaması, Ordu'nun sokakları, su sızıyor, Lazutlar gibi karşılama-

is 1100 mm and average heath is 14,3 °C. The hottest month is August with 24,5 °C, and the coldest is March with 6,1 °C.

Transportation

Samsun- Trabzon motorway is the most important transportation link to Ordu. There are buses going to and coming from various cities – mainly Ankara and Istanbul – in Turkey, but for air transportation either Trabzon airport – 181 km away – or Samsun airport – 165 km away – can be used. A new airport is planned to be built between Ordu and Giresun. In the city center, dolmuş, taxi or public transportation can be used, but for going to the towns and villages around, you should use minibuses.

Folk Dances

Ordu has the folk dance features of Black Sea region and the northern parts of Central Anatolia. Horons like Dik Horon, Gürcü Horonu, Sallama, Kız Horonu, Melet Horonu, Nalcı Horonu; Karşılama (welcoming) like Ordu Karşılaması, Ordu'nun Sokakları, Su Sızıyor, Lazutlar; Halays like Tamzara, Temurağa, Üçayak, Bahçelerde Pırasa and "Semah"s with religious quality are common in Or-

lar; Tamzara, Temurağa, üçayak, bahçelerde pırasa gibi Halay oyunları ve dinsel nitelikli Semahlar yaygındır. Halkoyunları sırasında başta kemençe olmak üzere, bağlama, davul, zurna gibi çalgılar kullanılmaktadır.

Festivaller

Geleneksel Gölköy Güreşleri (20 Mayıs), Çataltaş Mayıs Yedisi (20 Mayıs), Ordu Fındık Festivali (3-7 Temmuz), Mesudiye Topçam Yayla Şenlikleri (6 Temmuz), Mesudiye Üçyol Meydandüzü ve Karakucak Güreşleri (12 Temmuz), Ünye Kültür Sanat Festivali (23-25 Temmuz), Perşembe Aybastı Yayla Festivali (Temmuz ayının 4. haftası), Kumru Düzoba Yayla Şenlikleri (31 Temmuz - 1 Ağustos) Ordu'da kutlanan bazı şenlik ve festivallerdendir.

El Sanatları

Ordu bölgesinde halı dokumacılığının yanı sıra kasnak, dantel, oya, çorap, eldiven gibi elişi örgüler önde gelen el sanatları olarak sayılmaktadır.

Yöresel Yemekler

Pancar (kara lahana) çorbası, mısır çorbası, lahana sarması, kara lahana diblesi, melocan (dikenucu) kavurması, sakarca mıhlaması, galdirik kavurması, keşkek, hamsi buğulama, kabak tatlısı, fasulye turşusu Ordu'nun yöresel mutfağının lezzetlerindendir.

TARİHİ ESERLER

Paşaoğlu Konağı: İl merkezinde Selimiye Mahallesinde bulunan Paşaoğlu Konağı, 1896 yılında Paşaoğlu Hüseyin Efendi tarafından yaptırılmıştır. Bahçesiyle birlikte 625 m2'lik alanda, taşları Ünye'den getirilerek yapılan konağın ahşap malzemesi ise Romanya'dan getirilmiştir.

du. During these folk dances instruments such as kemençe bağlama, drum and zurna are used.

Festivals

Some of the celebrations and festivals held in Ordu are, as follows: Traditional Gölköy Wrestles (20 May), Çataltaş Mayıs Yedisi (20 May), Ordu Hazelnut Festival (3-7 July), Mesudiye Üçyol Topçam Plateau Celebrations (6 July), Mesudiye Üçyol Meydan Düzü and Karakucak Wrestles (12 July), Ünye Culture and Art Festival (23-25 July), Perşembe Aybastı Plateau Festival (4th week of July), Kumru Düzoba Plateau Festivals (31 July - 1 August).

Handicrafts

Besides carpet weaving, handcrafts such as tambour, lacework, embroidery, socks and gloves are the other major handcrafts in the region.

Regional Cuisine

Beet (collard) soup, corn soup, lahana (cabbage) sarması, kara lahana (beet) diblesi, melocan (dikenucu) kavurması, sakarca mıhlaması, galdirik kavurması, keşkek, hamsibuğulaması (stewed anchovy), kabak tatlısı (pumpkin dessert), fasulye turşusu (pickled beans) are some of the local cuisine of Ordu.

HISTORICAL WORKS

Paşaoğlu Konağı: *Paşaoğlu Konağı is in Selimiye district in the city center. Paşaoğlu Hüseyin Efendi had it built in 1896. Together with its garden, it covers an area of 625 m2. Its stones are from Ünye, but its wooden materials were brought from Romania.*

In the mansion, which is rich in its stone works, there are columns with bases and capitals on the corners and eaved windows

Zengin taş işçiliğinin göze çarptığı konağın köşelerinde yer alan kaideli ve başlıklı yarım sütunları, bitkisel motifli konsollarla desteklenen ve söve taşı ile çevrelenen saçaklı pencereleri görülmeye değerdir.

Zemin katı taş döşemeli olan konağın birinci ve ikinci katlardaki tabanı ahşap, üst katın tavanı ise yağlıboya desenlerle süslenmiştir. Sofa, paşa-nine odası, günlük oda, misafir odası, yatak odası, yüklük düzenlemeleri yapılan konak, 18 Kasım 1987 tarihinde Etnografya Müzesi olarak hizmete açılmıştır.

Eski Pazar Camii: Cami, medrese, hamam ve diğer tesislerle bir külliye olarak Selçuklular tarafından yapılan caminin kesin yapılış tarihi bilinmemektedir. Ordu'nun en eski islami eseri olan Eskipazar Camii Şarkikarahisar Mutasarrıfı Hüseyin Battal Paşa tarafından 1782 yılında onarılmıştır. Bayrambey Cami ve Ordu Cami isimleriyle eski kayıtlarda yer alan caminin kufi yazılarla süslü kapı ve pencereleri 1936 yılında Ankara Etnografya Müzesine gönderilmiştir.

Bozukkale: Kotyora şehrinin ilk kuruluş yeri olduğu söylenen

supported by consoles with plant motifs and surrounded by window frames and these are all worth seeing.

The ground floor of the mansion has stone-flooring, the grounds of the first and second floors are wooden and the ceiling of the top floor has oil-painted drawings. The hall, pasha-granny room, living room, guest room, bedroom and built-in cupboard of the mansion were rearranged and it was opened as the Ethnographical Museum on 18 November 1987.

Eski Pazar Mosque: *The mosque was built by the Seljuks as a "külliye" with its medrese, bath and other facilities but when it was built is not known definitely. Eski Pazar Mosque, the oldest Islamic work in Ordu, was restored in 1782 by Hüseyin Battal Pasha the Governor of Şarkikarahisar. It is known as Bayrambey Mosque or Ordu Mosque in the old documents. The windows and doors of the mosque which were decorated with kufic scripts were sent to Ankara Ethnographical Museum in 1936.*

Bozukkale: *Bozukkale, which is said to be the first settlement of Cotyora city, was a small observation tower, built by the Byzantines in the 11th century. The castle is on the Ordu-Samsun mo-*

İl Kültür ve Turizm Md. Arşivi
Ulubey

Bolaman Kalesi / *The Castle of Bolaman*

Bozukkale, 11.yy'da Bizanslılarca yapılan küçük bir gözetleme kulesidir. Kale, Ordu-Samsun karayolu üzerinde, il merkezine 5 km uzaklıkta, deniz kenarındadır.

Delikkaya Kaya Mezarları: Ordu merkezine 10 km uzaklıkta Delikkaya sınırları içindeki kaya mezarları, tek odalı, çift sütunlu ve alınlıklı bir girişe sahiptir.

Kurul Kayası Yerleşmesi: Ordu'ya 20 km uzaklıkta Bayadi Köyü sınırları içinde bulunan bu antik yerleşme alanında, yeraltı galerileri mevcuttur. Ortaya çıkartılan duvar örgüleri, seramik parçaları ve pişmiş toprak kiremitlerden buranın MÖ. 1. ve 4. yy'a ait yerleşim alanı olduğu tahmin edilmektedir.

Eski Cezaevi (Kilise): 1850-1856 yılları arasında yaptırılan kilise il merkezinde sahil yolu üzerinde bulunmaktadır.

Kevgürk Kalesi: Akkuş İlçesinin 30 km güneybatısında, Tifi Çayı yakınlarında, zeminden yaklaşık 300 m yükseklikte bir kaya üzerinde bulunan kale, yöreye tamamen hakim bir şekilde kurulmuştur. Doğu yönünden çıkılan kalenin kapısı yarıya kadar top-

torway, on the seaside, 5 km away from the city center.

Delikkaya Rock Tombs: *Rock tombs are in Delikkaya, 10 km away from the center of Ordu. These rock tombs have only one room and an entrance with two columns and a pediment.*

Kurul Kayası Settlement: *In this ancient settlement, which is in Bayadi Köyü 20 km away from Ordu, there are underground galleries. It is thought that this settlement belonged to the 1st and 4th centuries BC from the walls, ceramic pieces and soil tiles excavated here.*

Old Prison (Church): *The church, built between the years 1850-1856, is in the city center, on the coastal road.*

Kevgürk Castle: *The castle is 30 km south west of Akkuş, nearby Tifi Çayı, and on a rock about 30 m higher than the ground. It was built to be overlooking the whole region completely. One can enter the castle from the east. The door here is half underground. The exact construction date is not known.*

rağa gömülü durumdadır. Kesin yapılış tarihi bilinmektedir.

Bolaman Kalesi: Fatsa Bolaman kasabasında bulunan kalenin Komnenos döneminde yapıldığı sanılmaktadır. Kale üzerinde 200 yıl önce Haznedarlar tarafından inşa edilen ahşap yapı, Karadeniz Bölgesinin en özgün sivil mimari örneklerinden biridir.

Jasonum-Yason: Perşembe ilçesinin 22 km batısında Yason Burnu'nda, eski yerleşim kalıntılarına rastlanmaktadır. Fenerin bulunduğu yerde bulunan kilise kalıntısının akın, yağma, yakıp yıkmalarla yok olduğu, daha sonra yeniden yapıldığı anlaşılmaktadır. Kilise 1866'da onarım görmüştür.

Ünye ve Ünye Kalesi: Eski adı "Oinaion" olan ve çevresindeki yerleşimler MÖ 15000 yıllarına kadar uzandığı Ünye'nin, MÖ 6.yy'da Miletli koloniceler tarafından kurulduğu söylenmektedir. Tarihte "Oeneo", "Oney", "Onea", "Ünyüs (şarap)" adıyla da anılan Ünye, Ordu bölgesiyle aynı tarihi süreci paylaşmıştır.

İlçeye 5 km uzaklıkta, zeminden 300-400 m yükseklikte bulunan Ünye Kalesi'nin, burada daha önce bulunan sönmüş volkan krateri üzerine kurulduğu belirtilmektedir. Kalede merdivenlerle dereye inen ve kuşatma zamanlarında su ihtiyacının karşılandığı sanılan kanalı ve çeşitli savaş tesisleri bulunmaktadır. Kale hakkında henüz yeterli araştırmalar yapılmamıştır.

Ayrıca Ünye'de Gürpınar Köyünde bulunan, Helenistik devirlerden kalma kaya mezarları, Saraçlı mahallesinde Bizans dönemine ait Lahitler ve ilçe merke-

Bolaman Castle: *This castle, situated in Fatsa Bolaman town, is believed to have been built in Comnenos period. The wooden structure on the castle which was built by Haznedarlar 200 years ago, is one of the most original civil architectural samples of Black Sea Region.*

Yasonum – Jason: *There are ancient settlement remains on Yason Burnu, 22 km west of Perşembe town. The church remains near the lighthouse are understood to have been rebuilt after raids, plunders and destructions. The church was restored in 1886.*

Ünye and Ünye Castle: *Its old name was "Oinaion" and the settlements around date back to 15,000 BC. Ünye is said to have been founded in the 6th century BC by the Miletian colonists. Also known as "Oeneo", "Oney", "Onea" and "Ünyüs (wine)" in history, Ünye shared the same historical progress with Ordu region.*

Ünye Castle, 5 km away from the town and 300-400 m high from the ground, is said to have been built on an extinguished volcanic crater. Inside the castle, there is

Paşaoğlu Konağı Müzesi
The Museum of Paşaoğlu Mansion

zinde bulunan 17. ve 18. yy'dan kalma Çifte Hamam, Eski Hamam ve Saray Hamamları görülmeye değer tarihi eserlerdendir.

Fatsa'daki Cangırt Kaya Kalesi, Gölköy'deki "Mona, Fataş, Tokyanus" isimleriyle bilinen Bizans Kalesi, İkizce – Ağaçkale köyündeki 1. derece Doğal ve Arkeolojik Sit Alanı olan Gençağa Kalesi, Perşembe'deki Hoyrat Kalesi, Mesudiye Yeşilcut Köyündeki "Melotis Kalesi" ve Kale köyün kalesi Ordu'nun görülmeye değer tarihi kalelerindendir.

YAYLA VE DOĞAL GÜZELLİKLER

Çambaşı Yaylası: Ordu'nun 61 km güneyinde, deniz seviyesinden 1850 m yükseklikte bulunan yaylaya Ordu-Kabadüz-Çambaşı yolu ile ulaşılabilmektedir. Küçük ve büyükbaş hayvanların otlak yeri de olan yayla, yaz aylarında piknik yapmak isteyenlerin önemli tercih yerlerindendir. 20 Mayıs 1991 tarihinde Turizm Merkezi ilan edilen yaylada konaklama tesisleri, elektrik, telefon, bakkal, kasap, lokanta, kır kahvesi, sağlık ocağı, çarşı, piknik yerleri, alabalık yetiştirme tesisleri mevcuttur. Ayrıca yaylada Firiklere ait olduğu tahmin edilen metrük demir madenleri, demir curufu bulunmaktadır. Yaylaya

Ünye Kalesi
The Castle of Ünye

a channel, going down to the stream with stairs and thought to provide water during sieges and various battle facilities. Not enough researches about the castle have been made yet.

Moreover, the rock tombs in Gürpınar Hamlet, belonging to the Hellenistic period, the sarcophagus in Sarnıçlı district belonging to the Byzantium period and Çifte Bath, Eski Bath and Saray Baths in the town center from the 17th and 18th centuries, are the other historical works worth seeing in Ünye.

Cangırt Rock castle in Fatsa, the Byzantine castle known as "Mona, Fataş, Tokyanus" in Gölköy, Gençağa Castle which is a first level Natural and Archaeological Site Area in İkizce - Ağaçkale Hamlet, Hoyrat Castle in Perşembe, "Melotis Castle" in Mesudiye Yeşilcut Hamlet and the castle of Kaleköy are the historical castles of Ordu, which are worth seeing.

PLATEAU AND NATURAL BEAUTIES

Çambaşı Plateau: *The plateau, 61 km south of Ordu and 1850 m high from the sea level, can be reached through the Ordu-Karadüz-Çambaşı road. This plateau which is also the pasture of livestock and cattle is one of the mostly preferred places by the people who want to have a picnic in summer. In this plateau, which was announced as a "tourism center" on 20 May 1991, there are accommodation facilities, electricity, telephone, market, butcher, restaurant, café, village clinic, bazaar, picnic areas and trout farms. Besides, there are also disu-*

Ulugöl

Ordu'dan minibüs seferleri düzenlenmektedir.

Perşembe Yaylası: Ordu'nun 124 km güneyinde deniz seviyesinden 1350 m yükseklikte bulunan Perşembe Yaylasına Ordu-Fatsa-Aybastı-Perşembe yolu ile ulaşılabilmektedir. 20 Eylül 1991 tarihinde Turizm Alanı ilan edilen yaylada bakkal, kasap, kır kahvesi, et lokantası, PTT mevcuttur. Konaklama için Aybastı ilçesindeki pansiyonlardan yararlanılabilir. Önemli bir panayır yeri olan yayladaki Karga Tepesi, özellikle fotoğraf çekmek isteyenlerin uğraması gereken noktalardır.

Keyfalan Yaylası: Ordu'ya 134 km uzaklıktaki, Mesudiye ilçesinin güneydoğusunda, deniz seviyesinden 1200 m yükseklikte bulunan Keyfalan Yaylası'na Ordu-Mesudiye-Keyfalan güzergahı ile ulaşılabilir. Yayla evleri mimarisi bakımından en güzel örneklerin görülebildiği yayla, 17 Şubat 1995 tarihinde Turizm Merkezi ilan edilmiştir. Yaylada

sed iron mines and iron slags in the plateau thought to belong to the Frigians. There are minibuses from Ordu to the plateau.

Perşembe Plateau: *This plateau, 124 km south of Ordu and 1350 m high from the sea level, can be reached through the Ordu-Fatsa-Aybastı-Perşembe road. In this plateau which was announced as a tourism center on 20 September 1991 there is a market, butcher, café, meat restaurant and a post office. You can use the pensions in Aybastı village for accommodation. Karga Tepesi which is an important fair area in the plateau should certainly be visited by the ones who want to take photographs.*

Keyfalan Plateau: *This plateau, 134 km away from Ordu on the south east of Mesudiye village and 1200 m high from the sea level, can be reached through the Ordu-Mesudiye-Keyfalan route. This plateau where you can see the most beautiful samples of plateau house architecture was announced as a tourism center on*

elektrik, su, konaklama tesisi, telefon bulunmaktadır.

Argın Yaylası: Akkuş ilçesine 3 km uzaklıkta, 1597 m yükseklikteki yayla 30 Eylül 1991 tarihinde Turizm Merkezi ilan edilmiştir. Çevresi gürgen ormanlarıyla kaplı yayla, özellikle orman içi yürüyüş yapmak isteyenlerin tercih edebilecekleri güzelliklerdendir.

Yeşilce Topçam Yaylaları: Mesudiye ilçesi Yeşilce ve Topçam Beldelerine bağlı Beyağaç, Kızılağaç, Kıyıyurt ve Çukuralan Yaylaları, 11 Ocak 1998 tarihinde Turizm Merkezi ilan edilmiştir. Zengin bitki örtüsü, ormanları ile trekking imkanı sağlayan yaylada Yeşilce Kültür ve Yayla Şenlikleri düzenlenmektedir.

KAPLICALAR

Termal kaynakları bakımından Ordu Fatsa ilçesindeki Sarmaşık Kaplıcaları başta sayılmaktadır. Özel idareye ait konaklama tesislerinin bulunduğu kaplıcanın 47 °C sıcaklıktaki suyunun romatizmal hastalıklara iyi geldiği belirtilmektedir. Dakikada 200 litre suyun aktığı kaplıcaya düzenli minibüs seferleri düzenlenmektedir.

Ayrıca Gölköy ilçesinde romatizma, deri hastalıkları, mide rahatsızlıklarına iyi gelen Çermik, Ünye'nin Tekkiraz Bucağı ve Yağıbasan Köyü, Akkuş ilçesindeki Eşemen ve Göçebel sularının şifalı sular olduğu belirtilmektedir.

TURİZM ALTERNATİFLERİ

Ordu bölgesi sahip olduğu tarihi ve arkeolojik değerlerin sağladığı kültür turlarının yanısıra, yayla-

17 February 1995. There is electricity, water, accommodation facilities and telephone in the plateau.

Argın Plateau: *This plateau, 3 km away from Akkuş village and 1597 m high, was announced as a tourism center on 30 September 1991. Surrounded by hornbeam forests, this plateau can be preferred especially by the ones who want to go hiking in the woods.*

Yeşilce Topçam Plateaus: *Beyağaç, Kızılağaç, Kıyıyurt and Çukuralan Plateaus, settled in Yeşilce and Topçam towns in Mesudiye village, were announced as a tourism center an 11 January 1998. Yeşilce Culture and Plateau Celebrations are held in these plateaus giving opportunity for trekking with their rich plant covers and forests.*

SPAS

As for thermal resources, Sarmaşık Thermal Springs in Fatsa are the most important ones. There are accommodation facilities belonging to the local government. It is stated that the 47 °C hot water of the spring is good for rheumatic diseases. 200 litres of water flows into the spring. Minibuses are available to go there.

Moreover, it is also claimed that Çermik water in Gölköy is good for rheumatism, skin and gastric diseases and that there are healing waters in Tekkiraz Bucağı and Yağıbasan Köyü in Ünye and in Eşemen and Göçebel in Akkuş village.

TOURISM ALTERNATIVES

Besides cultural tours Ordu presents with its historical and arc-

İl Kültür ve Turizm Md. Arşivi

Yason Burnu / *The cape of Yason*

larda trekking, fotosafari, zengin bitki örtüsü nedeniyle botanik; Efirli, Güzelyazı, Çaka, Turnasuyu, Tepealtı, Uzunkum, Çınarsuyu, Mersin plajları başta olmak üzere doğal plajları ile kısa yaz sezonunda deniz turizmi; kaplıca turizmi ve Boztepe'nin uygun bir atlayış imkanı sağlaması nedeniyle yamaç paraşütü, değişik alternatif turizm çeşitlerine olanak sağlamaktadır. Ayrıca yaylalarda düzenlenen şenlik ve festivallerde şehrin turizm hareketine katkıda bulunmaktadır.

haeological values, it also provides various alternatives for tourism such as trekking and photosafari in plateaus, botanic tourism because of rich vegetation, sea tourism in short summer period with its natural beaches Efirli, Güzelyalı, Çaka, Turnasuyu, Tepealtı, Uzunkum, Çınarsuyu and Mersin, paragliding because Boztepe offers a good jumping. Furthermore, festivals and celebrations held in plateaus contribute to the city's tourism activities.

Unutmayın

Ordu'da Paşaoğlu Konağını gezmeyi, Fatsa'da kaplıcaya girmeyi, doğal plajlarda yüzmeyi, fındık bahçelerinde dolaşmayı, yaylaların çimeninde yatmayı, Ünye'de çay içmeyi, Bolaman virajlarında yol alırken koyların güzelliğini seyretmeyi, Akkuş'da "patlıcan kebabı" yemeyi, Boztepe'ye çıkıp Ordu'yu seyrederken "Boztepe'ye çıkmalı, şu Ordu'ya bakmalı" türküsünü dinlemeyi ve yaşamın güzelliklerini tatmayı unutmayınız...

Do Not Forget

To visit Paşaoğlu Konağı, to enter thermal spring in Fatsa, to swim in the sea of natural beaches, to walk in hazelnut gardens, to lie on the grass of plateaus, to drink tea in Ünye, to watch the beauties of the bays while driving on Bolaman road, to eat "Patlıcan kebap" in Akkuş, to listen to the folksong "Boztepe'ye çıkmalı, şu Ordu'ya bakmalı" while you are watching Ordu from Boztepe and to taste the beauties of life.

0452..............Ordu telefon rehberi

NEREDE KALMALI? / *WHERE TO STAY?*

Yalçın Otel*** /Fatsa	
Balıktaşı Otel***	223 06 11
Hotel Tesk ***	234 25 50
Otel Dedeevi ***/Perş.	517 38 02
Belde Otel***	214 39 90
Kumsal Otel **/ Ünye	323 44 90

NEREDE YEMELİ? / *WEHERE TO EAT?*

Boztepe Restaurant	234 25 50
Mıdı Restaurant	214 03 40
İkizevler	225 00 81

HANGİ ACENTA? / *WHICH AGENCY?*

Okumuş	225 29 95
Bacınoğlu	225 37 44
Çotanak	225 20 54

HAVAYOLLARI / *AIR LINES*

Türk Hava Yolları	225 20 54

OTOBÜS / *COACH*

Ulusoy	233 25 50
Fındıkkale	233 16 82
Metro	233 13 07

BANKALAR / *BANKS*

İş Bankası	225 02 20
Ziraat Bankası	225 02 05

MÜZELER / *MUSEUMS*

Paşaoğlu Konağı	223 25 96

HASTANELER / *HOSPITALS*

Devlet Hastanesi	225 01 79

GEREKLİ TELEFONLAR / *USEFUL PHONES*

Valilik	223 14 44
Belediye	225 01 16
Emniyet	223 15 20
Kültür ve Turizm Md.	223 25 93
Karayolları Blg. Md.	225 01 42

Rİ

Rizeliyim Rizeli
Çok severim güzeli
Adam Cebinde saklar
Senin gibi güzeli.

Mehmet Havus

ZE

Genel Nüfus: 365.938 **Yüzölçümü:** 3920 km²
Harita Koordinatları: 40° 31' – 41° 20' kuzey enlemleri ve 40° 22' - 41° 22' doğu boylamları arasındadır.
Trafik Kodu: 53 **Telefon Kodu:** 0464

Population: *365.938* ***Land mass:*** *3920 km²*
Coordinates: *40° 31' – 41° 20' north latitude and 40° 22' - 41° 22' east longitude.*
Traffic Code: 53 ***Telephone Code:*** 0464

Şenyuva Köyü Köprüsü
The Stonebridge of Şenyuva Village

Eğer Rize'ye yeni bir isim gerekseydi, herhalde "yağmur şehri" olurdu. Metrekareye düşen yıllık 2510 mm'lik yağış oranı ile Türkiye'nin en yağışlı şehri olan Rize, dantel gibi koyları, görkemli dağları, krater gölleri, şelaleleri ve muhteşem bitki örtüsü ile nefes kesici bir tablo gibidir.

Tarihçe

1950'li yıllardan sonra denize dolgu yapılarak elde edilen düz alan sayılmazsa, Rize'nin bugün dahi dağların yamacına yayılmış yerleşimiyle, yüzyıllarca önce kendisine verilen "dağ eteği", "dağ yamacı" anlamına gelen "Rhiza" adını sergilediği görülür. Pontos Krallığı döneminde "Sannika", Roma İmparatorluğu döneminde "Pontos Polemoniacus", Bizans İmparatoru I. Justinionus zamanında "Rihisos", bir dönem "İrizyon", Osmanlı İmparatorluğu ve Cumhuriyet'in ilk yıllarında "Lazistan" olarak anılmışsa da, bugünkü adının "Rhiza" (dağ eteği) veya Osmanlıca "kırıntı, döküntü" anlamına gelen "Riza"dan gelmesi daha muhtemeldir.

Tarihi süreç içinde çok önemli olayların yaşanmadığı Rize'nin yazılı tarihi, MÖ 855'de Sinop'a yerleşen ve MÖ756 yıllarında Karadeniz'in doğusuna gelen Miletli kolonicilerle başlar. Rize'deki kolonici yerleşimleri ise MÖ 670 yıllarına kadar uzanmıştır. MÖ 50 yıllarında Roma İmparatorluğu hakimiyetine giren Rize, MS 395'de bu imparatorluğun parçalanmasından sonra Bizans İmparatorluğu'na bağlı kaldı. MS 7. yy'da Arap saldırıları görülmektedir. 1067-1068 yıllarında Büyük Selçuklu Sultanı Alpaslan'ın ordularının akınlar

If there is a need for a new name for Rize, it must be "city of rain". The rainiest city of Turkey, Rize with its 2510 mm rainfall is like a fascinating picture with its bays like lacework, magnificent mountains, crater lakes, waterfalls and splendid vegetation.

History

Except for the flat area made by filling up the sea in 1950s, with its settlement spread out to the sides of mountains, Rize presents its name given to it centuries ago "Rhiza" which means "side of the mountain" or "skirt of the mountain". Rize was called "Sannika" in Pontus Kingdom period, "Pontus Polemoniacus" in Roman Empire period, "Rihisos" in Byzantine Emperor Justinious I period, "Irizyon" in a period, "Lazistan" in Ottoman Empire and the first years of Turkish Republic. However, its name probably came from "Rhiza" (skirt of the mountain) or "Riza" which means crumb, scraps in Ottoman language.

The written history of Rize where not many important events took place in history started with the Miletian colonists who settled in Sinop in 855 BC and came to the east of Black Sea in 756 BC. The settlement of colonists in Rize dates back to 670 BC. Rize, which was taken under control by Roman Empire in 50 BC, remained under the control

Orman gülü / Rhododendron

Elevit Yaylası / *Elevit High Plateau*

düzenlediği ve Melikşah döneminde (1072-1092) Büyük Selçukluların etkisinde kalan Rize, 1096-1099 yılları arasında düzenlenen I. Haçlı Seferi sonucu yeniden Bizans'a bağlandı.

İstanbul'un 1204 yılında Latinlerce işgalinden sonra Trabzon'a kaçan Komnenos ailesinin bölgede Komnenos Devletini" kurmasından sonra, bu devletin sınırları içinde kaldı. Bu dönemde Venedik ve Cenevizlilerin önemli bir ticaret merkezi olan Rize, 1461 yılında Fatih Sultan Mehmet tarafından Osmanlı topraklarına katılarak, Trabzon Eyaleti Batum-Gonya Sancağı'na bağlandı. 19. yy'ın ikinci yarısında ise Trabzon Eyaleti'nin bir Sancak merkezi oldu. 21 Şubat 1916'da Ruslar tarafından işgal edilen Rize, 2 Mart 1918'de Rus işgalinden kurtuldu. Kurtuluş Savaşı sonrası, 20 Nisan 1924'te Türkiye Cumhuriyeti Devleti'nin bir ili olmuştur.

of Byzantine Empire when Roman Empire collapsed in 395 AD. Arabian attacks were seen in the 7th century AD. Rize to which The Great Seljuks Sultan Alparslan held campaign between 1067-1068 and which remained under the influence of Great Seljuks in Meliksah period (1072-1092), was taken by Byzantine after the first crusade held between 1096-1099.

The Comnenos family, who escaped to Trabzon after Latins conquered Istanbul in 1204, established Comnenos state in the region. Rize remained in the territory of this state. Rize, which was an important commercial center of the Genoese and Venice added to Ottaman Empire and put under control of Sanjak of Batum-Gonya. In the second half of the 19th century it became a sanjak center of Trabzon state. Rize was conquered by Russians on 21 February

Kırmızı Benekli Alabalık / *Trout with red speck*

Coğrafya

Engebeli bir arazi yapısına sahip Rize'de dağlar, denizin hemen yanıbaşından yükselmeye başlar. Kıyıya paralel olarak uzanan Doğu Karadeniz dağları üzerinde Kaçkar Dağı (3932 m), Verçenik Dağı (3711 m), Tatos Dağı (3560 m) en önemli zirvelerdir. Yaz aylarında çoğu zaman bulutların üstünde ya da sislerin içinde kalan bu dağlar üzerinde 3000 m'den yüksekteki krater ve buzul gölleri görülmeye değer ayrı güzelliklerdir. Bunlardan 3370 m yükseltili Deniz gölü Türkiye'nin en yüksek gölüdür.

Dağların denize paralel uzanması nedeniyle, irili ufaklı birçok dereye sahip olan Rize'nin en sevimli akarsuları Fındıklı, Büyükdere, Pazar, Karadere, İyidere ve Fırtına deresidir. Özellikle Fırtına deresi, sahip olduğu ekolojik değerler, tarihi kemerli taş köprüler ve rafting olanakları ile daha fazla önem kazanmaktır.

Bitki Örtüsü

%78'i ormanlardan oluşan Rize'nin İkizdere-Çamlık, Kaçkar Dağları, Kaptanpaşa, Çürükbel bölgesindeki ormanlar bitki ve yaban hayatı bakımından büyük bir zenginliğe sahiptir.

Yağışın bol olması nedeniyle, doğal bitki örtüsünün yoğunluğu ve çeşitliliği dikkat çekicidir. 440'ı bölgeye has ve Türkiye genelinde nadir bulunan 2500 bitki türünün bulunduğu bölgede, dağların alçak kesimlerinde yayvan yapraklı bitkiler, yükseklerde ise iğne yapraklı ağaçlardan oluşan ormanlar yaygındır. En çok kayın (1500-1600 m), gürgen (300-600 m), kestane (100-1000 m), ıhlamur, meşe, ladin

1916 and it became a city of Turkish Republic on 20 April 1924.

Geography

Mountains start immediately after the sea in Rize which has a rugged terrain. The most important summits over the Eastern Black Sea mountains lying along the coast are Kaçkar Mountain (3932m), Verçenik Mountain (3711 m), Tatos Mountain (3560 m). The crater lakes, glacial lakes on the parts over 3000m in these mountains, which remain in the clouds and fog mostly in the summer are worth seeing. Among them Lake Deniz on 3370m height is the highest lake in Turkey.

As muontains lie along the coast, there are a lot of streams in Rize. The most important of them are Fındıklı, Büyükdere, Hemşin, Karadere, İyidere and Fırtına streams. Especially Fırtına stream gains more importance because of its ecological values, historical stone bridges and rafting opportunities.

Flora

Forests in Ikizdere-Çamlık, Kaçkar Mountains, Kaptanpaşa, Çürükbel in Rize 78% of which is covered with forests are very rich in plants and wildlife.

(1500-), kızılağaç (300-1300 m) ve ormangülü (300-2000 m) bulunur. Genellikle 2100m'yi aşan yüksekliklerde ağaç bulunmayıp, çayırlıklarla kaplıdır.

Yabankeçisi (carpa aegagsus), çengel boynuzlu dağ keçisi (rupicapra rupicapra), yaban domuzu (ursus scrofa), bozayı (ursus arctos), çakal (canis aureus), kurt (canis lupus), tilki (vulpes vulpes), vaşak (lynx lynx), zengin yaban hayatının bazı örnekleridir.

Ayrıca bölgenin coğrafi özellikleri nedeniyle, deniz seviyesinden 4000 m yükselliğine kadar çok geniş ve çeşitli kuş türlerine rastlamak mümkündür. Deniz seviyesi ile ormanlık arazi arasında serçe, ağaçkakan türleri, çakır kuşu, çıt kuşu, florya, saka, karabaşlı iskete, şahin, atmaca, ormanlık arazinin yukarılarında 2000-4000 m arasında kızıl akbaba, küçük akbaba, şah kartal, kaya kartalı, kerkenez, baykuş, sarı gagalı ketenkuşu, kar serçesi, çok özel iki tür olan dağ horozu ile urkeklik ve birçok göçmen kuş türleri, bölgede görülebilecek kuşlardan sadece bazılarıdır.

İklim

Kıyı kesiminde ılık bir deniz iklimi görülen Rize, yıllık 2510

Doğan
Falcon

Because of rain, natural vegetation is dense and varied. In lower parts of the mountains wide-leaf trees and in higher parts of them needle-leaf trees are common in the region where there are 2500 kinds of rare plants 440 of which are special to the region. There are mostly beech trees (1500-1600m), hornbeam (300-600m), chestnut tree (100-1000m), linden tree, oak tree, spruce tree (1500-), alder (300-1300m) and rhododendron (300-2000m).

Generally there are not any trees in the areas above 2100m, but they are covered with grass, which gives somebody a feeling to roll over them.

Fauna

Ibex (carpa aegagsus), chamois (rupicapra rupicapra), wild boar (sus scrofa), brown bear (ursus arctos), jackal (canis aureus), wolf (canis lupus), fox (vulpes vulpes), lynx (lynx lynx) are some examples of rich wild life.

It is possible to see various species of birds up to 4000m because of the geographical characteristics of the region. Between the sea level and the forests sparrow, woodpeckers, goshawk, wren, green finch, gold finch, siskin,

Demet Çakır

Ayder Yaylası / *Ayder High Plateau*

mm3 yağış oranı ile Türkiye'nin en yağışlı ilidir. Yıllık sıcaklık ortalaması 14 °C olup, en sıcak ay Ağustos (22°C), en soğuk ay Şubat (- 6 °C) dır, ve yıllık 140 gün yağışlı geçer.

Tarım Tarım alanlarının çok az olduğu Rize de il yüzölçümünün ancak %9'u ekilebilmektedir. İklim özelliklerinden dolayı Akdeniz bitkiler ininde yetiştiği yörede, en fazla çay, mısır, patates, mandalina, son yıllarda kivi ve Fındıklı yöresinde de fındık yetiştirilmektedir. Özellikle yaylalarda 1000-2500 m yükseklikler-de arıcılık, sahilde de balıkçılık yaygındır.

Ulaşım Rize'nin en önemli karayolu bağlantısı Samsun-Trabzon-Artvin

buzzard, falcon, sparrow hawk and above the forests between 2000-4000m griffon vulture, Egyptian vulture, imperial eagle, golden eagle, kestrel, owl, twite, snow finch and two special birds; Caucasian black grouse and Caspian snow cock, and migratory birds are some that can be seen in the region.

Climate *Rize, which has a warm sea climate is the rainiest city of Turkey with its 2510mm3 annual rainfall. Annual average temperature is 14 °C and the hottest month is August (22 °C) and the coldest month is February (-6 °C). Generally 140 days are rainy in a year.*

9% of the total area of the city is cultivable in Rize where agricultu-

ÇAY

Günümüzde Rize'nin en önemli gelir kaynağı olan çayın yörede yetiştirilebileceği çayın yörede yetiştirilebileceği düşüncesi ilk olarak 1919 yılında Ali Rıza Erten tarafından ileri sürülmüş ve 1924 yılında Batum'dan ilk tohumlar getirilerek denemelere başlanmıştır. Asıl ciddi çalışmalar 1937 yılında Zihni Derin başkanlığında yapılmasından sonra, 1939 yılında bölgede çay tarımına başlanmış, 1940 yılında ilk çay fabrikası kurulmuş, 1971 yılında Çay Kurumu Genel Müdürlüğü kurulmuştur.

Uzun ömürlü olan çay bitkisi, taban suyu düzeyi derin, besin maddelerince zengin ve su tutabilen nemli toprakları sevmektedir. Mayıs, Temmuz ve Eylül aylarında toplanan Rize bölgesi çaylarından siyah çay elde edilmektedir. 6 kg yaş çay yaprağından 1 kg kuru çay elde edilmektedir.

TEA

The first idea to grow tea, which is now the most important income source of the region, was claimed by Ali Rıza Erten in 1919 and in 1924 first seeds were taken from Batum and experiments were started. After the first serious studies done in the leadership of Zihni Derin in 1937, cultivation of tea was started in 1939 in the region. In 1940 the first tea factory was set up and in 1971 Çay Kurumu Genel Müdürlüğü was established.

Tea plant which has long life loves soils whose ground water level is deep which is rich in minerals and which can hold water. From the tea, which is collected in May, July and September black tea is obtained. 1kg dry tea can be obtained out of 6kg green tea leaf.

sahil yoludur. Ankara, İstanbul, İzmir, Erzurum, Artvin'e her gün otobüs seferleri düzenlenmektedir. Havayolu ulaşımı ise 75 km uzaklıktaki Trabzon havalimanı ile sağlanmaktadır. Yaz aylarında feribot seferlerinin de düzenlendiği Rize'de, şehir içi ulaşım ise belediye otobüsleri ve taksilerle sağlanır. İlçe merkezleri ve köylere minibüslerle ulaşılabilmektedir. Kırsal alanda ulaşım sağlanamayan evlere ulaşmada ya da köprü olmayan dereleri geçmek için kullanılan "havai hat" ya da "vargel" denilen basit teleferikler ise oldukça ilgi çekicidir.

Halk Oyunları

"Horon" olarak bilinen ve Trabzon yöresinde de oynanan coşkulu yöresel halk oyunu yaygındır ve Rize'nin batısında çoğunlukla 3 telli bir halk çalgısı olan "kemençe" ile doğusunda gaydaya benzeyen "tulum" müziği ile oynanır.

Festivaller

Rize'de çayın en önemli bir gelir kaynağı ve yörenin yaz kış yeşil kalmasında rolü olması nedeniyle, her yıl "Rize Çay ve Turizm Festivali" düzenlenir. Bunun yanı sıra Çamlıhemşin Ayder Yaylası'nda 7-8 Temmuz tarihlerinde geleneksel boğa güreşlerinin düzenlendiği, horonlarının oynanıp eğlenildiği "Ayder Yaylası Şenlikleri" her geçen yıl Rize'nin ve yörenin tanıtımına büyük katkı sağlamaktadır.

El Sanatları

El sanatları bakımından en fazla dikkat çeken,

Kaçkar Gölleri / *Lakes on the Kaçkar Mountains*

Agriculture

ral areas are limited. Tea plant, potato, tangerine, in the last years kiwi and hazelnut in Fındıklı region are commonly cultivated because of the characteristics of the climate. Especially on the high plateaus above 1000-2500m beekeeping and on the coast fishery is common.

Transportation

The most important motorway connection of Rize is Samsun-Trabzon-Artvin coast road. Transportation to Ankara, Istanbul, Izmir, Erzurum and Artvin is available everyday. Air transportation is provided by Trabzon airport 75km away from Rize. In summer ferries also serve in Rize and in city center public transportation and taxies are available. Town centers and villages can be reac-

Horon

tahta el tezgahlarında ham pamuk ve keten dokuma "Rize bezleri"dir. Köylerde kadınların bele bağladıkları "peştemaller", başa örtüleri "makaslı keşanlar", "zangal" denilen kıl çoraplar, "sabuk" denilen çizmeler, sepetler, hasır örmeler, şimşir kaşıklar yörenin önde gelen el sanatları ve hediyelik eşyalarıdır. Ayrıca önemli bir çay üretim merkezi olması itibariyle, hediyelik çaylarda yaygındır.

Yöresel Yemekler

Tavalı, kolet, minci, pepeçura, kova lahana, muhlama, laz böreği, özellikle hamsili yemekler ve mısır ekmeği yörenin özgün mutfağının ürünleridir. Özellikle mısır unu, peynir ve tereyağı ile yapılan "muhlama", yöreye gelen ziyaretçilerin tatması gereken lezzetlerdendir.

TARİHİ ESERLER

Tarihi eserler bakımından fazla zengin olmayan Rize'de, 16.yy da yapılan İslampaşa Camisi ve Gülbahar Camisi, tarihi kemerli köprüler, eski evler, Atatürk Müzesi ve Rize kaleleri ziyaret edilebilir.

Atatürk Müzesi: Yöresel mimari özelliklerini taşıyan Atatürk Müzesi, taş zemin üzerine ahşap olarak inşa edilmiş iki katlı bir binadır. Müzede, 17 Eylül 1924'de Rize'yi ziyaretinde bu binada konaklayan Atatürk'e ait malzemelerin yanı sıra yöre özelliklerini taşıyan etnografik ve tarihi eserler sergilenmektedir.

Kaleler: Rize kalelerinin en önemlilerinden biri , Rize merkezinde 160 m yükseltili bir tepede bulunan "Rize Kalesi" dir. 1314-1330 tarihlerinde Cenevizlilerce yaptırılan kale, 480m2'lik bir alanda yapılmıştır.

hed with minibuses. Teleferics called "havai hat" or "vargel" which are used to reach the houses to which there is no way or to cross the streams over which there is no bridge in rural areas are very interesting.

Folk Dances

A folk dance called "horon", which is also played in Trabzon, is very common. Horon is played with "kemençe" which is a 3-wired instrument in the west of Rize and with "tulum" which is similar to bagpipe in the east.

Festivals

As tea is the major source of income and it helps the region become green in all seasons, "Rize Tea and Tourism Festival" is held every year. Besides this, Ayder High Plateau Festival held (between 7-8 July) in Çamlıhemşin Ayder high plateau in which bullfights are held, horon is played contributes to the introducing Rize and the region every year.

Handicrafts

"Rize Bezleri" which is woven from cotton and linen on handlooms are major handicrafts of the region. "Peştemaller", woman tie on their waists, "makaslı keşanlar" they cover their heads, haircloth socks called "zangal", boots called "sabuk", baskets, mats, boxwood spoons are some of the handicrafts and souvenirs of the region. Moreover, as it is an important tea-producing center, tea for present is also common.

Regional Cuisine

Tavalı, kolet, minci, pepeaura, kova lahana, muhlama, laz böreği and especially meals with anchovy and corn bread are special dishes of the region. "Muhlama" which is made of corn flour, cheese and butter and "laz böreği" dessert are the major tastes that should be tried by visitors to the region.

Bir diğer önemli kale ise Çamlıhemşin'in 15 km güneyinde, Fırtına deresine hakim bir kayanın tepesindeki "Zil kale"dir. 14.yy da yapıldığı sanılan ve belirli bir plana sahip olmaksızın moloztaş kullanılarak yapılan Zil kale (Kale-i Zir) , dış surlar, orta surlar ve iç kaleden oluşmaktadır. Eski dönemlerde perili olduğuna inanılan yapının en dikkat çekici bölümü 5 katlı ve 2 m kalınlığında duvarlara sahip "başkule" dir.

Çamlıhemşin'e 40 km uzaklıkta Hisarcık köyündeki bir tepe üzerindeki "Kale-i Bala"nın (Varoş Kalesi), MÖ 200 yıllarında yapıldığı sanılmaktadır. Kale ve surları bugün yıkık durumda bulunan Kale-i Bala, Zil kale ile birlikte, Fırtına vadisinin kontrolünü sağlayan savunma sisteminin bir parçası konumundadır.

Pazar-Hemşin arasında Ceneviz yapımı olan "Ciha Kalesi", Pazar'daki "Kızkalesi" ve Çayeli'ndeki "Zelzele Kaleşi" Rize'nin diğer kalelerindendir.

Eski Evler: Rize yöresinin tarihi evleri ise dış görünüşleri, iç süslemeleri, döşemeleri ve bazı evlerde bulunan vitrayları ile oldukça dikkat çekicidir. Alt katlar tamamen taş üst katlar ya dolma taş tekniğiyle ya da tamamen ahşap malze-

HISTORICAL PLACES

16th Century Islampaşa Mosque and Gülbahar Mosque, historical arched bridges, old houses, Atatürk Museum and Rize Castles can be visited in Rize which is not very rich in historical works.

Atatürk Museum: *It has the characteristics of region's architecture, is a two-floored wooden building built on a stone foundation. In the museum, besides belongings of Atatürk who stayed in this house when he came to Rize on 17 September 1924, ethnographic and historic works which have characteristics of the region are exhibited.*

Castles: *One of the most important castles of Rize is "Rize Castle", which is on a 160m high hill in city center. The castle which was built by the Genoese between 1314-1330 and was built on a 480 sqm area.*

Another important castle is "Zil Kale" (Kale-I Zir) which is on a hill overlooking Fırtına Stream in 15 km south of Çamlıhemşin. Zil kale which is thought to have been built in the 14th century and which was built with unhewn stone without a plan, consisting of outher walls, center walls and inner castle. "Başkule" which has five floors whose wall

Mehmet Havuş

Fırtına vadisinde Zilkale
Zilkale in the Fırtına Valley

me kullanarak boğaz geçme tekniğiyle 2 ya da 3 katlı olarak yapılan bu evler, doğa ile de son derece uyumludur.

Taş Köprüler: Fırtına deresi üzerinde sıkça rastlanan, yontma taşlardan yapılan kemerli taş köprüler yörenin simgeleri gibidir. Bunlar arasında Çamlıhemşin Şenyuva köyü yakınlarındaki 1691 yılında yapılan "Şenyuva köprüsü" sağlam durumdadır ve turistlerin ilgisini çekmektedir.

YAYLA VE DOĞAL GÜZELLİKLER

Tarihi eserlerin tersine Rize, doğal güzellikler bakımından çok zengindir. Kaçkar sıradağları boyunca, özellikle Çamlıhemşin, Hemşin ve İkizdere ilçelerinde doyumsuz güzellikler sahip yayları ve iyi korunmuş yöreye has yayla evleri ile ziyaretçilerini kendine bağlar. Yüzyıllardan beri yaz aylarında hayvanları ile yaylara göç eden aileler, yaz boyunca buralarda kalıp, hem hayvanlarının bakımını yapar hem de kış mevsimi için hazırlık yaparlar. Günümüzde başka şehirlerde hatta ülkelerde dahi yaşa-

thickness is 2 m of the building which was thought to be haunted are the most interesting parts of it.

"Bala" (Varoş Castle), on a hill in Hisarcık Village 40km away from Çamlıhemşin, is thought to have been built in 200 BC. Kale-i Bala, whose walls are in ruins today, with Zil Kale is a part of a defence system which controls Fırtına Valley.

"Ciha Castle" built by Genoese between Pazar-Hemşin, "Kızkalesi" in Pazar and "Zelzele Castle" in Çayeli are other castles of Rize.

***Old Houses:** Old houses in Rize are conspicuous with their appearances, inner decorations and stained glasses in some houses. Down floors are completely stone, upper floors are either stone or wooden in these 2 or 3 floored houses which are also in harmony with nature.*

***Stone Bridges:** Arched stone bridges which can be seen commonly over Fırtına Stream and which were made of shaped stone are like symbols of the region. Among them "Şenyuva Bridge" built in 1691 near Çamlıhemşin Şenyuva Village is still standing and frequented by tourists.*

Mehmet Havuş

yan birçok Rizeli, yaz aylarını yaylalarda doğanın içinde geçirmeyi tercih etmektedir. Bu yaylalardan bazıları; Çamlıhemşin de Ayder, Aşağı Kavron, Yukarı Kavron, Samistal, Tirovit, Elevit, Palovit, Kale, Varoş, İkizdere de; Anzer Yaylası, Çağırankaya, Ovit, Cimil, Gölyayla, Pazar da; Ambarlı, Cahberik bölgenin önde gelen yayları arasındadır.

Ayder Yaylası: Çamlıhemşin ilçesinin 17 km güneydoğusunda 1350 m rakımlı Ayder Yaylası, dağcı ve doğa yürüyüşçülerinin, yerli ve yabancı turistlerin sık sık ziyaret ettiği bir merkez konumundadır. 260 m derinlikten 50 °C çıkan kaplıca suyunun, mide, kadın, cilt ve romatizmal hastalıklara iyi geldiği ifade edilmektedir. Kaçkar dağı çıkışlarında önemli bir merkez olan Ayder Yaylası çevresi yaban hayatı ve bitki çeşitliliği bakımından oldukça zengindir. Her yıl 7-8 Temmuz tarihlerinde boğa güreşleri de yapılan Ayder'e asfalt bir yolla ulaşılabilmektedir ve PTT, tuvalet, sağlık ocağı, pansiyonlar, kır kahvesi, bakkal, kasap, manav, et lokantaları mevcuttur.

Aşağı ve Yukarı Kavron Yaylaları: Ayder yaylasından 10 km'-

PLATEAUS AND NATURAL BEAUTIES

Unlike historical works, Rize is quite rich in natural beauties. Along the Kaçkar chain of mountains, especially in Çamlıhemşin, Heşin and İkizdere towns, high plateaus, which have inexpressible beauty and plateau houses preserved well fascinate those who see them. Families who migrate to these plateaus with their animals for centuries not only take care of their animals but also they make necessary preparations for winter. Today, many people from Rize who live in other cities or abroad prefer spending summer in the plateaus in nature. Some of these high plateaus are; Ayder, Aşağı Kavron, Yukarı Kavron, Samistal, Tirovit, Palovit, Kale, Varoş in Çamlıhemşin; Anzer Yaylası, Çağırankaya, Ovit, Cimil, Gölyayla in İkizdere; Ambarlı, Canberik in Pazar.

***Ayder High Plateau:** Ayder which is in 17 km west of Çamlıhemşin and which is 1350 m high is a center which is frequented by mountaineers, trekking fans and domestic and foreign tourists. The thermal spring water, which comes from 260 m at 50 °C, is sa-*

Çağırankaya Yaylası / *The High Plateau of Çağırankaya*

lik bir toprak yolla ulaşılabilen Aşağı Kavron ile Yukarı Kavron yaylasının arası 3 km dir. 2300 m rakımlı Yukarı Kavron yaylası, Kaçkar dağı zirvesine 8 km mesafededir ve dağ çıkışlarındaki son uğrak yeridir. Kavron yaylaları Turizm Bakanlığınca Turizm Merkezi ilan edilmiştir.

Anzer (Ballıköy) Yaylası: İkizdere'nin 39 km güneyinde 2250 m rakımlı Anzer yaylası, balı ile dünyaca ünlüdür. Çok sayıda hastalığın tedavisinde kullanılan "Anzer balı", dünyanın en pahalı balı olarak da kabul ediliyor.

Anzer balının balmumunu Kafkas türü iri hortumlu arılar kendileri yaparlar ve çiseli havalarda dahi yörede "fener çiçeği" denilen bitkiden bal alabilirler. Yörede dut çiçeğinin balı daha makbul sayılır ve kovanları ayılardan korumak için gövdesine sivri uçlu çiviler çakılan yüksek gürgen

Ayder Şelalesi / *The Waterfall of Ayder*

id to be good for gastric, gynecological, skin and rheumatic diseases. The vicinity of Ayder High Plateau, which is an important center for climbing up Kaçkar Mountain, is rich in wild life and variety of plants. Ayder where bull fighting is held every year on 7-8 July can be reached through a paved road. There is a post office, wc, clinic, pensions, cafe, market, butcher, greengrocer and meat restaurants in Ayder.

FIRTINA VADİSİ

Adı "dere" olmasına rağmen Karadeniz döküldüğü Ardeşen yakınlarındaki ırmak görüntüsüne kavuşan Fırtına deresi havzası, doğal, tarihsel ve kültürel değerleriyle son derece ilgi çekicidir. Yılda 250 gün yağmurlu olan Fırtına havzası, Kaçkar dağlarının kuzey yamacını 2 ana kol ve sayısız irili ufaklı dere ve çağlayanlarla kucaklar gibidir.
Ana kollardan biri Kavron, Çeymakçur, Avusor yaylarından gelen kolların birleştiği "Hala deresi", diğeri ise Tatos, Tirovit, Palovit yaylarından gelen kolların birleştiği ve vadiye adını veren Fırtına deresidir, ve iki kolun birleştiği yerde Çamlıhemşin ilçesi vardır. Bitki ve yaban hayatı bakımından zengin olan Fırtına vadisinin alabalığı ve kestane ağacının kütükleri oyularak yapılan karakovan balı da ünlüdür. Vadi boyunca görülen konaklar, kemerli taş köprüler ve kalelerinin dışında, özellikle yöre kadınlarının başlarına taktıkları "çember" ve "puşi" denilen renkli baş örtüleri ve yöre insanlarının pastacılık, fırıncılık ve lokantacılıktaki başarıları oldukça dikkat çekicidir.

ağaçlarına ya da ulaşılması zor kayalıklara yerleştirilir.

Çağırankaya Yaylası: İkizdere ilçesinin 25 km doğusunda 3200 m rakımlı, düz konumlu yayla adını, çevresindeki dik yamaçlı kaya ve uçurumlarda ses yankısı oluşmasından almıştır. Yaylada elektrik, telefon, bakkal, kasap, kır kahvesi mevcuttur.

Cimil Yaylası: İkizdere ilçesindeki Cimil Yaylasında mide ve bağırsak hastalıklarına iyi geldiği söylenen bir kaplıca mevcuttur. Yayla bitki ve yaban hayatı bakımından oldukça zengindir.

Elevit Yaylası: Çamlıhemşin ilçesinin 1800 m rakımlı Elevit yaylası, yöreye has yayla evleriyle ve zengin bitki örtüsü ile oldukça ilgi çekicidir. Buradan Tirovit (2300 m), Palovit, Apivanak, yaylarına geçilebilir.

Palovit Yaylası: Şelalenin bulunduğu Palovit yaylası orman hattı sınırındadır. Vadi yukarılarındaki krater göllerine yürüyüş-

Aşağı ve Yukarı Kavron High Plateaus: *It is possible to reach Aşağı Kavron and Yukarı Kavron, which are 3 km far from each other, through a 10km dirt road. Yukarı Kavron Plateau, which is 2300 m high, is 8 km away from the summit of Kaçkar Mountain and it is the last stop for climbing the mountain. Kavron Plateaus are announced to be tourism center by Ministry of Tourism.*

Anzer (Ballıköy) High Plateau: *Anzer Plateau which is 39 km south of İkizdere and which is 2250 m high is famous for its honey. Anzer honey used to cure many diseases is accepted to be the most expensive honey in the world.*

Caucasian type bees, which have big sucker, produce the wax of Anzer honey and these bees can fly and take honey from a plant called "fener çiçeği" in drizzly weather. In the region honey of mulberry flower is widely accepted. Beehives are put on high hornbeam trees into which long nails are

FIRTINA VALLEY

Although its name is "dere" (means stream), Fırtına Stream get a shape of a river where it pours into Black sea near Ardeşen. Fırtına Stream basin is conspicuous with its natural, historic and cultural values. Fırtına basin, which is rainy for 250 days in a year, embraces north side of Kaçkar Mountain with two main arms and numberless streams and waterfalls. One of the main arms is Hala where small streams from Kavron, Çeymakçur, Avusor Plateaus join, other one is Fırtına Stream, which gives the valley its name, where small streams from Tatos, Tirovit, Palovit plateaus join. Çamlıhemşin town is on the point where these two arms join. Salmon trout and honey of Karakovanlar, which are made by digging the woods of chestnut trees of Fırtına Valley, which is rich in plants and wild life, are very famous. Along the valley interesting mansions, arched stone bridges and castles are seen. Headscarves called "çember" and "puşi" that women use in the region are conspicuous. People in this region are good at pastry, bakery and restaurants.

ler yapmak oldukça ilgi çekici olabilir.

Kaplıcalar: Yöredeki bir çok irili ufaklı madensuyu ve sıcak su kaynaklarının yanı sıra Ayder yaylasındaki mide, kadın, cilt ve romatizmal hastalıklara iyi gelen "Ayder Kaplıcası", Rize'ye 20 km uzaklıktaki bel ve romatizmal hastalıkların tedavisinde kullanılan "Andon ılıcaları", mide ve bağırsak hastalıklarında etkili

driven and on high rocks hard to reach to protect them from bears.

Çağırankaya High Plateau: *This plateau which is 25 km east of İkizdere town and which is 3200 m high takes its name from the echoes happening on precipices and cliffs around the plateau. There is electricity, phone, market, butcher and cafe in the plateau.*

Cimil High Plateau: *There is a thermal spring which is said to be*

KAÇKAR DAĞLARI MİLLİ PARKI

Kaçkar mountains national park, which was announced to be a national park, is in Çamlıhemşin and covers 51550-hectar areas. This park where endemic plants and a lot of species of wild animals live is the only place in which rhodendrum reaches 3000m high. Glacier traces from Glacier period and current glacier can be seen together on Kaçkar Mountains where there are many glacial and crater lakes. It has excellent paths for especially mountaineering and trekking.

KAÇKAR MOUNTAINS NATIONAL PARK

31.08.1994'de Milli Park ilan edilen Kaçkar Dağları Milli Parkı, Çamlıhemşin sınırları içinde 51550 hektar alanı kapsamaktadır. Endemik bitki topluluklarının ve bir çok yabani hayvan türünün yaşadığı alanda özellikle Kafkas orman gülünün 3000 m dolaylarına ulaştığı tek yer burasıdır. Buzul çağına ait buzul izleriyle aktüel buzlaşmanın birlikte görülebildiği Kaçkar dağlarında çok sayıda buzul ve krater gölleri mevcuttur. Özellikle dağcılık ve trekking sporları için çok nitelikli parkurlara sahiptir.

Kaçkar Dağı Zirvesi
The peak of Kaçkar Mountains

olduğu söylenen Cimil yaylasındaki sıcak su kaynağı, Rize'nin önemli termal kaynaklarındadır.

TURİZM ALTERNATİFLERİ

Türkiye'nin 5. Büyük dağı olan Kaçkar dağlarının sağladığı dağcılık ve doğa yürüyüşü olanakları ile önemli bir turizm merkezi olma yolundaki Rize'de,diğer turizm alternatifleri bakımından da oldukça çeşitlidir. Zengin bitki örtüsü nedeniyle "botanik turları",kuşların göç yolları üzerinde ve toplanma merkezi olan Fırtına ve İkizdere vadilerinde "kuş gözlem turları", özellikle bahar aylarında Fırtına deresi ve İyidere'de "kano turizmi", yabani hayvan çeşitliliğiyle "av turizmi" (resmi izin yoktur), "jeep safari", bazı yaylalarda "yamaç paraşütü" yapılabilmektedir.

Unutmayın

Rize'yi kuşbakışı gören Ziraat Çay Bahçesinde şehrin seyriyle çayınızı yudumlamayı, yöre insanının renkliliğini ve canlılığını taşıyan Rize bezlerinden satın almayı, Çamlıhemşin'de kiremitte alabalık ve muhlama yemeyi, Ayder'de şifalı kaplıcaya girmeyi, yanınıza yağmurluk, fotoğraf makinası ve bol film almayı, yaylaların sonsuz çimlerinde yuvarlanmayı ve doğayı çocuklarınızdan ödünç aldığınızı hatırlamayı unutmayınız...

Do Not Forget

To have some tea in Ziraat Tea Garden overlooking Rize, to buy Rize clothes which have the colorfulness and liveliness of the people of the region, to eat salmon trout and "muhlama" in Çamlıhemşin, to enter thermal spring in Ayder, to take your raincoat, a camera and a lot of film, to roll on the grass of the plateaus and the most important of all that we have borrowed nature from our children.

good for gastric and intestine diseases in Cimil Plateau in İkizdere town. The plateau is rich in plants and wild life.

Elevit High Plateau: *Elevit Plateau of Çamlıhemşin, which is 1800 m high, is conspicuous with its rich vegetation and houses special to the region. From here Tirovit (2300 m), Palovit and Apivanak Plateaus are reachable.*

Palovit High Plateau: *Palovit plateau where there is a waterfall is on the border of forest line. Valley can be interesting to go trekking to the crater lakes.*

Spa: *Besides large or smaller mineral water or thermal spring sources, "Ayder thermal spring" which is said to be good for gastric gynecological, skin and rheumatic diseases, "Andon hot spring" in Cimil Plateau, which is said to be good for gastric and intestine diseases are important thermal resorts of Rize.*

TOURISM ALTERNATIVES

With the opportunities for mountaineering and trekking provided by Kaçkar Mountains, fifth highest mountain in Turkey. Rize is on the way to become an important tourism center. It is also rich in other alternatives. Because of rich vegetation, botanic tours, bird observation tours in Fırtına and İkizdere Valleys which are the gathering point of the birds on their way of migration, canoe tourism with a variety of wild animals (as the hunting areas are under preservation, there is no official permission), jeep safari and paragliding in some plateaus can be done.

ATMACACILIK GELENEEĞİ

Dünyanın en önemli yırtıcı kuş göç ve üreme alanlarından biri olan Doğu Karadeniz Bölgesinde, şahin ve atmaca ile avcılık çok eski bir gelenektir.

Yakalamak için "çekirge kuşu"nun kullanıldığı atmacalar, bir süre beslenip eğitildikten sonra, kuş avına çıkılır. Av sezonu bittikten sonra çoğu zaman doğaya serbest bırakılır.

Atmacacılık yapanların sayısının az olduğunu belirten uzmanlar, yırtıcı kuşların avcıların elinde iken "kestane karası" denen kursak hastalığı ve diğer hastalıklar ya da salıverildikten sonra göçe geç katılmaları ve bu yüzden yaylalarda besin bulamamaları veya göç güdüsünün körelmesi nedeniyle öldüklerini söylemektedirler. Bu yüzden doğa sever avcıların bu gelenekten yavaş yavaş vazgeçtiği gözlenmektedir.

SPARROW HAWK TRADITION

Hunting with falcon and hawk is a very old tradition in East Black Sea Region, which is one of the most important areas of migration and reproduction of wild birds. Hawks are caught by means of starling are fed and trained for a while and then they are taken to hunting. After the hunting period is over they are generally released in nature.

Experts who say that those who feed hawks are few claimed that because the wild birds catch an illness called "kestane karası"(a kind of crop illness) or other illnesses or as they join the migration late they cannot find food in plateaus or as they lose their migration instinct those birds are bound to die. For this reason, hunters who love nature do not continue this tradition.

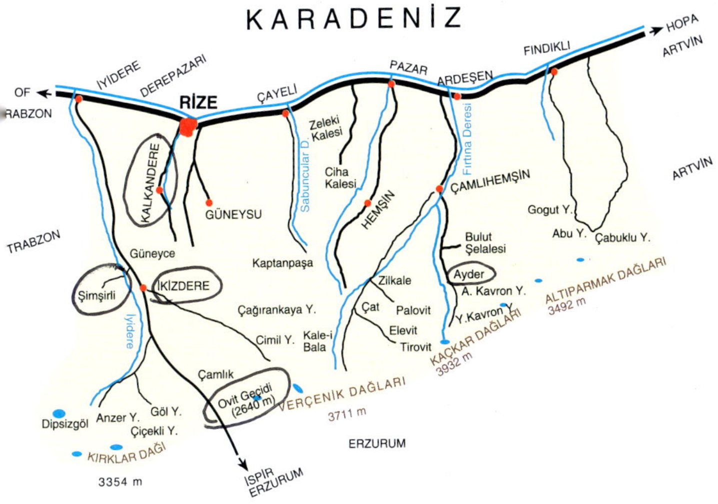

0464...............Rize telefon rehberi

NEREDE KALMALI? / *WHERE TO STAY?*

Dedeman Oteli ****	223 44 44
Grand Çavuşoğlu***	532 49 88
Asnur Oteli ***	214 17 51
Kaçkar Oteli **	213 14 90
Genesis Motel/Çamlık	476 80 90
Haşimoğlu Otel/Ayder	657 20 38
Ayder Sis Otel	657 20 30

NEREDE YEMELİ? / *WEHERE TO EAT?*

Konak Yemek Müzesi	214 44 26
Hüsrev/ Çayeli	532 62 51
Lale Restaurant	217 40 39
Ayder Sofrası	657 20 17

HANGİ ACENTA? / *WHICH AGENCY?*

Ri-Tur/ Rize	217 14 84
Hemşin Yayla Tur	651 23 74
Türkü Turizm	651 72 30
Ayala Turizm	213 17 16

HAVAYOLLARI / *AIR LINES*

Türk Havayolları	213 05 91

OTOBÜS / *COACH*

Rize Seyahat	217 14 85
Ulusoy	213 10 45

BANKALAR / *BANKS*

Ziraat	213 00 32
Akbank	213 00 05
Yapı Kredi	213 00 85
İş Bankası	213 00 65

MÜZELER / *MUSEUMS*

Atatürk Evi	213 04 25

HASTANELER / *HOSPITALS*

Devlet Hastanesi	214 14 13
SSK Hastanesi	214 15 15

GEREKLİ TELEFONLAR / *USEFUL PHONES*

Valilik	213 06 11
Belediye	213 02 00
Emniyet Müdürlüğü	213 03 74
Jandarma	223 38 64
Kültür ve Turizm Md.	213 04 06
Turizm Danışma	213 04 08
Liman İşletme Müdürlüğü	213 04 31
Kültür ve Turizm Md.	712 12 29
Karayolları Blg. Md.	213 04 14

SAM

Genel Nüfus: 1.203.681 **Yüzölçümü:** 9.570 km²
Harita Koordinatları: 37° 08'- 34° 25 doğu boylamları ve 40° 45' – 41° 45 kuzey enlemleri arasındadır.
Trafik Kodu: 55 **Telefon Kodu:** 0362

Population: *1.203.681* ***Land mass:*** *9570 km²*
Coordinates: *37° 08'- 34° 25' east longitude and 40° 45' – 41° 45' north latitude.*
Traffic Code: 55 ***Telephone Code:*** 0362

SUN

Şu Samsun'un evleri
Kız kaldır peçeleri
Senin o bakışların
Öldürür niceleri.

Kolonicilerden önce yerli halkın yöreye verdiği sanılan "Amisos" ismiyle tarihi kaynaklarda yer alan Samsun, MS 10.yy'da İmp. Konstantin'in bir emrinde ilk defa "Aminsos" şeklinde yazıldığına rastlanmıştır. Selçukluların 13.yy'da yöreye gelmesinden sonra kıyıda kurulan yeni şehre ise "Samsun" adı verilmiştir.

Tarihçe

İlk yerleşimlerin Paleolitik dönemde (MÖ 600.000 - 10.000) Tekkeköy civarında başladığı Samsun'da, İkiztepe ve Dindartepe höyüklerinde yapılan çalışmalarda Kalkolitik ve Tunç çağlarına ait uygarlıkların izlerine rastlanmıştır. Gaskalar ve Hitit yerleşim yerleri de olan Samsun da, MÖ. 670 yıllarında İskit kolonileri kurularak ticaret yapılmaya başlanmıştır. Pers İmparatorluğu ve Pontos Krallığından sonra Roma topraklarına katılmış, MS 395'de Bizans Döneminde, merkezi Niksar'da bulunan Polemoniacus vilayetine bağlanmış, 860 – 892 yılları arasında Emevi, Abbasi ve Bizans arasında el değiştirmiştir.

1071 sonrası Danişmentoğulları beyliğinde kalan bölge, 1185'de II. Kılıç Arslan döneminde Selçuklu egemenliği altına girmiştir. Ancak " Amisos" adıyla bilinen yukarı kale 14.yy'dan itibaren 200 yıl boyunca Ceneviz kolonisi olarak kalmıştır.

1243'de Moğol istilası sonrası Candaroğulları beyliğinde kalan Samsun 1418 yılında Amisos, 1428'de Çarşamba bölgeleri Osmanlı Devletine katılmış ve Canik sancağının merkezi olmuştur.

1869 yılındaki yangınla tümü

Samsun is known as "Amisos" in the historical documents. This name has been given by the public rather than the colonists. It is supposed to have been written as "Aminsos" upon the order of Emperor Constantine in the 10th century AD. This newly established city began to be called "Samsun" after Seljuks had settled down in the 13th century.

History

First settlements were seen in the Paleolithic Age (600.000-10.000 BC) near Tekkekö. Some ruins of Chalcolithic and Bronze Age civilizations have been found in the Ikiztepe and Dindartepe tumuluses. Samsun has also been a place of settlement for Gascas and Hittites and in 670 BC Iskit colonies settled here and began to trade. Samsun has became a part of Persian Empire and Pontos Kingdom and then of Roman Empire and in 395 AD during the Byzantine period it became affiliated with Polemoniacus whose center was in Niksar. The city has exchange hands between Umeyyades and Abbasides, Byzantines.

It became a part of Danişmentoğulları principality after 1071, in 1185 during Kılıçarslan II period it was under the sovereignty of Seljuks. However, it was known as "Amisos" in the upper castle, and has been a part of Genoese colony for 200 years.

After the Mongolian invasion in 1243, it remained in Candaroğulları principality and in 1418 Amosis became a part of Ottoman Empire and in 1428 Çarşamba became the center of Canik sub-province.

Samsun was set on fire in 1869 and has been rebuilt upon the de-

yanan şehir, Fransa'dan getirilen bir mimarın hazırladığı planlarla yeniden imar edilmiştir. 19 Mayıs 1919'da Atatürk'ün buraya gelerek Milli Mücadeleye başlamasıyla adından çok bahsedilen Samsun, 1925 yılında Türkiye Cumhuriyeti Devletinin bir ili olmuştur.

Orta Karadeniz bölgesindeki Samsun, diğer Karadeniz illerine göre daha alçak ve ovalık bir araziye sahiptir. İlin güneyinde doğuda Canik Dağları, batıda Cangal Dağları bulunur. En yüksek noktası 2062 m ile Akdağ'dır.

Türkiye'nin en büyük iki akarsuyu Kızılırmak kuzeybatıdan Bafra ovasını geçerek, Yeşilırmak ise doğuda Çarşamba ovasından geçerek Karadeniz'e dökülür. Özellikle Nisan – Temmuz döneminde en çok su taşıyan bu ırmakların yanısıra Mert Irmağı, Terme Çayı, Kazboğaz deresi ilin diğer önemli akarsularındandır.

Bafra ovasındaki Karaboğaz Gölü, Balık Gölü, Liman Gölü, Dutdibi Gölü, Uzungöl, Hayırlı Göl, İncigöl, Çarşamba ovasındaki Dumanlıgöl, Akacık Gölü, Akmaz Gölü, Koca Göl, Terme ilçesindeki Simenlik Gölü, Akgöl, Ladik ilçesindeki Ladik Gölü Samsun'un önemli gölleri olup, birçoğunda balık bulunmaktadır.

Çarşamba, Alaçam, Kavak, Vezirköprü ilçelerinde zengin ormanlar bulunan ve 384.431 hektar ormanlık alana sahip Samsun bölgesinde 1000 – 1200 m yükseltilerde gürgen, meşe, ıhlamur, kestane, kayın, dişbudak, ladin, 1200 – 1800 m yüksekliklerde iğne yapraklı ağaçlara rastlanır.

Tütün / Tobacco

signs of a Parisian architect. Samsun is known as the place the where Independence War began on 19 May 1919 with Atatürk's arrival in this city. It became a city of Turkish Republic in 1925.

Geography

Samsun is situated in the central Black Sea region and in contrast to the other cities its land is low and plain. On the south of the city rise the Canik Mountains and on the west; Çangal Mountains. The highest point is Akdağ with an altitude of 2062 m.

Kızılırmak flows through the north-west of Samsun (Bafra plain) and Yeşilırmak flows through the east of Samsun (Çarşamba plain) and they flow into the Black Sea. These two important rivers of Turkey have abundant water especially between April and June other rivers of the region are Mert River, Terme Stream and Kazboğaz Stream.

Lake Karaboğaz, Lake Balık, Lake Liman, Lake Dutdibi, Uzungöl, Lake Hayırlı, Incigöl in Bafra plain, Dumanlıgöl, Lake Akacık, Lake Akmaz, Lake Koca in Çarşam-

Kızılırmak Deltası ve Sulak Alanlar:

Kızılırmak nehrinin Karadeniz'e döküldüğü yerde, Bafra Alaçam, Engiz ilçeleri sınırları içinde kalan Kızılırmak Deltası 56.000 hektar genişliğindedir. Deltanın doğu sahilinde göller, sazlık alanlar, kumullar, su basar çayırlarla kaplı 12.000 hektar sulak alan ve batı tarafında 1.500 hektar genişliğinde Karaboğaz Gölü vardır.

Kızılırmak Deltası, sulak alan ekosisteminin sağladığı çeşitliliğin yanı sıra özellikle kuşlar açısından önemli bir barınma ve yavrulama yeridir. Kızılırmak Deltası'nda bugüne dek 311 kuş türü tespit edilmiş olup bunların 140 türü deltada üremektedir. Kış döneminde de 100.000 dolayında su kuşu kışlamaktadır.

Kızılırmak Deltası uluslar arası öneme sahip sulak alan olma, nesli tüm dünyada tehlikede olan tür ya da türleri barındırma ve sayıları Avrupa'da hızla azalmakta olan türlerden önemli sayılarda barındırma özelliği nedeniyle, Avrupa'nın önemli kuş alanları arasındadır. Tepeli Kutan, Balaban, Küçük Balaban, Leylek, Deniz Kartalı, Saz Delicesi, Balık Kartalı, Delice Doğan, Çıkrıkçın, Turna, Uzunbacak, Kocagöz, Batak Kırlangıcı, Ortanca Ağaçkakan, Bıyıklı Saz Bülübülü, Çizgili Ötleğen bölgede kuluçkaya yatmaktadır. Yeşil Bacak, Akkanatlı Sumru, Karaboyunlu Dalgıç, Karaboyunlu Batağan, Büyük Ak Balıkçıl, Boz Kaz, Yeşilbaş, Çamurcu, Boz Ördek, Kıl Ördek, Kepçel, Dikkuyruk, Sakarmeke sonbahar ve kış boyunca bölgede gözlenen kuşlardandır.

Kızılırmak Delta and Marshy Areas:

Kızılırmak delta is 56,000 hectares in width and within the borders of Bafra Alaçam, Engiz districts. On the east of delta there are many lakes, reed beds, sand dunes which cover a total of 12,000 hectares and on the west part there is lake Karaboğaz covering an area of 1,500 hectares.

Kızılırmak has a great variety due to the ecosystem of marshy areas and it is also an important place for birds to accommodate and breed. 311 bird types have been defined and 140 of them reproduce here. In winter about 100 000 water birds live here.

Kızılırmak is among the important bird areas of Europe. It has an international characteristic as it provides a living area to the birds which are becoming extinct. Steamer ducks, sturdies, little sturdies, storks, sea eagles, common darnels, falcons, cranes, black-winged stilts, stone curlews, collared pratincoles, middle woodpeckers, lanner warblers, striped warblers incubate in here. Green shanks, black-necked loons, grey geese, mallard drakes, teals, grey ducks, coots can be watched during autumn and winter.

Doğu ve batı Karadeniz arasında geçiş iklimi özelliklerine sahip bölgede, yağışlar Doğu Karadeniz Bölgesinden az, sıcaklığı ise yüksektir. İç kesimler ise sahil kesimine göre daha soğuktur. Kıyı kesiminde kışlar ılık, ilkbahar serin, yaz ayları ise kuraktır. En sıcak ay 23,5 °C ortalama ile Temmuz, en soğuk ay 1,0 °C ortalama ile Şubat ayıdır.

Kızılırmak ve Yeşilırmak nehirlerinin oluşturduğu verimli Bafra ve Çarşamba ovalarında en çok gelir sağlayan tarım ürünü tütündür. Buğday, arpa, yulaf, mısır, pirinç, nohut, fasulye, şekerpancarı, ayçiçeği, soya, soğan, sarımsak ve patates önde gelen tarım ürünlerindendir. Ayrıca hayvancılık ve ormancılık özellikle kırsal kesimde önemli gelir kaynaklarından biridir.

ıat Kulesi / *Clock Tower*

Ulaşım

Samsun havaalanından Ankara, İstanbul'a uçak seferleri düzenlenmektedir. Demiryolu ile Amasya, Sivas, Ankara, Adana, Elazığ, Diyarbakır, Erzincan, Erzurum, Kayseri, Kon-

ba plain, Lake Simenlik in the district of Terme, Lake Ladik in the district of Ladik are among the important Lakes of Samsun and in most of them fish live.

Flora

Çarşamba, Alaçam, Kavak, Vezirköprü districts are very rich in woods and Samsun has a total of 384 431 hectars of woods and at an altitude of 1000-1200m hornbeam, oak, lime, chestnut, fir, common ash, spruce trees and at an altitude of 1200-1800 m conifers can be seen.

Climate

Samsun has a traditional climate between the East and West Black Sea, it rains less in Samsun than in the East Black Sea and it is warmer. Interior parts are cooler than the coastline. Winters are warm, springs are cool and summers are dry at the coastline. The hottest month is June with a temperature of 23,5 °C and the coldest one is February with a temperature of 1,0 °C.

Agriculture

The most profitable crop is tobacco in Bafra and Çarşamba plains, which have been formed by Kızılırmak and Yeşilırmak. Wheat, flour, oats, maize, rice, chickpea, sunflower, soybean, onion, garlic, potato, bean and sugar beet are the other profitable crops. Moreover, animal husbandry and forestry play an important role in the lives of local people.

Transportation

At Samsun airport, there are flights to Ankara and Istanbul and trains are organized to go to Amasya, Sivas, Ankara and Adana, Elazığ, Diyarbakır, Erzurum, Erzincan, Kayseri, Konya, Istanbul, Iskenderun, Karabük, Kars, Malatya, Zonguldak, Denizli. You can go to Istanbul, Sinop, Giresun, Trabzon, Rize by ship and bus travels are organized to many cities. Also, It is or-

Suat Uğurlu Baraj Gölü / *Şuat Uğurlu Dam (Ayvacık)*

ya, İstanbul, İskenderun, Karabük, Kars, Malatya, Zonguldak, Denizli, Diyarbakır illerine, deniz yolu ile de İstanbul, Sinop, Giresun, Trabzon, Rize'ye, otobüs seferleri ile Türkiye'nin birçok iline ulaşılabilmektedir. Ayrıca Rusya'ya gemi ve Ro-Ro taşımacılığı düzenlenmektedir.

Halk Oyunları

Samsun yöresinde davul zurna ile oynanan halkoyunları yaygındır. Bazı oyunlarda saz ve darbuka da kullanılır. Çuğuş (Zigos), Bilal Ağa, Kabadayı, Deveci, Çamşır, Arap oyunu, Debreli Hasan, Paşa Dudu, Köroğlu oyunları yaygın halkoyunlarındandır.

Festivaller

Eylül ayı içerisinde düzenlenen Asarcık Karakucak Güreşleri ve Rahvan At Yarışları Festivali, 7 Mayıs'da düzenlenen Alaçam Hüseyin Dede Şenlikleri, 26-27-28 Haziran tarihinde düzenlenen Ladik Akdağ Yayla Şenlikleri ve Ağustos ayının son haftası düzenlenen ve 2 gün süren Bafra Karpuz Festivali, Samsun'da görülmesi gereken önemli festivallerden bazılarıdır.

ganized transporting of freey-boat to Russia.

Folk Dances

In this region, folk dances are generally accompanied by a drum, shrill pipe. In some dances saz (a stringed musical instrument) can be played. Çuğuş (Zigos), Bilal Ağa, Kabadayı, Deveci, Çamşır, Arap Oyunu (Arabic dance), Debreli Hasan, Paşa Dudu and Köroğlu are the well known dances of the region.

Festivals

Asarcık Karakucak Wrestling competitions and Rahvan Horse Race Festivals (in September), Hüseyin dede Festival (in the 7th May), Ladik Akdağ Plateau Festival (during the 26-27-28 of June), Bafra Watermelon Festival (two days in the last week of August) are some of the enjoyable festival activities.

Regional Cuisine

Tirit (Kaz Yufkası), yer pancarı (beet), mercimekli bulgur pilavı (boiled and cracked wheat), keşkek (wheat boiled with minced meat), hamsili ekmek (bread with anchovy), kocakarı çerdanı (burma) are the favorite meals of this region.

Samsun yöresinde Tirit (Kaz Yufkası), Yer Pancarı, Mercimekli Bulgur Pilavı, Keşkek, Hamsili Ekmek, Kocakarı Gerdanı (Burma) tadılması gereken lezzetlerdendir.

TARİHİ ESERLER

İlk yerleşimleri Paleolitik döneme kadar uzanan Samsun yöresi, tarihi ve arkeolojik eserler bakımından, insanoğlunun geçirdiği süreci sergilemektedir. Höyük ve tümülüsler bakımından zengindir.

Höyükler ve Tümülüsler:

İkiztepe Ören Yeri: Bafra ilçesi İkiztepe Köyü sınırları içinde bulunan İkiztepe Ören yerinde yapılan çalışmalarda MÖ 5000-4000 yıllarına dayanan (Kalkolitik Dönem) yerleşimlere rastlanmıştır ve 57 höyük tipi, 6 düz yerleşim yeri, 25 antik çağ dönemine ait kalıntı, 48 tümülüs, 5 kaya mezarı, 3 mezarlık, 1 kale, 1 hamam, 1 köprü bulunmuştur.

Erken Hitit Dönemine ait buluntular arasındaki iskeletlerden sekizinde beyin ameliyatı izlerine rastlanmıştır. Yapılan kazılar sonucunda silah, alet, takı, semboller, madeni eşyalar, dokuma malzemeleri, deliciler ve birçok diğer buluntu elde edilmiştir.

6000 civarındaki buluntu Samsun Arkeoloji ve Etnografya Müzesinde sergilenmektedir. İkiztepe ören yeri dışında Hacıbaba Tepesi, Tepetarla, Ayaztepe, Tödüğün Tepe, Karaşeyh, Paşaşeyh, Aşağı Tepe, Tepecik, Elmacıktepe, Ömer Usta Çiftliği, Katırdamı, Zahna Mahallesi, Böğürtlen, Kapıkaya, Hoşkadem Tepe, Cevizlik, Beylikköy, Kelbeş, Çitlektepe, Sivritepe, Külcü-

HISTORICAL PLACES

This region displays the process (evolution) of human beings with its historical and archaeological finds of the Paleolithic Age.

Tumuluses:

Ikiztepe Ruin: *(5000-4000 BC) Chalcolithic period settlements have been found in the excavations made in İkiztepe Village of Bafra district. 57 types of tumuluses, 6 settlements, 25 ancient age ruins, 48 tumuluses, 5 rock tombs, 3 graveyards, a castle, a Turkish bath (hamam) and a bridge have also been found.*

Arkeoloji ve Etnoğrafya Müzesinden Mozaikler *The Mosaics in the Archeological and Etnography Museum*

İl Kültür ve Turizm Md. Arşivi

ler, Sorgunlu, Tingillertepe höyükleri, Köfteroğlu, Somtepe, Sorgunluk, Aşağıtepe Tümülüsleri, Soğukçam, Cırıklar, Bakırdere, Özübüyük ören yerleri ile Bafra yöresi arkeoloji tutkuları için adeta cennet gibidir.

Alaçam Höyükleri: Alaçam ilçesinde Hitit dönemine ait yerleşim izleri bulunan Sivritepe, Elçitepe Gökçe-boğaztepe ve Dedetepe höyükleri bulunmaktadır.

Çarşamba ilçesinde; Tepecik, Kilise Tepe, Tünbütepe höyükleri, Kavak ilçesinde; Kaledoğru höyüğü, Ladik ilçesinde; Çakılarası, İnkaya Mezar ve Ören yeri, Dökme Tepe, Kale Tepe, Dedealtı, Köyişi, Tombul Tepe, Devşel Kaya, Kilise Tepe, Kümbet höyükleri, 19 Mayıs ilçesinde; Yörükler Tümülüsü, Havza'da; Lerdüge Tümülüsü yörenin önemli arkeolojik kalıntılarındandır.

Tekkeköy Ören Yeri: Hitit ve İlk Tunç Çağına ait buluntulara rastlanan Tekkeköy Ören Yerinde İlk Tunç Çağına ait mezarlar da bulunmuştur. Bu

In the findings of the early Hittite Period, there are signs of brain surgery on the skeletons (on eight of them). Guns, tools, instruments, ornaments, symbols, metal things, textile materials and many other equipments have been found during these excavations.

The archaeological rare finds about 6000 are exhibited in the Archaeology and Ethnography Museum of Samsun. There are also archaeological places like Hacıbaba hill, Tepetarla, Ayaztepe, Tödüğün Tepe, Karaşeyh, Paşaşeyh, Aşağı Tepe, Tepecik, Elmacıktepe, Ömer Usta Çiftliği, Katırdamı, Zahna Mahallesi, Böğürtlen, Kapıkaya, Hoşkadem Tepe, Cevizlik, Beylikköy, Kelbeş, Çitlektepe, Sivritepe, Külcüler, Sorgunlu, Tingillertepe höyükleri, Köfteroğlu, Somtepe, Sorgunluk, Aşağıtepe Tümülüsleri, Soğukçam, Cırıklar, Bakırdere, and Özübüyük

Bafra region is like a heaven for people affected by archaeology.

AMİSOS HAZİNESİ

28 Kasım 1995 tarihinde Samsun Amisos Antik Kenti içindeki yol genişletme çalışmaları sırasında bulunan mezar odasından çıkarılmıştır. Konklemera tipi kaya kilisesinin oyulmasıyla yapılan ve tavan-taban ve duvarları horasanla sıvanan 5x5 m ebatında, 2,30 m yüksekliğindeki mezar odasının Pontos Krallığı'nın en üst düzeydeki yöneticilerinden (kral, komutan, prens gibi) birine ait olduğu tahmin edilmektedir. 5 adet mezardan üçünün kullanıldığı mezardan bir erkek iki kadın iskeleti yanı sıra ziynet eşyaları, çanak-çömlek, cam, mermer ve madeni eserler çıkarılmıştır.

Amisos mezar buluntularının %80'ini oluşturan som altından yapılmış hazine, çok ince bir işçiliğe sahip bilezikler, küpeler, yüzük, bileklik, toka, düğme, taş, kolye gibi toplam 64 parça eserden oluşmaktadır ve Samsun Arkeoloji ve Etnografya Müzesi'nde sergilenmektedir.

mezarlardan keramik, bıçak, kama, geometrik desenlerle süslü, dişli, yivli bezemeli kaplar, kabartma insan yüzlü vazolar çıkarılmıştır.

Tekkeköy Mağaraları: Kalkolitik döneme ait yerleşim yerleri olan mağaralarda, ana kayanın oyulmasıyla yapılmış sarnıç, burç, depo, yol ve merdivenler yer almaktadır. Önceleri deniz kenarında olduğu sanılan mağaralar, şimdi sahilden 4 km içeridedir.

Atatürk Anıtı: 1928 - 1931 yılları arasında Avusturyalı heykeltıraş H. Kriphel tarafından yapılan anıt, 29 Ekim 1931'de yerine konmuştur. Tunçtan yapılan anıtın kaidesinin iki tarafında Atatürk'ün Samsun'a çıkışı ve Milli Mücadele kabartmalarla anlatılmıştır. Ağırlık ve denge bakımından dünya da 2. sıradadır.

Ayrıca 1981 - 1982 yılları arasında heykeltıraş Hakkı Atamalı tarafından Atatürk'ün doğumunun 100. yıl anısına yapılan İlkadım

__Alaçam Artificial Mound:__ There are Sivritepe, Elçitepe Gökçeboğaztepe and Dedetepe tumuluses from the period of Hittites in Alaçam district .

Tepecik, Kilise Hill (Church Hill), Tünbütepe Tumuluses in the district of Çarşamba; Kaledoğru in the district of Kavak; Çakılarası, İnkaya Tomb and ruins, Dökme Hill, Kale Hill (Castle Hill), Dedealtı, Köyişi, Tombul Hill, Devşel Rock, Kilise Hill, and Kümbet Tumuluses in the district of Ladin; Yörükler Tumulus in the district of Havza and Lerluge Tumulus are the important archaeological sites of the region.

__Tekkeköy Ruins:__ Remnants from Hittites and Early Bronze Age have been found here. Ceramics, knives, daggers, ornamented geometrical patterns, grooved pots, vases with human face reliefs have been excavated in these tombs.

Tekkeköy Caves: These have once been the settings of Chalcolithic period. There is a cistern, a tower, a warehouse, a path and stairs formed by

AMISOS TREASURY

It was found during the road enlargement work in the Samsun Amisos ancient city on 28 November 1995. It was formed by engraving a rock church and its floor and ceiling were plastered with brickdust and lime mortar. The tomb is supposed to belong to one of the highest rank authorities (a king or a prince) of the Pontos Kingdom. Three of the five tombs were used and many ornaments, pots and pans, glass objects, marble and metal tools have been found in addition to the skeletons of a man and two women.

This pure gold treasury forming 80% of Amiss tomb ruins, consisting of 64 works, such as bracelets, hairclips, buttons, necklaces and stone objects are exhibited in the Samson Archaeology and Ethnography Museum.

Bafra Paflagonya Kaya Mezarı / Paflagonia Rock Tombs in Bafra

Anıtı, anayol üzerine kolayca görülebilmektedir. Anıt Atatürk'ün beraberindekilerle karaya çıkışını anlatmaktadır.

Müzeler: 1981 yılından beri faaliyet gösteren Arkeoloji ve Etnografya Müzesinde, Tekkeköy, Toraman Tepe, Bafra İkiz Tepe ve Cedit sırtlarındaki kazılardan elde edilmiş eserlerin yanısıra, etnografik eserlerde sergilenmektedir. Ayrıca hemen bitişiğindeki Atatürk Müzesinde de Atatürk'e ait eşyalar ve fotoğraflar görülebilmektedir. Atatürk'ün Samsun da kaldığı Mıntıka Palas Oteli müze haline getirilerek, Gazi müzesi olarak açılmıştır.

Samsun yöresi tarihi ahşap camileri ile de oldukça ilgi çekicidir. Asarcık ilçesi Gökgöl köyündeki Gökgöl Camii (1180) ve Çarşamba ilçesi merkezindeki Göğreli Camii (1206) tamamen ahşaptan yapılmıştır. Havza ilçesi İmaret mahallesindeki Mustafa Paşa Camii (1256), Alaçam ilçesindeki Şadibey Camii (1515), Samsun merkezinde Buğday Pazarı semtindeki Yalı Camii (1312)

carving the main rock. The caves are supposed to have been near the sea but today they are 4km far from the coast.

Atatürk Monument: *It was made by an Australian sculptor, H. Kriphel between 1928-1931 and was put into its existing place on 29 October 1931. On this bronze monument's sides, Atatürk's arrival in Samsun and the beginning of the National Fight are shown in relief. It is the second in the world with regard to its weight and balance.*

Moreover, İlkadım Monument (First Step Monument) was built for the 100th anniversary of Atatürk's birth by Hakkı Atamalı between 1981-1982. It can be seen on the main street and it is about Atatürk's arrival.

Museums: *Finds of Tekkeköy, Toraman hill, Bafra İkiz Hill, Cedit excavations and ethnographic works are being exhibited in the Museum of Archaeology and Ethnography. Besides this museum, in the Museum of Atatürk, his belongings and photographs can be seen. Mıntıka Palace Hotel where*

Samsun'un önemli tarihi camilerinden sadece birkaçıdır. Bunların yanı sıra Bafra ve Salıpazarı'nda kale kalıntıları, Samsun, Bafra, Kavak ve Vezirköprü'de hanlar ve bedestenler Samsun'un tarih sürecindeki izlerini sergilemektedir.

YAYLA VE DOĞAL GÜZELLİKLER

Samsun yöresi tarihi ve arkeolojik eserleri yanı sıra doğal güzellikleri ile de dikkat çekicidir. Özellikle Bafra'nın doğusunda 50.000 hektarlık bir alanı kaplayan Kızılırmak Deltası ve Bafra Gölleri önemli doğal alanlardandır. Hemen hemen her ilçede yerel halkın tercih ettiği gezi ve mesire yerleri, ormanlık alanlar dışında Temmuz ayında şenliklerin de düzenlendiği Ladik ilçesindeki Akdağ Yaylası, 19 Mayıs ilçesindeki Galeriş ormanı, Vezirköprü ilçesindeki Kunduz Ormanları, Atakum mevkiindeki ve Yakakent Çamgölündeki plajlar Samsunluların doğa ve denizle başbaşa kalmada tercih ettikleri önemli yerlerdendir.

Atatürk stayed has been turned into Gazi Museum.

Samsun is famous for its wooden historical mosques. Gökgöl Mosque (1180) near the Village of Gökgöl in Asarcık district and Göğneli Mosque (1206) in the center of Çarşamba district are of timber. Mustafa Paşa Mosque (1256) in the district of Havza, Şadibey Mosques (1515) in the district of Alaçam and Yalı Mosque (1312) in the center of Samsun are some of the historical mosques of the city. Moreover castle ruins in Bafra and Salıpazarı, inns and bedestens (bazaars) in Samsun, Bafra, Kavak and Vezirköprü demonstrate the signs of history.

PLATEAU AND NATURAL BEAUTIES

Apart from its historical and archaeological works, Samsun is attractive with its natural beauties. Especially Kızılırmak plateau in the east of Bafra and the Bafra Lakes are magnificent natural beauties. Festivals are held in July in Akdağ Plateau which is within the district of Ladik; Galeriş Wo-

İl Kültür ve Turizm Md. Arşivi

Dromoslu Mezar

Metin Öztürk

KAPLICALAR

Havza Kaplıcası: Havza ilçe merkezinde, 49,8 °C sıcaklığında bikarbonat, sodyum, sülfat ve kalsiyum bileşimine sahip 5 kaplıca vardır. Bu kaplıcaların, romatizmal hastalıklar, kadın hastalıkları, sinir hastalıkları, eklem ve kireçlenme gibi hastalıklara iyi geldiği belirtilmektedir.

Ladik Kaplıcası: Ladik ilçesinde 38 °C sıcaklığında bikarbonat, kalsiyum, magnezyum ve kumen radyoaktif bileşimli kaplıcanın, banyo ve içme kürleri ile romatizmal, sinir ve kas yorgunluğu, eklem ve kireçlenme, ameliyat yorgunları gibi hastalıklara iyi geldiği belirtilmektedir.

TURİZM ALTERNATİFLERİ

Tarihi ve arkeolojik alanların sağladığı kültür turları yanı sıra, özellikle Kızılırmak Deltası'nda kuluçkaya yatan ve kışlayan kuşlar, bölgede kuş gözlem turları bakımından önemli bir potansiyeldir. Havza ve Ladik'teki kaplıcalar sağlık turizmine, plajları ile deniz turizmine ve ormanları ile doğa yürüyüşlerine alternatif sağlamaktadır.

Unutmayın

Amisos Hazinesini, Atatürk Anıtı'nı, höyükleri ve ahşap camileri görmeyi, Havza ve Ladik'in kaplıcalarına girmeyi, Balkaymak Dondurması ve Gülhan Restaurant'ın pidelerini tadmayı, Bafra Ovası'nın altın yaprak tütünlerini fotoğraflamayı, Atakum'da denize girmeyi ve Kızılırmak Deltası'nda kuşları rahatsız etmemeyi unutmayınız!...

ods in the district of 19 Mayıs, Kunduz Woods in the district of Vezirköprü, beaches of Atakum and Yakakent Çamgölü are the mostly preferred promenades.

SPAS

Havza Spa: *There are five spas in the center of Havza where bicarbonate, sodium, sulphate and calcium, combination at the temperature of 49,8 °C together exist. It is stated that these spas are good for rheumatic diseases, gynaecological diseases, neuropathic diseases, diseases of joint and calcification.*

Ladik Spa: *This spa (the temperature of 38 °C) contains bicarbonate, calcium, magnesium and kumen. It is good for rheumatic and neuropathic diseases, muscle complaints, joint and calcification problems, recovery phrase (after surgeries) problems with its bath and mineral water cures.*

TOURISM ALTERNATIVES

There are many cultural tours related to the historical and archaeological sites, apart from this, birds incubating in Kızılırmak Delta are a good source for bird watching tours. Spas in Havza and Ladik is an alternative tourism, Samsun beaches is an alternative of sea tourism.

Do Not Forget

To see the the Amisos Treasury, Atatürk Monument, tumuluses and wooden mosques; to visit the spas in Havza and Ladik; to taste Balkaymak ice-cream and pide (round and flat bread) of Gülhan Restaurant, to take photos of tobaccos of Bafra Plain; to swim is Atakum and not to disturb birds in the Kızılırmak delta.

0362..........Samsun telefon rehberi

NEREDE KALMALI? / *WHERE TO STAY?*

Büyük Samsun Oteli ****	435 80 18
Vidinli Otel ***	431 60 50
Yafeya Oteli ***	435 11 35
Çavuşoğlu Otel***	256 33 65
Mis Otel**/Bafra	543 73 50
Maarif Otel**/Havza	714 10 10

NEREDE YEMELİ? / *WEHERE TO EAT?*

Gülhan Restaurant	457 64 64
Cumhuriyet Lokantası	431 21 65

HANGİ ACENTA? / *WHICH AGENCY?*

Yavuz Tur	432 54 54
Kartur	431 33 10
19 Mayıs	234 90 64
Loresima Travel	833 10 66

HAVAYOLLARI / *AİR LİNES*

Türk Havayolları	431 10 26

OTOBÜS / COACH

Metro	465 62 55
Ulusoy	465 60 10
Varan	465 58 72
Fındıkkale	465 60 21
Bafra Seyahat	465 60 74

BANKALAR / *BANKS*

Akbank	435 85 65
Garanti	423 00 67
İş Bankası	431 09 00
Koçbank	432 43 43

MÜZELER / *MUSEUMS*

rkeoloji ve Etn. Müzesi	431 68 28
Atatürk Müzesi	431 68 28
Gazi Müzesi	435 75 35

HASTANELER / *HOSPITALS*

Gazi Devlet Hastanesi	230 33 00
SSK Hastanesi	233 19 70
19 Mayıs Tıp Fak. Hst.	230 79 50

GEREKLİ TELEFONLAR / *USEFUL PHONES*

Valilik	431 64 78
Belediye	431 60 90
Emniyet Müdürlüğü	230 84 10
Kültür ve Turizm Md.	435 65 48
Turizm Danışma	431 12 28
Deniz Yolları	445 16 96
Devlet Demir Yolları	233 22 93
Karayolları Blg. Md.	437 29 12

SİN

Sinop da tabyaya yakın
Seyirdin akın akın
Düştüm de sarhoş eline
Gelin halime bakın.

Kültür ve Turizm Bk. Arşivi

OP

Genel Nüfus: 225.574 **Yüzölçümü:** 5862 km^2
Harita Koordinatları: 41° 11' ve 42° 06' kuzey enlemleri ve 34° 14' ve 35° 26' doğu boylamları arasındadır.
Trafik Kodu: 57 **Telefon Kodu:** 0368

Population: *225.574* ***Land mass:*** *5862 km^2*
Coordinates: *34° 14' and 35° 26' east longitude and 41° 11' and 42° 06' north latitude.*
Traffic Code: 57 ***Telephone Code:*** 0368

Sinop Amforaları / *The Amphoras of Sinop*

Irmak tanrısının güzeller güzeli kızına, tanrıların kralı Zeus görür görmez aşık olmuş. Onu elde etmek için yapmadığı kalmayan Zeus, Sinope'nin kendisine dokunmaması, kız kalması dileğini kabul ederek, Sinope'yi kendisinin de çok sevdiği Karadeniz'in bu yeşil yarımadasına bırakmış. Böylece Sinope yaşadığı yöreye adını vermiş.

Tarihçe

Antik çağlarının ünlü coğrafyacısı Amasyalı Strabon, Azak Denizinde doğup Boğaza göçen kefalleri ve palamutları yakalamak için en ideal yerin Sinop olduğunu söylemekte ve yaygın biçimde hayvancılık yapılan bölgenin ceviz ve fındık gibi kuru meyveleri ile ününü anlatmaktadır.

Türkiye'nin en kuzey ucundaki Sinop'ta ilk uygarlıklar MÖ 4500 yıllarında başlamıştır. İlk Tunç Çağı ve Erken Hitit Dönemine ait kalıntılara da rastlanan Sinop yöresine MÖ 756 yılında Miletli koloniciler yerleşmiştir. Lidya, Pers (MÖ 546), Pontos Krallığı (MÖ 183), Roma, Bizans ege-

The king of the Gods, Zeus, fell in love with the beautiful daughter of the River God at first sight. Zeus did anything to be with her, at last he accepted Sinope's request of being untouched, he left Sinope on this green island of the Black Sea which he adored. Thus, Sinope gave her name to this region where she lived.

History

The well-known geographer of ancient ages Strabon of Amasya says that Sinop is the most suitable place to fish lesser grey mullet and short-finned tunny which were coming from the sea of Azor to the strait. This region is also famous for its dried fruits such as nuts and walnuts.

On the very frontier of Turkey, Sinop has been a cradle of civilizations since 4500 BC. Early Bronze age and Early Hittite period remains can be seen in Sinop and Miletian colonists settled down here in 756 BC. It has been under the sovereignty of Lycians, Persians (546 BC), Pontic Kingdom (183 BC), Roman Byzantine and then ruled by the Trabzon Comnenos State. It was captured du-

Doğmuş Özdemirli

Gerze'de Balıkçı Ağları / *Fishing nets in Gerze*

menliklerinden sonra Trabzon Komnenos Devleti tarafından yönetilen Sinop, ilk olarak Selçuklu hükümdarı I. İzzettin Keykavus zamanında alınmış, ancak daha sonra tekrar Komnenoslara geçmiştir. 1261 yılında Vezir Süleyman Pervane tarafından alınarak Anadolu Selçuklu Devletine bağlanmış ve Selçuklu Devleti Moğolların hakimiyetine girdikten sonra Süleyman Pervane'nin oğlu Mehmet tarafından kurulan Pervaneoğulları Beyliğinde kalmıştır.

1326 yılında Candaroğlu Süleyman Paşa'nın aldığı Sinop, 1461 yılında Fatih Sultan Mehmet tarafından Osmanlı topraklarına katılarak, Kastamonu Sancağına bağlanmıştır.

1853'de Rus Donanmasının baskınına uğrayan şehir, ateşe verildi ve Türk gemileri batırıldı.

1924 yılında Türkiye Cumhuriyeti devletinin bir ili olan Sinop'a Atatürk 15 Eylül 1928'de gelmiş ve ziyareti sırasında ilk alfabe dersini Sarayburnu'nda halka, daha sonra yatılı okulu bahçesinde Arabacı Bekir Ağaya vermiştir.

Sinop yarımadası ve kıyıları alçak tepelerden oluşan yörede, kıyıya paralel uzanan güneydeki engebeli Kuzey Anadolu Dağları'nın uzantıları göze çarpar. Doğal güzellikler bakımından çok zengin olan arazinin %79,3'ünü dağlar, %23,4'ünü platolar, %2,3'ünü Gökırmak vadisi ve çevresindeki ovalar oluşturmaktadır.

Yükseltileri az olan dağların en önemlisi, ili doğu-batı doğrultusunda uzanarak ikiye bölen İsfendiyar (Küre) Dağlarıdır. İlin en

Müze Bahçesinde Serapis Mabedi Sütunları
Serapis Temple in the garden of the Museum

ring the Seljuk ruler Izzettin Keykavus I period, however, and then it was taken over by the Comnenos State again. It became affiliated with the state of Anatolian Seljuks when it was captured by the vizier Süleyman Pervane in 1261. It became a part of Pervaneoğulları principality, which was established by the son of Süleyman Pervane, after the state of Seljuks had been conquered by the Mongols.

It was invaded by Candaroğulları Süleyman Paşa in 1326 and by Fatih Sultan Mehmet in 1461 and became a part of the Ottoman Empire as a part of Kastamonu sub-province.

In 1853, Russian Navy attacked and fired on Turkish ships and sunk them.

In 1924 it became a city of the Turkish Republic. Atatürk landed in Sinop on 15 September 1928 and during this visit he taught the alphabet to the public in Sarayburnu and to Arabacı Bekir Ağa in the garden of the boarding school.

North Anatolian mountains rise parallel to the coast. Thus Sinop

Akgöl

yüksek yeri olan bu dağ üzerindeki 1730 m yükseltili Zindan Dağını, Sarıdökük Tepesi (1660 m), Çangal Dağı (1605 m), Göktepe (1375 m) Elekdağı (1400 m) takip eder.

Bitki Örtüsü

Sinop'un en önemli akarsuyu Kastamonu'dan doğarak Kızılırmakla birleşen Gökırmak'dır. Küre Dağlarından doğarak Karadeniz'e dökülen başlıca akarsular ise Ayancık Çayı, Karasu Çayı, Kabalı Çay, Karlık Çayı ve Kanlıçay'dır. Sinop'un en önemli gölü ise, yarımadanın batısındaki 2 km uzunluğundaki, 750 m genişliğindeki 400 hektar alanı kaplayan, deniz düzeyindeki Sarıkum Gölü'dür. Deniz seviyesindeki 200 hektar büyüklüğündeki Aksaz Gölü ve 80 hektar büyüklüğündeki Karagöl'ün yanısıra, 210 m yükseltili ve Sinop yarımadası üzerinde bir yanardağ krateri olan Sülük Gölü Sinop'un önemli göl alanlarıdır.

Sinop ili topraklarının %62,3'ü orman ve fundalıklarla, %32,8'i ekili-dikili alanlarla, %3,6'sı çayır ve meralarla kaplıdır. Ormanlık bölgelerde en çok çam, kök-

peninsula has low-sided hills. There are a lot of natural beauties in this area, 79,3% of which are mountains; 23,4% plateaus 2,3% Gökırmak and the neighbouring plains.

İsfendiyar (Küre) mountains divide the city into two in the east-west direction. The highest mountain is Zindan Mount at an altitude of 1730 and otehers are: Sarıdökük hill (1660 m), Çangal mount (1605 m), Göktepe (1375 m), Elekdağı (1400 m).

The most eminent river is Gökırmak, originating in Kastamonu and which flows through Kızılırmak (Red River). The rivers which originate in Küre mountains and flow into the Black Sea are, as follows; Ayancık stream, Karasu stream, Kabalı stream, Karlık stream and Kanlıçay. Lake Sarıkum which is at the sea level is the most important lake in the western part of this peninsula which is 2 km in length, 750 m in width and 400 hectares in area. Other lakes are: Lake Aksas of 200 hectares which is at sea level, Lake Karagöl of 80 hectares and Lake Sülük which is a volca-

nar, meşe, gürgen, kayın, dişbudak, karaağaç ve kavak ağaçları yaygındır. Kıyı kesimlerinde ise defne, meşe, fındık, kızılcık, kayın, gürgen, karaçam ve sarıçam çoğunluktadır. Ormanaltı alanlarda ise yaban menekşesi, çuha çiçeği, mayıs karanfili, küçük kırlangıç otu, ciğer otu gibi bitkilere rastlanır. Bıldırcın, çulluk, keklik, yaban ördeği, yaban kazı, su tavuğu gibi kuşlar yanı sıra, yaban domuzu, kurt, tilki, çakal, tavşan, karaca, yöre yaban hayatının sık karşılaşılan üyeleridir.

Genel olarak ılık bir iklimin görüldüğü Sinop'ta, ili ikiye ayıran İsfendiyar (Küre) dağlarının kuzeyinde yağışı bol Karadeniz iklimi hakimdir. Dağların güneyinde ise yağış azalır. Yıllık yağış ortalaması merkezde 679,6 mm, Ayancık'ta 1003 mm, iç kesimdeki Boyabat'ta 388,7 mm'dir. En düşük sıcaklık 8,9 °C, en yüksek sıcaklık ise 34.9 °C'dir. Deniz suyu sıcaklığı ise yaz aylarında 23-24 °C'dir.

Ekonomisi balıkçılık, ormancılık ve tarla tarımına dayalı olan bölgede en fazla tahıl üretimi yapılır. Tahıllardan sonra baklagiller, tütün, pancar ve Gökırmak vadisi boyunca üretilen pirinç önemli bir yer tutar.

Ulaşım

Sinop'u diğer illere bağlayan en önemli iki yoldan biri Sinop-Bafra-

no crater on the Sinop peninsula at an altitude of 210 m.

Flora

There are woods and heath land (62,3 %), cultivated land (32,8 %), meadows and pastures (3,6 %) in Sinop. Pine, fir, oak, hornbeam, beech, common ash, elm and poplar trees are widely seen within the woods. Along the coastline bay, oak, nut, beech, hornbeam, Scots pine and cornelian cherry trees are widespread. Beneath the woods there lie plants such as: dog violets, primroses, may cloves, small greater celandines, liverworts. Common quails, Eurasian woodcocks, grey partridges, mallards, grey leg geese, coots are the birds and wild boars, wolves, foxes, jackals, rabbits, roedeer are the animal of this region's wild life.

The weather in Sinop is generally cool, rainy, Black Sea climate can be observed on the northern side of İsfendiyar (Küre) mountains which divide the city into two. However, on the southern side of the mountains it rains less. Annual rainfall is 679,6 mm in the center, 1003 mm in Ayancık, 388,7 mm in Boyabat. The minimum temperature is 34,9 °C. The temperature of the sea water is 23-24 °C during summer.

Dagmas Özdemirli

Hamsilos Koyu / The bay of Hamsilos

Agriculture

Economy in this region is based on fishing, forestry and agriculture, especially cereal production. Apart from cereals, tobacco, beet and rice which is grown along Gö-

Gerze'de Balıkçı Tekneleri
Fishing boats in Gerze

Dagmas Özdemirli

Samsun karayolu, diğeri Dranaz Geçidi (1363 m) üzerinden Boyabat-Kastamonu'ya bağlayan yoldur. Doğal güzellikler bakımından eşsiz manzaralar sunan Sinop-İnebolu sahil yolunda ise, dağların engebeli ve virajlı yapısı nedeniyle ulaşım kolay değildir. Denizyolu ile İstanbul, Samsun, Trabzon limanlarına ulaşım sağlanırken, Sinop'tan Ankara ve İstanbul'a uçak seferleri, Samsun, Ankara, Trabzon, Kastamonu, Bursa ve İzmir'e otobüs seferleri mevcuttur.

Geleneksel giyimde Kafkas, Kı-

kırmak valley are important for livlihood in this region.

Transportation

There are two main roads connecting Sinop to the other cities; Sinop-Bartın-Samsun highway and Boyabat-Kastamonu highway over Dranaz Pass. Sinop-İnebolu coastal way has magnificent views but due to the rough and curving mountains transportation is not very easy. Marine transportation to İstanbul, Samsun, Trabzon ports, air transportation to Ankara and Istanbul, coach services to Trabzon, Kastamonu, Bursa and İzmir are available.

DIOGENES

(413-323 BC) the well known philosopher of ancient ages is famous for his answer "just don't make any trouble" to the question of Alexander the Great "wish whatever you want". Diogenes was born in 413 BC in Sinop. His family was exiled to Greece after his father had been accused of counter fighting.

Diogenes was one of the famous philosophers of Kinism movement which is based on self-adequacy and self-simplicity. He defends the idea that the greatest virtue is to adjust oneself to the nature and to overcome passion, eyewash, arrogancy and showing off.

Diogenes was living in a barrel with an earthenware pot, a stick and a package when one day he saw a boy drinking water with his hands, he said "the child taught me that there were a lot of unnecessary things" and then he broke the pot which he was using to drink water.

Plato called him as "Erratic Socrates". Diogenes used a lantern during the day: in sunlight and replied to questions as: "I am looking for a human beeing".

rım ve Karadeniz etkisi taşıyan Sinop yöresinde, karşılama, zeybek türü, hem Karadeniz hem de İç Anadolu özelliklerini taşıyan halk oyunları oynanır. Ünlü oyunların bazıları; Çiftetelli, Arı oyunu, Alaylar oyunu, Geldi Geldi, Ayancık Eymeleri, Kasnakçı, Hisarımızın Çevresi'dir. Bu oyunlara davul, zurna, tef, saz, mızıka, tulum gibi çalgılar eşlik eder.

Sinop'ta 21-23 Temmuzda Turizm Şenlikleri, 27-29 Temmuzda Ayancık ilçesinde Keten Festivali, 18-20 Temmuzda Gerze ilçesinde Deniz Şenlikleri düzenlenmektedir. Bunun yanısıra birçok yerde mahalli panayırlar ve şenlikler yapılmaktadır.

Sinop'un en yaygın el sanatlarından biri kotracılıktır. Ağaç gemi modelleri en fazla tercih edilen hediyelik eşyalardandır. Tahta işlerin yanı sıra, Ayancık Keteni başta olmak üzere, köylerdeki dokumacılık işleri de oldukça dikkat çekicidir.

Un, süt, yoğurt, yumurta, tuz ile normal

Folk Dances

Traditional clothing of Sinop is under the influence of Caucasia, Crimea and the Black Sea. "Karşılama (welcoming), zeybek," are the folk dances; çiftetelli, Arı dance, Alaylar dance, Geldi geldi, Ayancık eymeleri, Kasnakçı, Hisarımızın çevreleri. They are accompanied by these musical instruments: a drum, shrill pipe, tambourine, brass band, bag of gayda.

Festivals

Tourism festivals are held in Sinop during 21-23 July, Linen festival is held in Ayancık during 27-29 July and Sea festivals are held in the districts of Gerze during 18-20 July. Besides fairs and festivals are also held.

Handicrafts

One of the famous handicrafts of Sinop is cuttering, Wooden ship models are prefered as a present. Also, weaving in the villages especially Ayancık linen is very famous.

Regional Cuisine

By mixing flour, milk, yoghurt, eggs and salt the dough is formed and rolled out. Minced meat, grape, yoghurt or walnut can be put in it and then is baked after an egg is applied on it. This is cal-

DİYOJEN

(MÖ 413-323) "Dile benden ne dilersen" diyen Büyük İskender'e "Gölge etme başka ihsan istemem" cevabıyla tanıdığımız antik çağlarının ünlü filozofu Diyojen, MÖ 413'de Sinop'ta doğmuş ama Sinop'ta bankacılık yapan babasının kalpazanlıkla suçlanması üzerine ailece Yunanistan'a sürgün edilmiştir.

Kendine yeterlilik ve sadelik ilkelerine dayanan Kinizm felsefe akımının en ünlü düşünürlerinden olan Diyojen, en büyük erdemin doğaya uygun yaşamak olduğunu, böylece insanda tutku, ölçüsüzlük, gösteriş ve kendini beğenmişliğin olmayacağını savunur. Ona göre, bilgi ruhun olgunlaşmasını sağlar.

Bir fıçı içinde yaşayan, bir asa, bir çanak ve bir torbadan başka hiçbir eşyası olmayan Diyojen birgün bir çocuğun avucu ile çeşmeden su içtiğini görünce "çocuk bana hala gereksiz eşyalar bulunduğunu öğretti" diyerek, su içmekte kullandığı çanağını da kırmıştır.

Düşünür Eflatun'un "Şu delibozuk Sokrates" dediği Diyojen, gündüz yanan feneriyle gezerken, soranlara "insan arıyorum insan" cevabı herkesçe bilinmektedir.

hamur açılarak, içine isteğe göre kıymalı, üzümlü, yoğurtlu ya da cevizli malzeme konularak, yumurta sürülüp fırında pişirilen "nokul" Sinop'un en bilinen özel lezzetlerindendir. Ayrıca, pilaki, keşkek katlama, kulak hamuru, hamsi dolması yöre mutfağının en leziz örneklerindendir.

led "nokul" and is one of the specialities of Sinop cuisine. Moreover, pilaki (fish or bean stew with oil and onions), keşkek katlama (wheat boiled with minced meat), kulak hamuru (a kind of dough), stuffed anchovy are among the delicious meals of this region.

TARİHİ ESERLER

Sinop Kalesi: MÖ. 7. yy'da şehri korumak amacıyla yarımadanın en dar yerinde, iç ve dış denize açık olarak, I. Kolonizasyon döneminde yapılmıştır. Romalılar, Bizanslılar, Selçuklular tarafından kullanılan kale, 3 m genişliğindeki ve 20-25 m yüksekliğindeki duvarları ile 2050 m şehri çevrelemektedir. İki ana giriş kapısı Kumkapı ve Lanos kapısıdır.

Sinop Müzesi ve Serapis Mabedi: Müzecilik faaliyetleri Sinop'ta 1921 yılında başlamış ve 1941 yılında şimdiki müze binası kurulmuştur. Müzede Prehistorik, Helenistik, Roma, Bizans, Selçuklu dönemine ait birçok eserin yanı sıra, özellikle 17. ve 18. yy'lara ait zengin ikon koleksiyonu ziyaretçilerin dikkatini çekmektedir.

Sinop Müzesi bahçesinde yer alan Serapis Mabedi (MÖ. 2. yy) ise Helenistik döneme aittir. Dikdörtgen planlıdır ve güneyinde altar'ı vardır.

Alaaddin Camii: Sinop'un fethinden sonra 1214 yılında yapılan cami, bir şadırvan ve köşesinde bir türbe olan büyük bir avlunun güneyindedir ve dikdörtgen planlıdır. Geniş revaklı bölümden girilen cami, beş kubbelidir ve mermer mihrap üzerindeki işlemeler görülmeye değer-

HISTORICAL PLACES

Sinop Castle: *It was built during the 1st colonisation period in the 7th century BC in order to protect the city. It was built on the narrowest place of the peninsula, open to the inland and external sea.*

Romans, Byzantines, Seljuks have settled in this castle which surrounds the city with its 2050 m in length, 20-25 m in height and 3 m in width walls. Two main entrances are Kumkapı and Lanos gates.

Sinop Museum and Serapis Temple: *The first museum opened in Sinop in 1921 and moved to this building in 1941. In the museum, apart from the works of Prehistorical, Hellenistic, Roman, Byzantine, Seljuks periods, the rich icon collection of the 17th and 18th centuries are exhibited.*

Müzede İsa ikonu / The İcon of Jesus

Boyabat kaya mezarı / *Rock Tombs in Boyabat*

dir. 1268 yılından sonra değişik tarihlerde onarım görmüştür.

Süleyman Pervane Medresesi: 1262 yılında Sinop'un düşman işgalinden kurtulmasının bir anısı olarak, Selçuklu Veziri Süleyman Pervane tarafından yaptırılmıştır. Sağ ve sol yanlarında 16 oda bulunan avlu ortasında bir şadırvan bulunur. Medresede Selçuklu taş işçiliğinin güzel örnekleri sergilenmiştir.

Boyabat Kalesi: MÖ 600 yıllarında yapıldığı sanılan kale, sonraki dönemlerde onarım ve eklerle güçlendirilmiştir. Kale hala sağlam durumdadır.

Cezaevi: Tersane alanında Selçuklular döneminde yapılan iç kalenin ortasında yüksek duvarlarla çevrili alan, 1877 yılında Osmanlılar döneminde cezaevi olarak kullanılmaya başlanmıştır.

Paşa Tabyaları: Sinop yarımadasının güney doğusunda, Karakum yolu üzerinde 1877-1878

Serapis Temple (2nd century BC) which is situated within the garden of Sinop museum dates back to the Hellenistic period. It is a rectangular planned building with an altar on its south.

Alaaddin Mosque: *It was built in 1214 after Sinop had been conquered. It is situated on the south of the courtyard where there is a "şadırvan" (fountain for ritual ablutions) and a tomb. It is also a rectangular planned building. At the entrance there is a huge porch and the mosque is a five-dome shaped building with hand works on the marble niche (inside the mosque). It is worth seeing. The mosque has been repaired many times since 1268.*

Süleyman Pervane Medresesi (Muslim theological school): *It was built by the Seljuk vizier Süleyman Pervane upon his victory in 1262. There is a "şadırvan" (fountain for ritual ablutions) in the middle of the coutryard which has 16 rooms on the left and right sides of it. Here, good examples*

Osmanlı-Rus savaşları sırasında yapılmıştır. Yarım ay şeklinde tabyalar, 11 top yatağı, cephanelik ve mahzenlerden oluşmaktadır.

Kaya mezarları: Boyabat ilçesi Salar köyünde bulunan kaya mezarının MÖ 7. yy ortalarında yapıldığı sanılmaktadır. Mezarda hayvan figürleri bulunmaktadır. Bunun yanı sıra Göynühören köyünün 2 km batısında Kayaaltı deresi kenarındaki Anbarkaya Mezarı, Dodurga köyündeki başı açık insan resmi olan kaya mezarı, Arım köyündeki kaya mezarı, Durağan ilçesindeki Gökdoğan ve Kemerbahçe köyleri arasında ön cephesinde kabartma üç sütun bulunan Telerek Kaya Mezarı ilin 2600 yıl öncesine uzanmaktadır.

Balatlar Kilisesi: MS 660 yıllarında yapılan kilise, tuğla ve taş işçiliğinin en güzel örneklerindendir. Apsis ve duvarlarda freskler hala durmaktadır.

Seyit Bilal Türbesi, Saray Camii (1374), Şehitler Çeşmesi, Durağan'daki Durakhan Kervansarayı (1265) ve İsmail Bey Camii (1283) Sinop'ta görülebilecek diğer tarihi eserlerdir.

DOĞAL GÜZELLİKLER

Hamsaroz Koyu (Hamsilos): Şehir merkezine 11 km uzaklıkta, İnceburun güzergahındadır. Denizin toprağı aşındırarak, nehir yatağı gibi karanın içlerine kadar girdiği alan, özellikle çevrenin orman dokusu ile birleşmesiyle eşsiz bir manzara oluşturmaktadır. Yaz aylarında piknik ve yüzme amacıyla yöre halkının en çok tercih ettiği yer olması yanı sıra, Sinop'a gelen turistlerin de görmeden geçemediği bir güzelliktir.

of Seljuk stone masonry are displayed.

Boyabat Castle: *It is supposed to have been built in 600 BC and it has been strengthened by repairs. It is still sound.*

The Prison: *It is surrounded by high walls within which there is a castle built by Seljuks. It was used as a prison since 1877 during the Ottoman period.*

Paşa Bastions: *It was built on the south-east of Sinop peninsula, on the road to Karakum where Ottoman-Russian war happened during 1877-1878. These crescent bastions include 11 gun emplacements, and arsenal and cellars.*

Rock Tombs: *The rock tombs which were found in Salar village of Boyabat district are supposed to have been built in the middle of the 7 century BC. On the tombs there are some animal figures. Apart from these, Anbarkaya grave 2 km from Göynühören village, rock tombs with open headed people figures in Dodurga village, rock tomb in Arım village, Telerek rock tombs with three relief pillars on the front part which is between Gökdoğan and Kemerbahçe villages of Durağan district date back to 2600 years ago.*

Balatlar Church: *It was built in 660 AD and is one of the best examples of brick and stone masonry. The apse and frescos on the walls still exist.*

Seyit Bilal Tomb, Saray Mosque (1374), Şehitler Fountain, Durakhan Caravanserai (1265) in Durağan and İsmail Bey Mosque (1283) are some of the historical places to see in Sinop.

Akgöl: Ayancık ilçesine 35 km uzaklıktaki Akgöl, Çangal ormanları içindedir. Köknar ve Kayın ağaçları arasındaki göl, Yemişli deresinin ağzının kapatılmasıyla oluşmuştur. 10 000 bitki çeşidinin bulunduğu belirtilen Akgöl bölgesindeki Çangal ormanları botanik araştırmacıları ve doğa turizmi için önemli bir zenginliktir.

İnaltı Mağarası: Ayancık ilçesi İnaltı köyündeki sarkıtlar ve travertenler bulunan mağara, Ayancık'a 50 km uzaklıktadır. 15 m yüksekliğinde 12 m genişliğinde bir galerinin bulunduğu mağaranın, 3 km uzunluğunda olduğu ancak ortada bir çöküntü

NATURAL BEAUTIES

Hamsaroz Bay (Hamsilos): *This bay on the way to İnceburun is 11 km from the city center. The sea has worn away the soil as a riverbed and formed a way through the land. It has magnificent views and has many visitors who swim and have a picnic.*

Akgöl: *It is situated in Çangal woods which is 35 km from the district of Ayancık The lake surrounded by a beach and fir trees was formed when the mouth of Yenişli stream was closed. Çangal woods with varieties of 10 000 botany can be interesting both for botanists and natural tourism.*

Otel Diyojen Arşivi

Şinop Kalesi
The Castle of Sinop

bulunduğu belirtilmektedir. Bilinen uzunluğu 2.200 m'dir.

Erfelek Tatlıca Şelaleleri: Erfelek ilçesine 16 km uzaklıktaki Tatlıca Köyü'ndedir. 28 adet şelaleden oluşmaktadır. Vadideki doğa yürüyüşü ziyaretçilere güzel bir macera yaşatmaktadır.

Ayrıca Durağan ilçesine 10 km uzaklıktaki Buzluk Mağarası da yaz aylarında yerin altındaki buzulları ile dikkat çekicidir.

Yaylalar: Gerze ilçesinde Çalboğazı beldesine 35 km mesafede 1350 m rakımlı Guzfındık ve Bozarmut Yaylaları, Türkeli ilçesine 12 km uzaklıktaki 800 m rakımlı Kurugöl Yaylası, Akgöl yanı sıra Sinop'un doğal güzelliklerini ziyaretçilere yaşatmaktadır.

Kaplıcalar: Boyabat kaplıcası ile Acısu ve Karaçayır madensuları, Gerze ilçesinin Acısu ve Domuzdamı içmeleri, Soğuksu'daki Şifalı su Sinop'un ünlü şifa kaynaklarıdır.

TURİZM ALTERNATİFLERİ

Sinop bölgesi el değmemiş doğası ve Akliman, Karagöl, Hamsaroz, Ayancık, Gerze, Karakum gibi plajları ile hem deniz hem de doğa turizmine en uygun yerlerdendir. Başta Çangal ormanları olmak üzere, Sinop dağları ve ormanları botanik amaçlı turlar için de önemli bir bölgedir.

__Inaltı Cave:__ It is 50 km from Ayancık and there are stalactites and travertines in this cave which is in Inaltı village of Ayancık district. It is stated that there is a gallery which is 15 m in height, 12 m in width and 3 km in length but there is also a debris in the middle. Known length is 2.200.

__Erfelek Tatlıca Waterfalls:__ It is in Tatlıca village, 16 km for from Erfelek district. There are 28 waterfalls and it is possible to do trekking in the valley

Moreover, Buzlu cave, 35 km from Çalboğazı which is in the district of Gerze, is famous for its glacier during summer.

__Plateaus:__ Güzfındık and Bozarmut plateaus at an altitude of 1350 m are 35 km from Çalboğazı, Kurugöl plateau at an altitude of 800 m is 12 km from the district of Türkeli. They are among the natural beauties of Sinop.

__Spas:__ Boyabat spa and Acısu, Karaçayır mineral waters, Acısu and Domuzdamı mineral springs in Gerze district, healing water in Soğuksu are the well known spas of Sinop.

TOURISM ALTERNATIVES

Sinop is very suitable for sea and nature tourism with its Akliman, Karagöl, Hamsilos, Ayancık, Gerze, Karakum beaches and untouched nature.

Unutmayın

Hamsilos'ta denize girmeyi, Müzede ikonaları görmeyi, Kaleden balıkçı tekneleri seyretmeyi, Nokul'u tatmayı, Çangal ormanlarında yürümeyi, Gerze'de balık yemeyi, Türkiye'nin en kuzey ucunu görmeyi unutmayınız!..

Do Not Forget

To swim is Hamsilos, to see the icons in the museum, to watch fishing boats from the castle, to taste nokul, to walk along Çangal woods, to eat fish in Gerze and to see the north east point of Turkey.

SİNOP AMFORALARI

1993 yılında Türk ve Fransız arkeologların Sinop ve çevresine yaptıkları araştırmalar sonucu, MÖ 3. yy'dan 7. yy.a kadar faaliyet gösteren 21 amfora atölyesi bulundu. "Havuç – amfora" olarak adlandırılan kırmızı kilden yapılmış, uzun boyunlu, ince gövdeli ve daha az yoğunluktaki kilden dar boyunlu, daha küçük gövdeli, dışa doğru yuvarlak tabanlı amforalar Sinop yapımı olarak tanımlanabiliyor. Bölgedeki yoğun ticaretin en önemli göstergelerinden olan bu amforalar, Sinop'un tarihine de ışık tutmaktadır.

AMPHORAS OF SİNOP

These amphoras were ascertained as amphoras of Sinop after the researches of Turkish and French archaeologists in and around Sinop in 1993. There were 21 amphora workshops which had been active from the 3rd century to 7th century BC. The amphoras have long necks, slim bodies and made of red clay and called "carrot amphora". Also there are amphoras with narrow necks, small bodies and outwardly curved ones. These show the importance of trade in the region.

Erfelek Selalesi / *Erfelek Waterfalls*

Otel Diyojen Arşivi

SİNOP ŞEHİR PLANI
THE CITY PLAN OF SİNOP

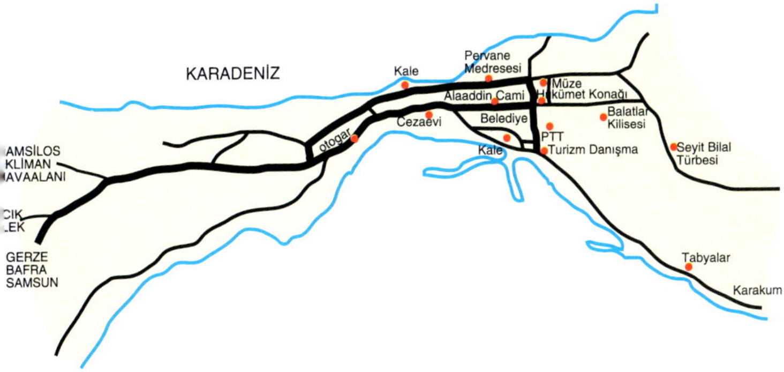

0368............Sinop telefon rehberi

NEREDE KALMALI? / WHERE TO STAY?

Otel Diyojen **	261 88 22
Sultan Otel **	260 07 00

NEREDE YEMELİ? / WEHERE TO EAT?

Beyaz Ev	261 28 66
Saray	261 17 29

HANGİ ACENTA? / WHICH AGENCY?

Türk Hava Yolları	271 44 55

OTOBÜS / COACH

Sinop Birlik	261 18 00
Sinop Barış	261 63 43
Güzel Sinop	260 57 07

BANKALAR / BANKS

İş Bankası	261 15 58
Ziraat	261 46 10
Vakıflar	261 46 84

MÜZELER / MUSEUMS

Müze Müdürlüğü	261 19 75

HASTANELER / HOSPITALS

Devlet Hastanesi	261 45 10

GEREKLİ TELEFONLAR / USEFUL PHONES

Valilik	261 15 04
Belediye	261 18 44
Emniyet Müdürlüğü	261 17 70
Kültür ve Turizm Md:	261 52 07
Turizm Danışma	261 52 98
Liman Başkanlığı	261 15 24
Deniz Yolları	261 41 22
Hava Meydanı	271 44 55
Deniz Polisi	261 59 05
Karayolları Blg. Md.	271 53 78

TRA

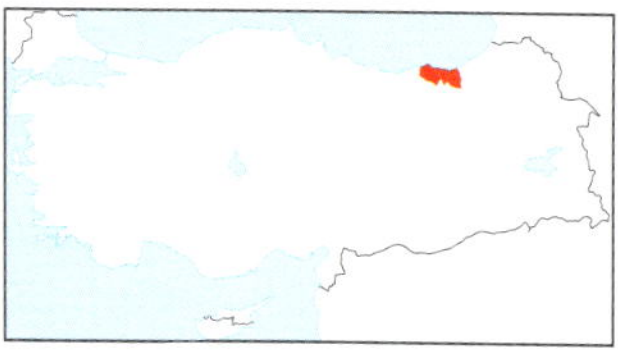

ZON

Genel Nüfus: 979.295 **Yüzölçümü:** 4685 km^2
Harita Koordinatları: 40° 33' ve 41° 07' kuzey enlemleri ve 39° 07' ve 40° 30' doğu boylamları arasındadır.
Trafik Kodu: 61 **Telefon Kodu:** 0462

Population: *979.295* ***Land mass:*** *4685 km^2*
Coordinates: *40° 33' and 41° 07' north latitude and 39° 07' and 40° 30' east longitude.*
Traffic Code: 61 ***Telephone Code:*** 0462

Oy Trabzon Trabzon
İçin kalaylı kazan
Efkarlı günlerime
Geldi çattı Ramazan

Metin Öztürk

Trabzon... Taş parkeli dar yollarından dünyanın dört bir yanına dağılan binlerce yıllık bir tarihin yaşadığı açık hava müzesi bir şehir. Sık sık yağan yağmurun geride bıraktığı nefes kesici doğal güzelliklerle süslenmiş, Asya'ya açılan bir kapı, bir köprü...

Kaçkar sıra dağlarının batı ucunda, tarihi ipek yolunun denize çıkış noktasında ve Sumela manastırı ile özdeş anılır olan Trabzon, her köşesinde 4000 yıllık tarihin izlerini taşımaktadır. Her tarafta görülebilecek tarihi evleri, camileri, kiliseleri ve kaleleri bu açık hava müzesinin eserlerindendir. Binlerce yıl önce olduğu gibi bugün de Asya'ya açılan bir kapı, bir köprü konumundaki Trabzon, tarihi limanı, havaalanı ve karayolları ile Asya'yı ve Avrupa'yı birbirine bağlamaya devam etmektedir.

Trabzon... A city with an open air museum that carries the traces of thousands of years of history spreading out to all corners of the world through its narrow cobble-stone pavements. A door, a bridge opening up to Asia adorned with breath-taking natural beauties formed by frequent rain....

On the west edge of Kachkar Mountain range, Trabzon is famous for the Monastery of Sumela that signs of 4000 years of Trabzon history in and around it at the point where the silk road leads to sea. Its ancient houses, mosques, churches and castles are among the masterpieces of this open-air museum. Trabzon, considered to be a door, a bridge to the present as well as the past, continues to connect both Asia and Europe with its ancient port, airport and highways.

Trabzon isminin eski "Trapezus" kelimesinden gelme olasılığı fazladır. Daha önce burada yapılmış olan bir kalenin masaya benzemesi ve koloni kurmak üzere buraya ilk gelen madencilerin buldukları masa şeklindeki taşlar nedeniyle "masa" anlamındaki "trapeza" adı, zamanla "Trapezus", "Trapezunda" isimleriyle "Trabzon"a dönüşmüştür.

Son yıllarda yapılan bazı araştırmalar Trabzon ve çevresindeki ilk yerleşimlerin M.Ö. 7000 yıllarına kadar uzandığını göstermektedir. Tarihçi Charles Texier'e göre ise, M.Ö. 2000 yıllarında Orta Asya'dan göç eden bazı Turani kavimler Kafkasların güneyinden Karadeniz sahiline inerek, sahil boyunca uygarlıklar bırakarak ilerlemiş ve bu bölgeye yerleşmişlerdir.

Amasyalı tarihçi Strabon ise M.Ö. 1200 yıllarında Troia'da yapılan savaşlara "Halys nehrinin

History

It is belived that the name Trabzon stems from the word "Trapezus". Due to the castle built by former inhabitants which resembled a table and the stones shaped like a table found by miners for the purpose of establishing colonies there. The word "Trapeza" synonymous with "table" was then converted to Trabzon meaning "Trapezus", "Trapezunda".

The recent investigations show that the first settlements in and around Trabzon date back 7000 years B.C. According to the historian, Charles Texier, some Turani tribes emigrated from Middle-Asia in 2000 B.C. and developed by forming civilizations along the coast from the Cacasus region down to the Black Sea and settled in this province.

On the other hand, the historian Strabon from Amasya, points out that soldiers were sent to the wars in Troy in 1200 B.C. and he

Balıkçılar / *Fishermen*

uzaklarındaki gümüşün doğduğu memleket" diye bahsettiği Trabzon ve çevresinden asker gönderildiğini anlatmaktadır.

M.Ö. 855'de Sinop'a yerleşmiş olan Miletoslu göçmenler M.Ö. 756'da yöreye gelmişler ve yerli halk tarafından hiç bir zorluk gösterilmeden dostça karşılanarak, bir koloni şehir kurmuşlardır. Bu nedenle koloniciler bölgeye "dost-misafirperver-mutluluk veren deniz" anlamlarına gelen "Euksenios Pontos" adını vermişlerdir.

Bu tarihten itibaren Sinop'tan gelen Miletoslu krallar tarafından yönetilen Trabzon, Asya'ya açılan bir kapı ve Asya'nın denize çıkış noktası olması itibariyle kısa sürede gelişerek, önemli bir ticaret merkezi olmuştur ve kendi parasını basmıştır.

Pers kralı Kyros'un kardeşi (Artakserksesie)'ne karşı savaşa giden ve onbinlerce paralı askerden oluşan Grek orduları M.Ö. 400 yıllarında Kunaksa savaşında yenilince Trabzon'a 8600 kişi olarak dönmüşler ve "Onbinlerin Ricatı" olarak bilinen bu olayla

mentions it as homeland where silver was found away from the river "Halys".

The emigrants from Miletos settled in Sinop 855 B.C. and returned to the region 756 B.C., and established a colonial city which was received generously without facing any objections from the local people. For that reason, the colonists named the region "Euksenios Pontos", which means "the sea giving friendship-hospitality-happiness".

From then on, Trabzon, governed by the kings from Sinop (originating from Miletos) became an important trade centre soon developing as a door opening up to Asia and issued its own currency.

Greek armies returned to Trabzon as 8,600 soldiers, formed with ten thousand assigned soldiers against the king of Persia, the brother of Kyros, as they were defeated in the war of Kunaksa in the years 400 B.C., and the name of Trabzon began to be pronounced in association with this event known as "the retreat of ten thousands".

Hamsi / Anchovy

Trabzon ismi ilk kez tarih sahnesine çıkmıştır. Askerlerle birlikte Trabzon'a gelen filozof Xenophon, "Anabasis" adlı eserinde, yerli halk tarafından çok iyi karşılandıklarını, pek çok ikramların yapıldığını, hayatta kaldıkları için tanrılarına kurbanlar kestiklerini, Trabzon'un bir saatlik doğusunda bir yerde yerli halkın da katıldığı oyunlar ve yarışlar düzenlediklerini anlatmaktadır.

M.Ö. 280 yılında Trabzon, merkezi Amasya'da olan yerli krallık Pontos Devleti'nin sınırları içinde kalmıştır.

M.Ö. 50 yıllarında halk arasındaki bazı anlaşmazlık ve kargaşalıklar sonucu Kral Inonyon'un Romalıları yardıma çağırması, Trabzon'da gözü olan Romalıların burayı almalarına fırsat vermiştir. Bu tarihten itibaren şehir Romalıların olmuştur.

Romalılar döneminde de imtiyazlı bir şehir olan Trabzon, Romalıların özellikle İmparator Hadrian'ın desteğiyle kısa sürede imar edilmiş; liman mendirek, hipodrom, tiyatro, içkale, su kemerleri yapılmıştır.

In his work "Anabasis" the philosopher, Xenophon, who came to Trabzon with the soldiers narrates that they were generously welcomed by the local people, presented with precious gifts, and they offered sacrifices to God for their survival and that they organized festivals and competitions, somewhere an hour away to Trabzon.

Trabzon in 280 B.C.,the centre of which is in Amasya, remained in the borders of the local kingdom, Pontos State.

Because there were some disputes and conflicts among the people within 50 B.C., Ionian king asked the Romans for help, and gave them the opportunity to capture Trabzon, with which they already had some interest. After then the city remained in the hands of the Romans.

Trabzon, a privileged city during the Roman period, soon was rebuilt by the Romans, especially with the support of the emperor, Hadrian, who added a port breakwater, a hippodrome, a theatre, a castle keep and the aqueduct.

M.S. 300 yıllarına kadar putperest olan şehir, Kudüs'ten gelen Apostole Andirea'nın faaliyetleri ve 312 yılında kalkan Roma baskısı nedeniyle kısa sürede hıristiyanlık merkezi haline gelmiştir.

395 yılında Roma İmparatorluğu parçalanmış ve Trabzon merkezi İstanbul'da bulunan Doğu Roma İmparatorluğuna bağlı kalmış ve böylece Bizans dönemi başlamıştır.

1204 yılında Latinlerin İstanbul'u işgalinden kaçan Kommenos Ailesi, Trabzon'a gelerek, Alexios'un (1204-1222) krallığında, Trabzon Komnenos Devleti'ni kurmuşlardır. Alexios'un sağlığında Selçuklu Sultanı Alaeddin Keykubat ile aralarında dostluk ve yardımlaşma anlaşması olmasına rağmen, Alexios'un yerine geçen damadı Andronikos (1222-1235), bu anlaşmayı tanımayarak Sinop'a saldırınca, Alaeddin Keykubat ordusuyla Trabzon'u kuşatmıştır. Şehir tam düşmek üzereyken kopan şiddetli fırtına ve olumsuz hava şartlarının sürmesi, şehrin alınmasını engellemiştir.

Osmanlı Sultanı Yıldırım Bayazıt'ın 1398'de Samsun'u alarak devletin sınırlarını Trabzon'a kadara genişletmesinden sonra Trabzon Devleti, varlığını ancak Osmanlılara vergi ödeyerek devam ettirebildi. 1453 yılında İstanbul'u feth eden ünlü Os-

Being a pagan idolatry center until 300 B.C. the city soon became a Christian centre due to Apostle Andrew's activities, who came from Jerusalem. Paganism started to be eradicated in the year 312.

In 395, the Roman Empire disintegrated and the province of Trabzon became connected to the East Roman Empire, the centre of which was in Istanbul and thus the Byzantine era began.

The Comnenos family rebelled aganist the occupation of Istanbul by Latins in 1204, establishing the Trabzon Comnenos State under the kingdom of Alexius (1204-1222). Although Alexius, while alive, had good relations and agreement with the Seljuk Sultan, Alaeddin Keykubat, when his son-in law who was heir to the throne violated the treaty Alaeddin Keykubat besieged Trabzon with his men. The sudden storm and the continuing unfavourable weather conditions prevented the city from being invaded just as it was about to surrender.

After the Ottoman Sultan, Yıldırım Bayazıt had widened the borders of the states all the way to Trabzon by capturing Samsun in 1398, the Trabzon Empire managed to survive only by paying taxes to the Ottoman Empire. The famous Ottoman Sultan, Fatih Sultan Mehmet, who conqured Istanbul in 1453, added Trabzon

manlı Sultanı Fatih Sultan Mehmet, Akkoyunlu Hükümdarı Uzun Hasan ile Trabzon Devleti arasındaki Osmanlı aleyhindeki işbirliğine son vermek için, 1461 yılında bir sefer düzenleyerek, Trabzon'u Osmanlı topraklarına kattı.

Boztepe'den Trabzon / Trabzon from Boztepe

Fetihten sonra önemli bir şehir olma özelliğini koruyan Trabzon, önce sancak ve eyalet olarak şehzade ve mutasarrıflar tarafından yönetilmiştir. Bu şehzadelerin en önemlilerinden birisi de Yavuz Sultan Selim'dir. Trabzon'da valilik yaptığı dönemde İran üzerine düzenlediği seferlerle adından sık sık söz ettiren, askerleriyle omuz omuza savaşan şehzade, "Yavuz" adıyla anılmaya Trabzon'daki şehzadeliği döneminde başlamıştır. Yine Osmanlı tahtında 46 yıl hükümdar olmuş ve tüm dünyanın "Muhteşem Süleyman" diye tanıdığı Kanuni Sultan Süleyman, 1495 yılında Trabzon'da doğmuş ve 15 yıl Trabzon'da kalmıştır.

Osmanlı döneminde her zaman destek ve itibar gören Trabzon'da her din ve milletten insan rahat etmiştir. I. Dünya Savaşı sırasında ise Ruslar tarafından işgal edilmiş (14 Nisan 1916) ve 14 Şubat 1918'de imzalanan Barest-Litovsk anlaşması

into the Ottoman territories in 1461 in order to put an end to the relations between Uzun Hasan, the sultan of Akkoyunlu and the Trabzon Empire against the Ottomans.

Preserving the quality of being an important city after Fatih, Trabzon was governed first as sanjak and state by "shahzadahs" and "mutassarrifs" (governer of a sanjak). One of the most important of these shahzadahs is Yavuz Sultan Selim. While he was the governer of Trabzon, he made himself remembered by his military expedition in Iran and began to be known by the name shahzadah "Yavuz" (brave heart) fighting shoulder to shoulder together with his soldiers aganist the enemies. In addition to this, Kanuni Sultan Süleyman known as "Magnificient Suleyman" worldwide and being the ruler of the Ottoman throne for 46 years, was born in 1495 and lived in Trabzon for 15 years.

People in Trabzon belonging to different religions and races during the Ottoman Empire were always shown respect and support, and felt quite comfortable. During World War I, however, it was invaded by the Russians (April the 14th, 1916) and was lost from the empire as a result of the tre-

Akça Köyü

ile işgalden kurtulmuştur. Kurtuluş Savaşı yıllarında kışkırtılan Rum çetelerinin saldırılarına uğramış, fakat milli mücadelenin önemli merkezlerinden birisi de olmuştur. Kurtuluş savaşı sonrası 1923 yılında Türkiye Cumhuriyeti Devleti'nin bir ili olmuştur.

Coğrafya

Genellikle arazi yapısı eğilimli, akarsuları düzensiz olan Trabzon'un %78'i dağlarla, % 22'si platolarla kaplıdır. En yüksek dağları Haldizen Dağı 3193 m., Çakırgöl dağı 3082 m., ve Zigana Dağı 2356 m. yükseltilidir. Akçaabat'taki Seragölü, Zigana dağlarındaki Çakırgöl, Çaykara'daki Uzungöl, Balıklıgöl ve Aygır gölleri Trabzon'un en bilinen gölleridir.

Bitki Örtüsü

Karadeniz Bölgesi özellikle Doğal Yaşlı Ormanları (Old Growth Forests) bakımından büyük öneme sahiptir. Erozyon kontrolü, sağlıklı su, hava kirliliğine karşı etkileri, vb. ekolojik ve çevresel yararlarının yanısıra, olağanüstü biyolojik çeşitliliğe de sahiptir. Deniz seviyesinden başlayarak, dağların zirvelerine kadar uzanan göller ve akarsularla süslenen olağanüstü güzellikteki ormanlarda birçok ağaç türü mevcuttur.

Dağların kuzey ve doğu yamaçlarında 300-400 m güney ve doğu yamaçlarında 400-600 m yükseltilerde Gürgen (Carpinus orientalis), 100 - 1000 m yükseklik-lerde seyrekçe

Mantar
Mushroom

aty Brest-Litovsk, signed in 1918. During the War of Independence it underwent attacks by Russian provicated guerillas, and became one of the most important centres of the national struggle. After the War of Independence it became one of the provinces of The Republic of Turkey in 1923.

Geography

78 % of Trabzon is covered with mountains, 22 % with plateaus and it has untidy rivers and no plain fields. The highest mountains are Haldizen Mountain (3193 m), Çakırgöl Mountain (3082 m) and Zigana Mountain (2356 m). Trabzon also has lakes such as Seragölü in Akçaabat, Çakırgöl in Zigana Mountain, Uzungöl, Balıklıgöl and Aygır gölü in Çaykara.

The Black sea region has a lot of Old Growth Forests. They have the importance of preventing soil erosion, supplying fresh air and rich environment. From the sea level to the highest point of the mountains you can see many lakes and streams with every kind of tree around them.

In above sea level northern and eastern tree line is 300-400 m, southern and western slopes 400-600 m, you can see Hornbeam forests (carpinus orientalis), in 100-1000 m above sea level you can also find chestnut (castanea satila). Especially around Of-Sürmene towns you can see Maritime-pine forests till 400 m, between the heights 300-1300 m. Alder woodland (alnus barbata), 1300-1400 m Beech forests (fagus orientalis), 1500-1600 m Fir forests (picea orientalis), 1700-2100 m Montane pine forests (pinus sylvestris).

There are so many different typical vegetation in this region and 440 of

Karayemiş

Trabzon deyince aklıma
Bir salkım karayemiş gelir
Bahçeler dolusu zindan yeşili
İçin için kandil kandil ballanır
Kandiller içinde bir kandil yanar
Bir kız deli gibi koşmaya başlar
Yanaklarında Amoftaların alı
Dudaklarında karayemişlerin moru
Göğsünde....elinin körü

(Bedri Rahmi Eyüboğlu)

Kare Color

Köy Düğünü / *Marriage ceremony in a village*

bulunan Kestane (Castanea sativa), özellikle Of - Sürmene yakınlarında deniz kenarından başlayarak 400 metreye kadar çıkan Sarıçam ormanları (pinus sylvestris), 300-1300 m yükseltiler arasında Kestane ormanları bölgesindeki nemli topraklarda Kızılağaç (Alnus barbata), 1300-1400 m civarında Kayın ormanları (Fagus orientalis), 1500-1600 m civarında kayın-köknar karışık Köknar ormanları (Picea orientalis), 1700-2100 m arasında yılın 6-7 ayı karlar altında örtülü kalan Çam ormanları (Pinus Sylvestris) bulunmaktadır.

Yaban Hayatı

Bitki çeşitliliği bakımından 440'ı bölgeye has ve Türkiye genelinde nadir olan 2500 bitki türünün bulunduğu bölgede; boz ayı, domuz, kurt, tilki, çakal, çengel boynuzlu dağ keçisi, yaban keçisi, vaşak, karaca, yaban kedisi, vb. zengin memeli hayvanlar yaşamaktadır.

İklim

Dağların kıyıdan itibaren hemen yükselmeye başladığı bölgede en çok yağışı kıyı kesimi alır. Trabzon'un yıllık yağış miktarı 830,0 mm'dir. Ortalama 150 gün yağmurlu ve 53 gün güneşlidir. En soğuk aylar Ocak-Şubat, en sıcak aylar ise Temmuz-Ağustos aylarıdır.

which can only be found in this region and 2500 all about Turkey. And also bears, wild boars, wolves, jackals, goats, some wild cats, lynx, fox, and some other wild animals live in this region.

Climate

In the region where the mountains start to rise from the shore, the coastal line has the most rainfall. The annual amount of rainfall in Trabzon is 830,0 mm. January and February are considered to be the coldest months of all, however, the warmest months are July and August.

Transportation

Bus trips from/to many cities in Turkey are available. Turkish Airlines has scheduled flights. There are also ships owned by both-lines Maritime and private, one sails to Istanbul - Trabzon and the other to Russia.

Transportation in Trabzon is usually made by "dolmuş"(only work in known lines), taxies, buses and some minibuses to some villages. There are also some daily tours provided by a few travel

Hasır Bilezikler / *The Golden knitted bracelest*

Martı / Sea Gull

Her gün Türkiye'nin birçok iline karşılıklı otobüs seferleri düzenlenmektedir. Ayrıca Türk Hava Yolları ile yurt içi ve yurt dışı uçak bağlantısı mevcuttur. Daha çok Rusya'ya yönelik olarak düzenlenen feribot seferlerinin yanısıra, Türkiye Denizcilik İşletmeciliği tarafından yaz aylarında İstanbul-Trabzon arası feribot seferleri de düzenlenmektedir.

Trabzon şehir merkezinde ulaşım dolmuş taksiler ve belediye otobüsleri ile sağlanmaktadır. İlçe ve köylere ise servis yapan minibüsler bulunmaktadır. Tarihi ve turistik yerlere Trabzon'daki turizm seyahat acentaları tarafından günü birlik turlar düzenlenmektedir.

agents to touristic and historical places.

Handicrafts

Some young girls, at the age of marriage, sew or knit some garments by hand. They also paint them with dyer's madder. These are "takunya"(a pair of special and simple shoes used in baths), picture frames, cups, water suits. And some souvenirs such as "kemençe" (kind of violin), cooper samovar and baskets are some of the special handmade goods of Trabzon.

Regional Cuisine

Grilled anchovy, boiled anchovy, rice with anchovy, fried anchovy in pan, black-cabbage soup, black-cabbage filled with rice and meat, lazish pie, kuymak (a traditional dish made from flour, cheese and eggs), kaygana (made from flour, water, eggs and anc-

El Sanatları

Trabzon'da özellikle gelinlik genç kızların ince altın ya da gümüş telleri dantel gibi işleyerek yaptıkları hasır bilezik ve gerdanlıkların yanısıra, telkari çeşitleri (takunya, resimlik, fincan ve su takımları vs..), tahta el tezgahlarında dokunarak kök boyalarla boyanan keşan ve peştemaller en fazla dikkat çeken el sanatları ürünlerindendir.

Kemençe, bakır semaverler ve eşyalar, sepetler, Trabzon'a özgü diğer hediyelik eşya çeşitlerinden bazılarıdır.

Yöresel Yemekler

Hamsi ızgara, hamsi buğulama, hamsili pilav, hamsi tava, kara lahana çorbası, kara lahana dolması, laz böreği, kuymak, pazı kavurma, muhlama, kaygana

TARİHİ ESERLER

Sumela Manastırı: Atinalı iki keşiş Barnabas ve yeğeni Sophronios, bir gece rüyalarında Meryem Ana'yı görürler ve Meryemana onlara "gidin, Karadeniz dağlarında tanrı için bir mabet yapın" der. Gemi ile Trabzon'a gelen keşişler, bölgede gezerlerken, manastırın bugün bulunduğu yere geldiklerinde rüyalarında gördükleri yerin burası olduğuna karar verirler ve buradaki üstünden su damlayan mevcut bir mağarayı genişleterek ilk kaya kilisesini inşa ederler (MS 385). Böylece Sumela manastırının ilk temelleri atılmış olur.

hony) are the local foods of this region.

HISTORICAL PLACES

Sumela Monastery: *A priest from Athens, Barnabas, along with his cousin, Sophronios, dreamt of the Virgin Mary who said to them"Go, build a temple for God on the mountains of the Black sea". The priests, Barnabas and Sophronios, who had had a voyage to Trabzon were convinced that what they saw was the place they had had in their dreams, while wandering in the region where the monastery today is located, and they established the first rock church by extending the cave on which water drips (A.D.385). Thus, the Monastery of Sumela was structurally given its first shape.*

According to another legend passed on concerning the establishment of monastery of Sumela, St. Luke, the Apostle of Christ, made a picture, depicting the Virgin Mary and her face with black colour. That picture is considered to be sacred and is full of miracles. Once it was to be replaced, therefore, brought to the cave where the first rock church of Sumela Monastery is found now, by being carried by the angels. The priests, Barnabas and Sophronios, made this place into a church complex as they found that sacred painting on their arrival up there.

Since it was built in memory of the Virgin Mary, this monastery is known as 'Meryemana Monastery' in this region and is 43 km from Trabzon and

Metin Öztürk

Sümela manastırı / *Sumela monastery*

Sumela manastırının kurulması ile ilgili olarak anlatılan diğer bir efsane de, İsa'nın azizlerinden St.Lukas ile ilgili olandır. Lukas, Meryem Ana'yı anlatan ve yüzünü siyah olarak çizdiği bir tablo yapar. Bu tablo kutsal olup, mucizeler yaratmaktadır. Bir gün tablo bulunduğu yeri değiştirmek ister ve melekler tarafından taşınarak, Sumela manastırının ilk kaya kilisesinin bulunduğu mağaraya getirilir. Keşişler Barnabas ve Sophronios buraya geldiklerinde bu kutsal tabloyu bularak burayı kilise haline getirirler.

Meryem Ana'ya itafen yapılmış olması nedeniyle yörede "Meryem Ana Manastırı" olarak da bilinen ve Trabzon'a 43, Maçka ilçesine 17 km uzaklıktadır. Altındere Vadisindeki Altındere Milli Parkı içinde bulunan Manastır, Karadağ'ın

17 km from Maçka. It is situated on the steep cliff face of Karadağ and is in Altındere National Park in Altındere Valley. It is 270 m and has an altitude of 1240 m. The name of "Sumela" is derived from the "panhagia tou melas" (the virgin of Karadağ) and has changed into "sou melas" over time.

After the adoption of Christianity its spread thoug the region, the Byzantine Emperor Justinian (527-568) enlarged the monastery and built a large library in it. After being destroyed by Byzantine raiders in 640, it was reconstructed in 644 and became one of the most important monasteries in the region.

After the invasion of Istanbul by Crusaders in 1204,

en dik yamacında yapılmıştır. Zeminden 270 m ve deniz seviyesinden yaklaşık 1240 m yüksekliktedir. Sumela manastırının adı ise Grekçe "panhagia tou melas" (Karadağın bakiresi)'dan almakta olup, bu isim zamanla "sou melas"a dönüşmüştür.

Bölgede hıristiyanlığın kabul görmesi ve yaygınlaşmasından sonra, Bizans imparatoru Justinyen (527-568), manastırın genişletilmesini sağlamış ve manastıra zengin bir kitaplık hediye etmiştir. 640 yılında Bizanslı çapulcular tarafından yağma edildikten sonra 644 yılında yeniden onarılan manastır, bölgedeki önemli manastırlardan biri haline gelmiştir.

1204 yılında İstanbul'un Haçlılar tarafından işgalinden sonra Trabzon'a kaçan Kommenos ailesinden Alexios ve David'in çocukları ve torunları manastıra büyük önem verdiler. III.Alexios (1349-1390) taç giyme törenini bu manastırda yapmış ve imparator olduktan sonra manastıra 72 odalı öğrenci odaları ile büyük bir kütüphane yaptırmıştır. Bu dönemde de bölgenin en önemli manastırlarından biri olan Sumela, hıristiyanlar için bir hac yeri de olmuştur.

1461 yılında bölgenin Osmanlılar tarafından fethedilmesinden sonra, Fatih

the children and grandchildren of Alexius and David from the Comnenos Dynasty gave great importance to the monastery. Alexius III (1349-1390) was crowned here and after he became emperor he built 72 student cells and large library in it. Sumela continued to be a holy place for Christians by keeping its great importance as it had in the past.

After the conquering of the region by Ottomans in 1461, the monastery became protected by Fatih Sultan Mehmet Conquerer and the succeeding Sultans, their sons and governors. No restrictions were made in its activities. Also some villages and their revenue were transferred to the jurisdiction of this monastery.

Yavuz Sultan Selim, during his governorship in the region between 1491-1512, fell off his horse and broke his ribs while hunting and was treated by the priests in the monastery. To show his gratitute Yavuz Sultan Selim gave two golden candlesticks that were one meter high (during the invasion of Russians in 1916-1918, these candlesticks were taken to Russia).

Continuing its activities until 1923, the monastery was then evacuated as a result of the exchange of inhabitants after Turkish- Greek war and the pri-

Hamsi Köy

Metin Öztürk

Sultan Mehmet ve ondan sonraki tüm sultan, şehzade ve valiler tarafından korunmuş ve faaliyetlerinde hiç bir kısıtlama yapılmamıştır. Hatta çevredeki bir çok köy ve gelirleri bu manastıra bağlanmıştır.

1491-1512 yılları arasında Trabzon'da valilik yapmış olan Yavuz Sultan Selim, bir gün avlanırken atından düşüp kaburga kemiklerini kırdığında, bu manastırdaki rahipler tarafından tedavisi yapılmıştır. Buna teşekkür için Yavuz Sultan Selim, manastıra iki adet birer metre boyunda som altından yapılmış şamdan hediye etmiştir (1916-18 yıllarında Trabzon ve çevresini işgal eden Ruslar, manastırdaki bu şamdanları almışlardır.).

1923 yılına kadar faaliyetlerine devam eden manastır, Türkiye ve Yunanistan arasındaki savaştan sonra yapılan nüfus değişimi sonucu boşaltılarak, rahiplerinin Yunanistan'a gönderilmesi sağlandı. Yunanistan'a giderken manastırın taşıyabilecekleri kadar değerli eşyasını yanlarına alan rahipler diğer eşyalarını manastırın yakınındaki St.Barnabas kilisesine gömdüler. 1931 yılında Atatürk'ün barışseverliğinden dolayı, manastır rahiplerinden Ambrosis'e izin verilerek, gömdükleri eşyalarını ve kutsal emanetlerini alıp Yunanistan'a dönmeleri sağlanmıştır.

ests were sent to Greece. The priests took some of the valuable things along with them and buried the rest in St. Barnabas Church which is near Sumela Monastery. In 1931, Atatürk let Ambrosis, one of the priests of the monastery, to take the buried items back to Greece.

The monastery, deprived of care and protection, was damaged by visitors and by natural effects. Some frescos were stolen and taken abroad. Even today the damage to the monastery by the foreign and native visitors can be seen. Taken under protection in 1972 the work in the monastery is still continuing.

On the right of the inner yard there are cells with balconies for guests and monks built on hard rock in 1860. The rooms of the three-storey building were made from elm and oak wood and there are fire places, bookshelves, oil-lamp holders, balconies in these rooms. The built-in wardrobes, fire places and shelves contain Turkish wooden artwork. There are wine and oil stores under this 72 room building.

St. Sophia Museum (St.Sophia Church): *King Manuel I of the Comnenos family established a new state in 1204 in Trabzon and then fled after the invasion of Istanbul by Latins, built Sophia, a monastery church, meaning "Holy Wisdom" between 1250-1260.*

Metin Öztürk

Sumela Manastırı / Sumela Monastery

Ayasofya Müzesi / *St. Sophia Museum*

Uzun yıllar bakımsız ve korumasız kalan manastır, doğa şartları ve gezginler tarafından zarar gördü. Bir çok önemli fresk duvarlardan koparılarak yurtdışına götürüldü. Bugün dahi manastıra zarar veren yerli ve yabancı ziyaretçilerin izlerini duvarlarda görmek mümkündür. 1972 yılında koruma altına alınan manastırın restorasyon çalışmaları devam etmektedir.

Ayasofya Müzesi: İstanbul'un Latinler tarafından işgal edilmesinden sonra kaçan ve Trabzon'da 1204 yılında yeni bir devlet kuran Komnenos ailesinden Kral I.Manuel (1238-1263) tarafından 1250-1260 yılları arasında yaptırılan ve bir manastır kilisesi olan Ayasofya adı "kutsal bilgelik" anlamına gelir.

Geç Bizans Kiliselerinin en güzel örneklerinden biri olan yapı, kare-haç planlı olup, yüksek bir kubbeye sahiptir. Kuzey,batı ve güneyinde revaklı üç girişi bulunmaktadır. Yapı ana kubbenin üzerine değişik tonozlarla örtül-

It is one of the most beautiful examples of Byzantine churches and it has a square-crossed plan with a high dome. It has an entrance with three-porticoles in the north, west and south. The structure is covered with various vaults on the main dome, and is tiled giving different heights.

Being a prominent church during the periods to which the region was conquered by the Ottomans in 1461, it has preserved its importance since then. However, it was converted into a mosque in 1670 and restored afterwards in 1864.

Having been occupied by Russians during World War I, it was used as a military headquarter, hospital, warehouse, and after the war as a mosque. Restored between 1958 - 1962 by the cooperation of Edinburg University and General Directored of Vakfs, it was converted into a museum in 1964.

Atatürk Summer House: *Having the modern European architectural features, this house was*

Mehmet Havuş

Narteks bölümünde freskler / The frescos in Nartex

müş ve çatıya farklı yükseltiler verilerek kiremitle örtülmüştür.

Bölgenin 1461 yılında Osmanlılar tarafından fethedilmesine kadar geçen dönemde önemli bir kilise olan Ayasofya, bu tarihten sonra da önemini koruyarak faaliyetlerine devam etmiştir. Ancak 1670 yılında görülen ihtiyaç üzerine camiye çevrilmiş ve 1864 yılında da restore edilmiştir.

I.Dünya savaşı yıllarında Ruslar tarafından işgal edilen Ayasofya, askeri karargah, hastane, depo ve savaştan sonra yine cami olarak kullanılmıştır. 1958-1962 yılları arasında Edinburg Üniversitesi ve Vakıflar Genel Müdürlüğü işbirliği ile restore edilerek, 1964 yılında müzeye çevrilmiştir.

Atatürk Köşkü: Modern Avrupa mimarisinin özelliklerini taşıyan köşk, Trabzonlu zengin işadamı Konstantin Kabayanidis tarafından, 1890-1903 yılları arasında, kendisine yazlık köşk olarak yaptırılmıştır.

built between the years 1870-1903 as a summerhouse for the rich trader, Konstantin Kabayanidis.

This summerhouse is situated in Soğuksu district in a beatiful garden and all its building materials were brought from Europe. It was used as a headquarter during the Russian invasion in 1916-1918.

During his first visit to Trabzon on 15-17 September, 1924 Mustafa Kemal Atatürk saw this house while he was watching the city with binoculars from the sea and during his visit he rested in it for a few hours and liked it very much.

After the death of Kabayanidis, the owner of the house, his family sold all their belongings and moved to Istanbul. The people of Trabzon collected money and bought this summer house and presented it to Atatürk during his second visit on 26-29 October, 1923 and he stayed in there during the visit.

On his third visit in 1937, Atatürk wrote some parts of his will there

Bütün malzemeleri Avrupa'dan getirtilmiş olan köşk Soğuksu mevkiinde, manzaralı, güzel bir bahçe içindedir ve 1916-1918 yılları arasında Trabzon'u işgal eden Rus komutanlar tarafından karargah olarak kullanılmıştır.

İlk olarak 15-17 Eylül 1924 tarihleri arasında Trabzon'u ziyaret eden Mustafa Kemal Atatürk, gemiden dürbünle karayı seyrederken köşkü görmüş ve gezisi sırasında köşkte birkaç saat dinlenmiş ve çok beğenmiştir.

Köşkün sahibi Kabayanidis öldükten sonra, ailesi Trabzon'daki tüm mallarını satarak İstanbul'a taşınırken, Trabzon halkı kendi arasında para toplayarak bu köşkü satın almış ve 26-29 Kasım 1930 tarihleri arasında Trabzon'a ikinci defa gelen Atatürk'e hediye etmişlerdir. Atatürk bu ziyareti sırasında bu köşkte konaklamıştır.

1937 yılında Trabzon'a üçüncü defa gelen Atatürk, vasiyetinin bir bölümünü bu köşkte yazmıştır (11 Haziran 1937). Ancak vasiyetine bu köşkü yazmayı unutan Atatürk'ün ölümünden sonra köşk, kardeşi Makbule Hanıma kalmış ve 1943 yılında Trabzon Belediyesi köşkü Makbule Hanım'dan (Makbule Atadan) tekrar satın alarak misafirhane olarak kullanır ve daha sonra 1964 yılında Atatürk'ün anısına müze haline getirir.

Gülbahar Hatun Cami ve Türbesi: Fatih Sultan Mehmet'in torunu ve II. Bayazıt'ın oğlu Yavuz Sultan Selim, 1491 yılında Trabzon valisi olmuştu ve Yavuz Sultan Selim'in valiliği sırasında İstanbul Sarayı'nda haremdeki çeşitli olaylar sonucu annesi Gül-

Atatürk Köşkü / *Atatürk Summer House*

(11 June 1937). But this summer house was inherited by Makbule Hanım, Atatürk's sister, as Atatürk had forgotten to write about this house in his will, and in 1943 the municipality of Trabzon bought the house again from Makbule Hanım and used it as a guesthouse and later they converted it into a museum in memory of Atatürk in 1964.

Gülbahar Hatun Mosque and Tomb: *Yavuz Sultan Selim, the son of Bayazıt II and the grandson of Fatih the Conqueror, was appointed as the governor of Trabzon in 1491 and during his time his mother, Gülbahar Hatun, was exiled due to some intrigues in the palace. Then she came to Trabzon and started the construction of the mosque named Gülbahar Hatun. But she died before the mosque was completed in 1505 and her son Yavuz Sultan Selim finished the tomb and buried his mother there and later the construction of the mosque was completed with addition of şadırvan, madrassah, eating house and bath in 1514. But only the tomb, mosque and şadırvan have survived until today.*

bahar Hatun saraydan sürülme cezası aldığı ve tercihi doğrultusunda Trabzon'a gönderildiği rivayet edilmektedir. Trabzon'a gelen Gülbahar Hatun, kendi adıyla anılan caminin yapımını başlatmış, cami bitmeden önce 1505 yılında Trabzon'da vefat ettikten sonra, Yavuz Sultan selim tarafından öncelikle türbe yapılmış, daha sonra cami bitirilmiştir. Şadırvan, medrese, aşhane, imaret, hamam da eklenerek 1514 yılında bu külliyenin yapımı tamamlanmıştır. Ancak günümüze yalnız türbe, cami ve şadırvan ulaşabilmiştir.

Fatih Ortahisar Cami (Panhagia Chrysokephalos): MS 300 yıllarında Roma İmparatoru Maksimilian döneminden sonra bölgede hıristiyanlığın yayılmasına izin verilmesiyle ilk yaptırılan kiliselerden olan "Panhagia Chrysocephalos" kilisesi, eski bir Roma tapınağının yerine, İmparator Konstantin'in (312-364) yeğeni Hanmibalianos tarafından yaptırılmıştır.

Meryem Ana'ya ithaf edilen ve apsisteki Meryem Ana freskinin başındaki altın haleler nedeniyle "Altınbaş" olarak da bilinen kilise 10.,12. ve 13. Yüzyıllarda

Fatih Ortahisar Mosque (Panhagia Chrysokephalos): *It was built by Hanmibalianos, the cousin of Emperor Constantine (312-364), in the place of an old Roman Temple. It was one of the first churches built in order to propagate Christianity in the region after the Roman Emperor Maximillan in A.D.300.*

Being known as "Golden Head" because of the haloes above the Virgin Mary fresco in apsid and dedicated to the Virgin Marry, this church was rebuilt in 10th, 12th and 13th centuries. The church, exposed to fire in 1341, was under went some changes in 15th century.

Being the cathedral of the city, it became an important church where kings were crowned during the Comnenos Kingdom.

After being conquered by Ottomans in 1461, it was the first church converted into a mosque. Fatih the Conqueror performed the first Friday recitial in it.

The building, main plan of which is a square cross, has three aisles. The church has interior and exterior nartex, the apse of which is round inside and polygonal outside. Like St.Sophia Church it

Mehmet Havuş

Gülbahar Hatun Cami / *Gülbahar Hatun Mosque*

Kanuni Sultan Süleyman Anıtı
The monument of Magnificent Süleyman

onarım görmüştür. 1341 yılında bir yangın geçiren kiliseye 15.yy'da çeşitli ekler yapılmıştır.

Komnenos krallığı zamanında kentin katedrali olan kilise, kralların taç giydiği önemli bir kilise haline gelmiştir.

1461 yılında Trabzon'un Osmanlılar tarafından fethedilmesinden sonra, ilk camiye çevrilen kilisedir. Fatih Sultan Mehmet Trabzon'da ilk Cuma namazını burada kılmıştır.

Ana planı kare-haç olan yapı, üç neflidir. İç ve dış narteksleri bulunan kilisenin apsisi içten yuvarlak, dışarıdan çokgendir. Ayasofya kilisesindeki gibi yüksek bir kubbeye sahiptir ve kubbe kasnağı on iki köşeli, kubbesi de on iki pencerelidir.

Yenicuma Cami (St.Eugenios): 3.yüzyılda yaşayan Trabzon'un koruyucu azizi St Eugenios'a ithafen yapılmış olan kilisenin ilk yapım tarihi belli değildir. Ancak bugünkü yapının 14.yy'da yapıldığı sanılmaktadır.

Fetihten sonra Osmanlılar tarafından camiye çevrilen kilisenin freskleri sıva ile kapanmış, zemine ahşap kaplanmış ve kuzeyine minare yapılmıştır. Caminin kalem işi süslemeleri, çok iyi işçiliğe sahip mihrabı ve minberi gö-

has a high dome and the tambour has twelve corners and the dome has twelve windows.

Yenicuma Mosque (St.Eugenios Church): *The construction of the church, dedicated to the prophylaclic saint of Trabzon who lived in 3rd century (St.Euginios), is unknown. However, this building is believed to have been built in the 14th century.*

After the conquest, the church was converted into a mosque and the frescos were plastered and the ground was covered with wood and a minaret was placed in the north. Chiselled ornaments and the niche and the pulpit are worth seeing.

Trabzon Citywalls: *Beginning from the seaside and reaching to the hills surrounding the city, these walls are believed to date back to B.C. 5th century.*

Built onto the rocks, the walls were widened during Byzantine period and restored in Ottoman period. The walls are 2 metres wide and 10-20 m high and formed with three parts, Yukarıhisar (İçkale), Ortahisar and Aşağıhisar (Kuzeyhisar).

There are a lot of castle remains built in different periods that were used to communicate, and guard. The Akçakale and Sürmene Castles are some of those.

The Arsenal: *Known as Irene Tower or Fatih Tower and there being in history of it having an inscription, this tower is said to have been built for the aristocracy of Trabzon as a meeting hall by the empress Irene (1340-1341).*

Apart from that, the pictures of the building in the album of Yıldız Palace, are said to have been bu-

rülmeğe değerdir.

Trabzon Surları: Deniz kenarından başlayarak, Trabzon'u çevreleyen tepelere kadar uzanan surların M.Ö. 5. yüzyılda varlığı bilinmektedir.

Doğal kayalık zemin üzerinde yapılmış olan surlar, Bizans döneminde genişletilmiş ve Osmanlılar döneminde onarılmıştır. 2 m genişliğinde 10-20 m yüksekliğindeki surlar sert taşlardan yapılmış olup, Yukarıhisar (İçkale), Ortahisar ve Aşağıhisar (Kuzeyhisar) bölümlerinden oluşmaktadır.

Trabzon çevresinde karakol, haberleşme ve gözetleme amacıyla çeşitli dönemlerde yapılmış birçok kale kalıntıları bulunmaktadır. Akçakale, Sürmene Kalesi bu kalelerden sadece bazılarıdır.

Cephanelik: İrene Kulesi veya Fatih Kulesi olarak bilinen ve kitabesi olmadığından dolayı hakkında kesin bilgi bulunmayan kulenin İmparatoriçe İrene (1340-1341) tarafından Trabzon aristokrasisinin toplantı yeri olarak yaptırıldığı söylenmektedir. Ayrıca Yıldız Sarayı albümünde fotoğrafları bulunan yapının, II.Abdülhamit tarafından, Fatih zamanından kalma bir yapının yerine yaptırıldığı da söylenmektedir.

25 m yüksekliğinde iç içe yer alan kalın duvarlı iki dairevi kuleden oluşan binanın, 1877 yılında cephanelik olarak kullanıldığı bilinmek-

ilt by Abdulhamid II in the place of a building made in Fatih,the conqueror era.

The building made up of thick walls and two circular towers with a height of 25 m., is known to have been used as an ammunition store in 1877. Used as an arsenal during the Russian invasion (1916-1918) in Trabzon, the building was damaged by an explosion in 1919.

Maiden Monastery (Girls Monastery) (Panhagia Theoskepastos): Maiden Monastery, situated on a predominant hillside slopes of Boztepe, it was built around a rock church in which is a sacred spring, by Alexius III, one of the kings of Comnenos.

There are various inscriptions, the portraits of Theodora, wife of Alexios III, and the empress Irene in the rock church of the monastery, having its latest form after 1890.

And also the graves of the sons of Alexios III and the king Manuel III are in the monastery.

After the Ottoman Conquest in 1461, it continued its activities until 1923. However, after exchanging the inhabitants in 1923 with the Greek government it was closed down and left unpreserved.

***Kaymaklı Monastery:** Kaymaklı Monastery, having not enough records of its history, is believed to be built in the 9th century by Greeks and put into service by Armenians living in*

Trabzon surları / *Trabzon citywalls*

tedir. Trabzon'un Ruslar tarafından işgali sırasında (1916 1918) da cephanelik olarak kullanılan yapı, 1919 yılında bir patlamayla hasar görmüştür.

Kızlar Manastırı (Panhagia Theoskepastos): Boztepe'nin yamacında şehre hakim bir tepede bulunan Kızlar Manastırı (Panhagia Theoskepastos), Komnenos krallarından III.Alexios zamanında (1349-1390), içinde kutsal su bulunan bir kaya kilisesi etrafına yapılmıştır.

Son şeklini 1890'dan sonra alan manastırdaki kaya kilisesinin içinde çeşitli kitabeler, III.Alexios'un karısı Theodora ve annesi İmparatoriçe Irene'nin (1340-1341) portreleri yer almaktadır. Ayrıca III.Alexios'un oğulları Andronikos ve Kral III.Manuel'in (1390-1417) mezarları bu manastır içindeki ikinci teras kısmında bulunmaktadır.

Bölgenin Osmanlılar tarafından 1461 yılında fethedilmesinden sonra da faaliyetlerine devam eden manastır, bu faaliyetlerini 1923 yılına kadar sürdürmüş, ancak bu tarihte Yunanistan ile yapılan nüfus değişimi sonucu kapatılmış ve korumasız kalmıştır.

Kaymaklı Manastırı: Hakkında pek fazla kayıtlı bilgi bulunmayan Kaymaklı Manastırı'nın ilk olarak 9.yy'da Yunanlılar tarafından yapıldığı sanılmaktadır ve 1402 yılında Trabzon'da yaşayan Ermenilerin kullanımına dönüştürülmüştür. 1431 yılında tek nefli ve üç apsisli bir kilise yapılan manastır, bölgenin Osmanlılar tarafından fethinden sonra da faaliyetlerine devam etmiştir. 1622 yılında tek nefli tek apsisli bir kilise daha yapılmış, freskler-

Trabzon in 1402. This monastery which was converted into a church in 1622 with one aisle and three apses continued its service after the Ottoman conquest in the region. Another church was built with one aisle and apse and adorned with frescos and the frescos were renewed in 1700. In 1918 the monastery was exposed to a fire and deserted, later it was privately owned.

Vazelon Monastery: *Being one of the most three important monasteries, like Sumela and Kuştul, Vazelon Monastery, is believed to be built between the years 270-317. It was vowed to St.Juhannes and restored by Emperor Justinian between 644-702. During the Ottoman era like the other churches this church was connected to some villages in order to support itself and continued its service until 1923, but from that year it was deserted.*

Kuştul Monastery (St.George Peristereota): *Built around a church, it was plundered and later restored in 1203. Like Vazelon and Sumela Monastery it had great importance and a rich library and after the Ottoman conquest it was subsidized by villages in order to continue its services. It was exposed to a fire in 1904 and in the same year it was rebuilt with the help of Turks.*

Like other monasteries, it carried on its activities until the exchange of inhabitans in 1923, then it was deserted and has survived up to now in ruins.

St. Anna Church (Small Ayvasıl): *St. Anna Church, one of the oldest churches in Trabzon, is believed to have been built in the 7th century. Having being resto-*

Vazelon manastırı / *Vazelon monastery*

le süslenmiş ve 1700 yılları civarında freskleri yenilenmiştir. 1918 yılında bir yangın geçiren manastır, terk edilerek bırakılmış ve daha sonra özel mülkiyete geçmiştir.

Vazelon Manastırı: Sumela ve Kuştul manastırları gibi bölgenin üç önemli manastırından biri olan Vazelon manastırının 270-317 yılları arasında yapılmış olduğu sanılmaktadır. St.Juhannes'e adanmış olan manastır, İmparator Justinian (644-702) tarafından onartılmıştır. Osmanlılar döneminde diğer manastırlar gibi gelirlerinin artması için çevredeki bazı köylerin bağlandığı manastır, 1923 yılına kadar faaliyetlerine devam etmiş ve bu tarihten sonra terkedilmiştir.

Kuştul Manastırı (St.George Peristereota): İlk olarak 752 yılında kilise ve ayazma çevresine yapılan Kuştul manastırı, 1203 yılında yağmalanmış ve tekrar yapılmıştır. Vazelon ve Sumela manastırları gibi büyük öneme ve çok zengin bir kütüphaneye sahip manastıra, bölgenin Osmanlıların eline geçmesinden sonra faaliyetlerini daha iyi yapabilmeleri için çevredeki köylerin gelirleri bağlanmıştır. Manastır 1904 yılında bir yangın geçirmiş ve aynı yıl Türklerin yardımıyla yeniden inşa edilmiştir.

Diğer manastırlar gibi, 1923 yılında nüfus değişimine kadar faaliyetlerine devam eden Kuştul manastırı, bu tarihten sonra korumasız kalmış ve günümüze

red in 884-885, the church with tree aisle and in basilica style, and on the ground is a hidden space.

Molla Nakip Mosque (St.Andrew Church): *This church was built in memory of St.Andrew, one of the Apostles of Jesus Christ, who spread Christianity in the region, spending his life in a cave in Kemerkaya street A.D. 50. The church which was supposed to have been built in the 5th Century in basilica style with three aisles. It was converted into a mosque in the Ottoman period and today it is still used a mosque.*

Kudrettin Mosque (St. Philip Church): *It was built in memory of St.Philip between 1341-1342 by the Queen Anna Commen. It has a square plan with square aisle and one dome. Apsid looks like round inside, pentagon outside. Today it is used as a mosque.*

İskenderpaşa Mosque: *Shortly after Yavuz Sultan Selim inherited the throne in 1512, İskender Pasha was sent to Trabzon as a governer three times, totalling 22 years, and built a mosque together with a medresseh next to it. However, it hasn't lived up to our time.*

BULUTLARA YOLCULUK

Bahar gelip, otlar yeşermeye başladığında, alçaklarda yaşayan köy insanları için yaylalara göçme zamanı da gelmiş demektir.

Günlerce önceden başlayan hazırlıklar tamamlandıktan sonra, bir zamanlar yürüyerek gidilen yayla yollarına çıkılır. Eşyalar ve hayvanları ile , dereler, vadiler, yamaçlar, ormanlar, dağlar aşılarak, 2000 m'den daha yükseklerdeki yaylalara ulaşılır. Zorlu kışdan zarar gören ahşap yayla evleri, bir kaç gün önceden erkeklerce tamir edilmiş ve yayla hayatına hazırlanmıştır. Böylece yaylanın ilk günleri büyük bir heyecanla yaşanmaya başlanır.

Dağların üstünde, sonsuz çayırlarla kaplı yaylalarda yaşam, doğanın sunduğu tazelik, zindelik ve sağlıkla doludur. Karların erimesiyle oluşmuş dereler, her yerden doğan pınarlar, binbir çeşit açan çiçekler, yaylalara doğru ağır ağır ilerleyen bulutların dansı, yaylaların doyumsuz manzaralarını daha da görkemli kılar.

Temmuz ayı gelipte, otlar kesilip kış için kurutulmaya ve inekler bol bol süt vermeye başladığında, yayla insanı için dinlenme ve eğlenme vakti gelmiş demektir. Artık yaylada şenlik zamanıdır.

Geleneksel kıyafetleri içindeki yüzlerce binlerce insan, sanki daha önceden sözleşmişler gibi, aynı gün ve aynı yaylada toplanırlar. Yayla işlerinin yorgunluğunu atmak ve eğlenmek için sabırsızlanan insanların heyacanı yüzlerinden bellidir. Binlerce yıldır yaptıkları gibi, üç telli kemençenin yaydığı müzük eşliğinde yanyana durarak, hep beraber "horon" oynamaya başlarlar

Sonbahar mevsimi gelip yaylalarda mor-beyazlı çiçekler çıktığında, yayla insanı için yeniden göç zamanıdır. Halk arasında "var-git" diye adlandırılan bu çiçekler "durmayın artık buralarda, kış geliyor, aşağılardaki köylerinize dönün" mesajının habercileridir. Son hazırlıklar tamamlandığında, yaylaların o eşsiz manzaraları geride bırakılarak, dağlar, ormanlar, yamaçlar, vadiler, dereler geçilerek, köylere dönüş başlar.

Akıllarda ise gelecek bahara kadar hüzünle vedalaşılan yaylaların sonsuz yeşillikleri, pınarları, rengarenk çiçekleri.

Bir de bulutların sonsuz dansı.

A JOURNEY TO THE CLOUDS

When spring comes and the grass starts to turn green it is time for peasants living in lower places to migrate to the plateaus.

After completing all of the preparations started days ago, they go up the plateau road where they have walked before. They reach the high plateaus over 2000 m, in height by passing through streams, valleys, slopes of the hills, woods, mountains with their goods and animals. The wooden high plateau houses destroyed in severe winter are repaired by men a few days before and made ready for the plateau life. Thus, life in the high plateau begins with great excitement.

The life in meadow-coated high plateaus on the mountains is full of freshness, fitness and health that nature offers. The streams formed after melting snow, the springs gushing out everywhere, the slow movements of the clouds through high plateaus make the view more magnificent.

When July comes, the grass is mowed to drain off for winter and the cows start to give milk in large amounts. It means at last it is time for people in high plateaus to have rest and fun. In great numbers, people wearing their traditional costumes come together on the same high plateau on the same day. It's clear to see the excitement on the faces of people becoming impatient to have fun and relaxation. As they've done for thousand of years, they start to play "horon" getting side by side to each other with the sound of a three-wire "kemençe".

As soon as autumn comes and white-purple flowers blossom on high plateaus, the people return home. These flowers called "var-git" among people tell "people not to remain there any longer and to return to their villages because of approaching winter. Completing the last of the preparations, they set out on foot and return to their villages after passing through mountains, woods, slopes of the hills, valleys and streams leaving behind these unique views.

Saying goodbye to greenness, springs and colourful flowers of the plateaus with deep feelings remains on our minds until the next spring.

And also the movements of the clouds in harmony.

harap şekilde ulaşabilmiştir.

Küçük Ayvasıl Kilisesi (St. Anna Church): Trabzon'un en eski kiliselerinden biri olan Küçük Ayvasıl Kilisesinin 7. yy.da yapıldığı sanılmaktadır. 884-885 yıllarında onarılan kilise, üç nefli ve bazilikal stilde yapılmıştır ve zemininde kripta (gizli bölüm) bulunmaktadır.

Molla Nakip Cami (St.Andrew Church): St Andrea Kilisesi, M.S. 50 yıllarında yöreye gelen ve Kemerkaya mahallesinde bir mağarada yaşayarak, bölgede hıristiyanlığı yaymaya çalışan, İsa'nın azizlerinden St.Andrea'ya ithafen yapılmıştır. 5.yüzyılda yapıldığı sanılan kilise bazilikal planlı ve 3 neflidir. Osmanlılar döneminde camiye çevrilen yapı, günümüzde cami olarak kullanılmaktadır.

Kudrettin Cami (St. Philip Church): 1341-1342 yıllarında İmparatoriçe olan Anna Komnen tarafından St.Philip anısına yaptırılmıştır. Kare planlı bina tek nefli ve kubbelidir. Apsis içten yuvarlak, dışarıdan beşgen planlıdır. Günümüzde cami olarak kullanılmaktadır.

İskenderpaşa Cami: Yavuz Sultan Selim'in 1512 yılında padişah olmasından hemen sonra Trabzon'a vali olarak gönderilen ve 3 defa toplam 22 yıl Trab-

The whole roof including the dome of the mosque carrying the general features of the early Ottoman period mosques, covered with bricks. Its minaret was built using bricks and colored stones. The mimbar and the niche of the mosque are made of marble, ornamented with plant motifs. The mosque, having the wonderful stone workmanship, had entrances on three fronts, west, east, north, successively. It underwent some changes between 1882 and 1973 and the last congregation area is covered with windows. The cemetary situated in the west of the mosque, was removed and Iskender Pasha's grave remained there.

Semerciler Mosque (Ebubekir Mosque): *Built in 1579 as a masjid and restored in 1820, the Semerciler Mosque attracts the attention with its wooden ornament. Various geometric designs and plant motifs on the wooden ceiling and wooden mimbar are good examples of wooden workmenship.*

İçkale Mosque: *Being known the oldest mosque in Trabzon from the Ottoman era, İçkale Mosque was built in memory of Şirin Hatun by the son of Sultan Bayazıt II, Shahzadah Abdullah. It was restored in 1869 and renewed in 1891.*

İskender Paşa Cami
İskender Paşa Mosque

Mehmet Havuş

zon'da valilik yapan İskenderpaşa tarafından 1529 yılında, yanında bir medrese ile birlikte yaptırılmıştır. Ancak bu medrese günümüze ulaşamamıştır.

Erken dönem Osmanlı camilerinin genel özelliklerini taşıyan caminin kubbe dahil tüm çatısı kiremitle örtülmüştür. Minaresi ise tuğla ve renkli taşlarla yapılmıştır. Caminin mihrabı ve minberi mermerden olup, bitkisel motiflerle süslenmiştir. İyi bir taş işçiliğine sahip camiye doğu, batı ve kuzey yönlerinden girilmekteydi. 1882 ve 1973 yıllarında gördüğü onarımla bazı değişikliklere uğramış, son cemaat yeri de cam ile kapatılmıştır. Daha önceleri caminin batısında bulunan mezarlık kaldırılmış ve sadece İskender Paşa'nın mezarı burada bırakılmıştır.

Semerciler Cami (Ebubekir Cami): 1579 yılında mescit olarak yapılmış, 1820 yılında onarım görmüş küçük bir yapı olan Semerciler cami, ahşap süslemeleri ile dikkati çekmektedir. Özellikle tavan göbeğinde bulunan oyma tekniğindeki geometrik ve bitkisel süslemeler, ahşap minber çok iyi bir işçiliğin ürünüdür.

İçkale Cami: Osmanlı dönemine ait Trabzon'da bilinen en eski cami olan İçkale Cami, 1470 yılında Sultan II. Bayazıt'ın oğlu Şehzade Abdullah tarafından annesi Şirin Hatun anısına mescit olarak yaptırılmıştır. 1869'da onarılmış ve 1891'de yenilenmiştir.

Bedesten: Trabzon'un bilinen en eski ticaret yapısı olan Bedesten'in kesin yapılış tarihi bilinmemekle birlikte, Gülbahar Hatun vakfından olması nedeniyle erken Osmanlı döneminde yapıl-

Bedesten: *It is the oldest trade building in Trabzon, but there are no records to give us an idea when it was constructed. Since it belongs to Gülbahar Hatun Wakf (a religious or charitable foundation created by an endowed trust fund), it is believed to have been built in early Ottoman period. Having the Ottoman architecture features, this building has a square plan, 18m x 19m in length, and four doors on fronts.*

Vakıfhan: *It was built in 1531 by the governor İskenderpasha and later it was restored. It has a square yard and built with cube-shaped stones on two levels. It has an entrance in the north with arcades around the yard and 17 rooms on the first floor. On the second floor there are 24 rooms. The door of the mosque which was made of iron hardware is really striking.*

Taşhan: *Taşhan, built in 1871, has three floors with a rectangle yard. It is covered with vaults and bricks and later restored. There are 11 rooms on the first floor around the yard, 9 rooms on the second floor around the wood colonnade corridor and 11 rooms on the third floor with wood colonnade again. It has a "masjid" on the left side of the entrance.*

Old Houses: *There are traditional Turkish houses in Ortahisar, Gülbahar Hatun, Pazarkapı street in Trabzon, and Ortamahalle in Akçaabat and Sürmene villages. Those wooden houses mostly face to the south or east and were built with 2 or 3 floors. Three-floored houses usually date back to the end of 19th century. The houses, the eaves of which outwardly meet the trees in the garden, were set on wooden columns*

dığı sanılmaktadır. Osmanlı mimari özelliklerini taşıyan bina 18m x 19m uzunluklarında, kare planlı olup, dört cephesinde birer kapısı bulunmaktadır.

Vakıfhan: Trabzon'un imarında büyük katkıları bulunan vali İskenderpaşa tarafından 1531 yılında yaptırılan han, daha sonraki dönemlerde onarılmıştır. Kare avlulu ve iki katlı olarak kesme taştan yapılmış hanın girişi kuzeyden olup, avlunun çevresinde revaklar ve 17 oda bulunmaktadır. İkinci katta ise 24 oda bulunur. Demir işçilikli kapısı dikkat çekicidir.

Taşhan: 1871 yılında yaptırılan Taşhan, dikdörtgen avlulu ve üç katlıdır. Tonoz ve kiremitle kapatılmış olan Taşhan, daha sonraki dönemlerde onarım görmüştür. Birinci katında avlunun çevresinde 11 oda, ikinci katında tahta revaklı koridorlar çevresinde 9 oda ve üçüncü katında da yine tahta revaklarla 11 oda bulunmaktadır. Girişin sağında bir mescidi bulunur.

Eski Evler: Günümüzde özellikle Trabzon Ortahisar, Gülbahar Hatun ve Pazarkapı mahalleleri, Akçaabat Ortamahalle ve Sürmene ilçesinde toplu olarak göze çarpan bir çok eski ahşap geleneksel Türk evleri bulunmaktadır. Yönleri çoğunlukla doğu ya da güneye doğru olan ahşap evler 2 ya da 3 katlı olarak yapılmıştır. Üç katlı olanlar genellikle 19. yüzyıl sonrasına aittir. Saçak ve çıkmaları ile bahçelerindeki ağaçlarla kucaklaşan evler, ahşap sütunlar ve kolonlar üzerine oturtulmuş ve duvarlardaki ahşap direkler arası taş ya da tuğla ile doldurularak, çamur ve saman karışımı ile sıvanmıştır.

and wooden poles. The walls were filled with stones or bricks and cemented with mud and mixed straw.

As with wooden adornment, houses have rich adorning on ceilings, door locks and doors, windows, eaves that are hand worked. And there are also trees and water pits in their gardens.

***Memişağa Mansion:** Although we do not know when it was constructed we can say that it may have been constructed in 18th century and it has typical features of that age's "ağa" mansions (ağa: one who has the responsibility of the village or mansion). (In Kastel village, in the 5 km east side of Sürmene district.)*

That mansion which was constructed on the stones has two floors and there are a kitchen, a store room and fireplaces with arch. The stone walls of the first floor were adorned and the rooms in the north and on its right and left are for "selamlık" (used for men to have a chat and host their guests) , the two rooms in the north were used as "harem" (a part of house in which only women live).

***Baths:** The eight columns bath which is the oldest one in Trabzon in Pazarkapı street is said to have been built between 1072-1075 by the Seljuks. The bath has a rectangular plan and has eight columns supporting the dome and these columns named it. It was restored in 1988 and now it is in use. Its entrance is in the north.*

Fatih bath (13th century), Pasha bath (16th century), Hacı Arif Bath (18th century) and Meydan Bath are the other hisrorical baths of Trabzon.

Ahşap süslemecilik bakımından ise, oda tavanları, kapı kilitleri, kapı, pencere, saçak işlemeleri çok zengindir. Bahçelerinde ağaçlar ve çoğunlukla su kuyusu bulunur.

Memiş Ağa Konağı: Kesin yapım tarihi bilinmemekle birlikte 18.yy da yapıldığı sanılan Kastel Konağı (Memişağa Konağı), o devrin Ağa konaklarının tipik özelliklerini taşımaktadır. (Sürmene'nin 5 km doğusunda, Kastel köyünde).

Kesme taştan duvarlar üzerine, iki katlı olarak yapılan konağın zemin katında mutfak, kiler ve kemerli ocaklar bulunur. Birinci katın taş duvarları işlenmiştir ve kuzeydeki sofanın sağ ve solundaki odaları selamlık, güneydeki iki oda ise harem olarak kullanılmıştır.

Hamamlar: Trabzon'da bulunan hamamların en eskilerinden biri olan ve Pazarkapı mahallesinde bulunan Sekizdirekli Hamam'ın 1072-1075 yıllarında Selçuklu ustalara yaptırıldığı sanılmaktadır. Dikdörtgen planlı hamamın kubbesi 8 ahşap sütun tarafından taşınmakta ve ismini bu sütunlardan almaktadır. 1988 yılında restore edilerek yeniden hizmete açılan hamamın girişi kuzeydendir.

Fatih Hamamı (13.yy.), Paşa Hamamı (16. yy.), Hacı Arif Hamamı (18.yy) ve Meydan Hamamı şehrin diğer önemli tarihi hamamlarıdır.

Memişağa Konağı / *Memişağa Mansion*

YAYLALAR VE DOĞAL GÜZELLİKLER

Uzungöl: Trabzon'a 99 km ve Çaykara ilçesine 19 km uzaklıkta, deniz seviyesinden 1090 m yükseklikte bulunan Uzungöl, dik yamaçları ve muhteşem orman örtüsü ile Alplerin güzelliğini geride bırakmaktadır.

Vadini ortasında bulunan ve yamaçlardan düşen kayaların Haldizen deresinin önünü kapatmasıyla oluşmuş göl, "Uzungöl" olarak bilinir ve çevreye aynı ad verilmiştir. Özellikle yakınındaki "Şerah" köyünün yöreye uygun tarzda yapılmış eski ahşap evler, doğanın güzelliğini tamamlar özelliktedir.

Çevrede trekking, kuş gözlem, botanik amaçlı turların yanı sıra daha yükseklerdeki dağların arasındaki göllere veya yakınlarındaki Şekersu, Demirkapı, Yaylaönü gibi diğer yaylalara geziler düzenleme olanağı vardır.

PLATEAUS AND NATURAL BEAUTIES

Uzungöl: *Uzungöl, 99 km away from Trabzon and 19 km away from Çaykara and 1090 m above sea level, with its steep slopes and magnificent wood land is much more beautiful than the Alps.*

The lake, in the middle of the valley and formed falling of the rocks from the slopes cutting the Haldizen river bed, is known as "Uzungöl" and the area is also called in the same way. Especially, the old wooden house built in appropriate style of the region in Şerah, near Uzungöl, have completed the beauty of the nature.

Besides the tours for tracking, bird watching and botanic in the area, it is also possible to have trips to the lakes among the higher mountains or to the other close plateaus like Şekersu, Demirkapı, Yaylaönü, etc.

Yaban hayatı bakımından Uzungöl çevresindeki dağlarda ayı, kurt, yaban keçisi, tilki, Kafkas dağ horozu gibi çeşitli hayvan türleri barınmaktadır.

Various species of animals like bears, wolves, wild goats, fox and Caucasian Black Grouse like in the mountains around Uzungöl.

Zigana Dağları: Tüneli ve Hamsiköy'ü ile daha çok ün yapmış olan Zigana Dağları, Trabzon'un güneyi boyunca uzanarak, Gümüşhane ile sınırını çizer. Değişik yükseltilerdeki tepeleri ile Ziganalar, denizden gelen sis ve yağmur nedeniyle çok güzel bir orman örtüsüne sahiptir.

The Zigana Mountains: *The Zigana mountains, famous with the village of Hamsiköy, lie along the south of Trabzon and draw a boundary between Gümüşhane and Trabzon. The Zigana, with different altitudes, has a beautiful woodland because of the fog and rain coming from the sea.*

Şolma Yaylası Turizm Merkezi: Maçka'ya 22 km uzaklıktaki 1700 m yükseltili yayla 20 Mayıs 1991 tarihinde Turizm Merkezi ilan edilmiştir. Yaylada elektrik, su, telefon, bakkal, kasap mevcuttur.

Şolma High Plateau and Tourism Centre: *It is 22 km far from Maçka district and 1700 m high from the sea level. It is declared as a tourism centre by the Tourism Ministry on 20th May of 1991. There is electricity, water, telephone, grocer, butcher on the high plateau.*

Metin Öztürk

Erikbeli Yaylası Turizm Merkezi: Tonya'ya 24 km uzaklıkta 1800 m yükseltili yayla Gümüşhane-Trabzon sınırındadır. Elektrik, su, telefon,bakkal,kasap ve konaklama tesisi bulunmaktadır.

Karadağ Yaylası Turizm Merkezi: 1880 m yükseltili ve Düzköy ilçesine 44 km uzaklıktaki yaylada yeme içme ve konaklama tesisleri mevcuttur.

Yılantaş Yaylası Turizm Merkezi: Araklı ilçesine 33 km uzaklıkta Ağustos ayında yayla şenlikleri de düzenlenmektedir.

Pazarcık Yaylası Turizm Merkezi: Araklı ilçesine 60 km uzaklıktaki yaylada konaklama tesisi, bakkal, kasap,elektrik, telefon, su mevcuttur.

Erikbeli High Plateau and Tourism Centre: *It is 24 km far from Tonya district and 1800m high from sea level. It is on the border of Gümüşhane and Trabzon and there is electricity, water, telephone, grocer, accommodation facilities on the high plateau.*

Karadağ High Plateau and Tourism Centre: *It is 44 km far from Düzköy district and 1880m high from sea level. There is grocer, butcher and accommodation facilities on the high plateau.*

Yılantaş High Plateau and Tourism Centre: *It is 33 km far from Araklı district and arranges a festival for the month of August.*

Pazarcık High Plateau and Tourism Centre: *It is 60 km far from Araklı district and there is electricity, water, telephone, gro-*

Uzungöl

Kadırga Yaylası: 2300 m yükseltili yaylada her yıl Temmuz ayının 3.Cuma günü düzenlenen yayla şenlikleri ile ünlüdür. Yayla orman sınırı üstündedir.

Trabzon, yaylalar ve yayla şenlikleri bakımından oldukça zengindir. Yukarıda belirtilen yayla ve turizm merkezleri dışında doğal özellikleri, yayla yaşantısı, yaylacılık kültürünün görülmesi amacıyla değerlendirilebilecek birçok yayla vardır. Bunlardan Lapazan, Kadıralak, Kuruçam, Lişer, Sultan Murat, Şekersu, Sazalanı, Kiraz, Haçka Obası, Hocamezarı, Acısu yaylaları bazılarıdır.

TUİZM ALTERNATİFLERİ

Trabzon, bölge tarihi içinde önemli bir ticari, dinsel ve politik merkez olmuştur. Bu dönemde yapılan kilise, manastır, cami, kale, ev yapıları ve Trabzon'un zengin kültürü, özellikle kültür turlarına olanak sağlamaktadır. Ayrıca bölgede yayla yaşantısı ve yayla şenliklerinin en canlı yaşandığı şehir olması nedeniyle yayla turizmi, Zigana Dağları ve Uzungöl çevresinde trekking, Jeep safari, foto safari, solaklı deresinde kano turizmi, Zigana Dağlarında kayak turizmi yapılabilmektedir.

cer, accommodation facilities on the high plateau.

Kadırga High Plateau and Tourism Centre: *It is 2300 m high from sea level and arranges a festival for the third Fridays of July.*

Trabzon is very rich about high plateaus (yayla) and festivals. There are many yaylas on which to see the natural beauties, typical of yaylas. Some of them are Lapazan, Kadıralak, Kuruçam, Lişer, Sultan Murat, Şekersu, Sazalanı, Kiraz, Haçka Obası, Hocamezarı, Acısu high plateaus.

TOURISM ALTERNATIVES

Trabzon was a centre for religion, economics and politics in the history of the region. Churches, monasteries, mosques, castles and houses, built in this period and rich cultural specialities of Trabzon draw the attention of visitors. Also, it is possible to see all of the characteristics of living on high plateaus and festivals. There can be organised cultural tours, tours to high plateaus, skiing on the Zigana mountains, trekking around Uzungöl and Zigana, Jeep safaris, photo safaris, kayaking in the Solaklı stream.

Unutmayın

Sumela Manastırını, Ayasofya Müzesi, Atatürk Köşkünü görmeyi, Hamsiköy'de sütlaç yemeyi, yayla şenliklerinde horon oynamayı, Dağlarda yürümeyi, Coşandere'de mısır çorbası ve Uzungöl'de tereyağında alabalık yemeyi, fındık ve çay bahçelerinde gezinmeyi, Zigana tünelini görmeyi, Boztepe'de semaverde çay içmeyi, Trabzon telkari ve hasır bileziklerinden almayı ve doğayı korumayı unutmayınız...

Do Not Forget

Please do not forget to see Sumela Monastery, St.Sophia Museum and Atatürk's Summer House, to taste "sütlaç" in Hamsiköy, to play horon in the festivals of high plateaus, to walk on the mountains,tea and hazelnut gardens, to eat trout with butter in Uzungöl and corn soup in Coşandere, to see Zigana tunnel, to drink tea in semover in Boztepe, to buy Trabzon silver, and protect nature.

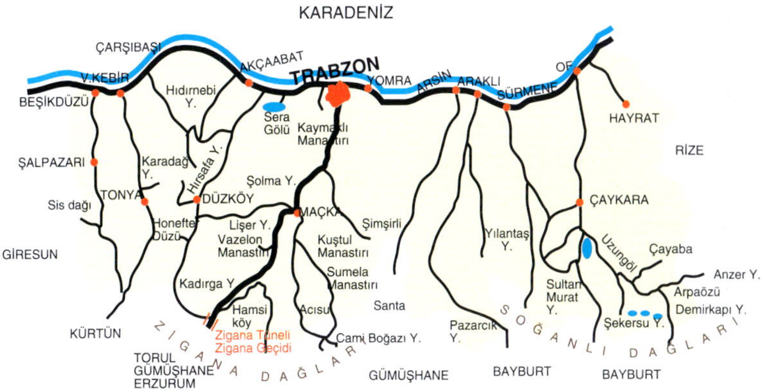

0462..........Trabzon telefon rehberi

NEREDE KALMALI? / *WHERE TO STAY?*

Zorlu Grand Otel*****	326 84 00
Büyük Sumela Otel****	512 35 40
Usta Otel****	326 57 00
Aksular Otel***	230 11 30
Horon Otel***	326 64 55
İnan Kardeşler/Uzungöl	656 64 40

NEREDE YEMELİ? / *WEHERE TO EAT?*

Coşandere/Maçka	531 11 90
Nihat Usta/Akçaabat	228 20 50
İnan Kardeşler/Uzungöl	656 60 21
Çardak Pide	321 76 76

HANGİ ACENTA? / *WHICH AGENCY?*

Zenofon	326 20 26
Afacan Tur	321 58 04
Usta Tour	326 18 70
Thalasse	322 11 22
Karden	321 34 75
Ulutur	321 88 05
Kıyıtur	326 26 67

HAVAYOLLARI / *AIR LINES*

THY	325 99 52
Azerbaycan H.Y.	322 39 95
Krasnodar Airlines	326 27 40

MÜZELER / *MUSEUMS*

Sumela Manastırı	531 10 64
Ayasofya Müzesi	223 30 43
Trabzon Müzesi	326 38 22
Atatürk Köşkü	231 00 28

OTOBÜS / *COACH*

Ulusoy	325 22 01
Metro	325 72 86
Kanberoğlu	325 22 83

KONSOLOSLUKLAR / *CONSULATES*

İran	326 76 50
Rusya	326 26 00
Gürcistan	326 22 26
Panama	326 64 55
Almanya	321 74 44
Avusturya	326 28 36

GEREKLİ TELEFONLAR / *USEFUL PHONES*

Valilik	230 19 70
Belediye Başkanlığı	322 46 01
Emniyet Müdürlüğü	155
Jandarma	230 23 15
Kültür ve Turizm Md.	326 07 48
Turizm Danışma Müd.	326 47 60
Karayolları Blg. Md.	228 73 17

ZONG

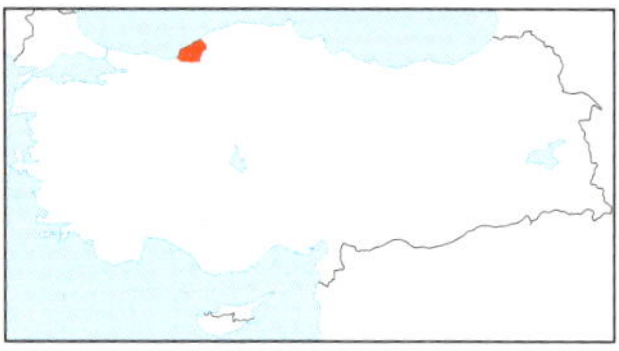

ULDAK

Genel Nüfus: 615.599 **Yüzölçümü:** 3481 km²
Harita Koordinatları: 41° 00'- 41° 48' kuzey enlemleri ve 31° 14' – 33° 09' doğu boylamları arasındadır.
Trafik Kodu: 67 **Telefon Kodu:** 0372

Population: *615.599* ***Land mass:*** *3481 km²*
Coordinates: *41° 00'- 41° 48' north latitude and 31° 14'-33° 09' east longitude.*
Traffic Code: 67 ***Telephone Code:*** 0372

Karadır kaşların benzer kömüre
Yardan ayrılması zarar ömrüme
Kollarımdan bağlasalar zincire
Kırarım zinciri vararım yare

Zonguldak

Tarihçe

Sivritepe, Elçitepe Gökçe-boğaztepe ve Dedctepe 19. yy'la kadar küçük bir Anadolu köyü olan Zonguldak taşkömürünün bulunmasıyla giderek endüstriyel bir merkez olmuştur. Dağları, ormanları ve 80 km'lik sahil şeridi ve plajları ile turistik merkez olma yolunda.

Zonguldak adının "sazlık" ve "titreyen yer" anlamına gelen "Zongalık"tan geldiği rivayet edilir. Eskiden burasının bataklık bir alan olduğu sanılmaktadır. 1838'de Anadolu seyahatine çıkan Eugene Boré ise "Zeukilmendaik" ismiyle bahsetmektedir. II. Mahmut zamanında "Tahta İskelesi" olarak anılan bölgeye "Zunguralık" ve "Zonguldayık" isimleri verilmiş.

MÖ 1200 yıllarından itibaren başlayan göçler sonucu bölgeye Friglerin bir kolunu oluşturan Mariandinler yerleşti. MÖ 7.yy'da Miletli koloniciler tarafından Karadeniz Ereğli (Heraklia) ve Hisarönü (Filyos, Tieian) gibi sahil kentleri kuruldu ve bölge ticaret merkezi haline geldi. MÖ 6.yy'da Bithinya Krallığı'na, sonra Roma ve Bizans İmparatorluklarına bağlanan Zonguldak ve çevresi, 1084 yılında Anadolu Selçuklu Komutanı Emir Karatekin tarfından fethedildi. Candaroğulları Beyliği sınırları içinde kalan bölge Çelebi Mehmet tarafından Osmanlı topraklarına katılırken (1413), kıyı kesimi Cenevizlilere bırakıldı ve 1460 yılında Fatih Sultan Mehmet'in Amasra'yı almasıyla tüm bölge Osmanlılara katıldı.

1829 yılında taşkömür havzalarının bulunmasıyla önem kazanan bölge, 1919 yılında Fransız

History

Zonguldak which had been a small Anatolian village up to 19th century, became an industrial centre with the discovery of coal. This city is on the way of becoming a tourism center with its mountains, forests, 80 km coast and beaches.

Its name is supposed to have originated from the word 'Zongalık' meaning 'marshy place' and 'vibrating place'. There may have been a bog in this area in the past. Eugene Bore who travelled to Anatolia in 1838 called the city 'Zeukilmendaik'. During the Mahmut II period, the region was called 'Wooden Quay' and named 'Zunguralık' and 'Zonguldayık'.

Following the migrations in 1200 BC, Mariandins settled down who are a part of Phrygians. In 7th century, Karadeniz Ereğli (Heraclia) and Hisarönü (Filyos, Tieian) cities were founded by Miletian colonies and the region became a trade center. Zonguldak and its vicinity were incorporated into Bithynian Kingdom in 6th century BC, then to Roman and Byzantine Empires, it was conquered by Anatolian Seljuk Com-

askerlerince işgal edildi ancak halkın direnişi sonucu 1920'de çekilmek zorunda kaldılar. Zonguldak 1924 yılında Türkiye Cumhuriyeti Devleti'nin bir ili olmuştur.

Coğrafya

Denize paralel üç sıra halinde uzanan dağlar Zonguldak'ın %56'sını kaplar. Denize akın birinci dağ sırasına Zonguldak Dağları (Göldağı 771 m, Boğma Tepesi 663 m) denir. Yüksekliğin arttığı ikinci dağ sırasında Kızılcaören Tepesi 1379 m ve Göktepe 1416 m'ye ulaşır. Üçüncü sıradaki dağlar ise Bolu dağlarının uzantısıdır. Bu dağların en yüksek yerleri ise Kızıltaş Tepesi (1486 m), Bacaklıyayla Tepesi (1637 m), Keçikıran Tepesi (1619 m), Kaklıcak Tepesi (1462 m) ve en yüksek yeri Keltepe (1976 m)'dir.

Doğal göl bulunmayan Zonguldak'ta Filyos, Devrek, Alaplı ve Gülünç çayları bölgenin en önemli akarsularıdır.

Bitki Örtüsü

Doğal güzellikler bakımından zengin Zonguldak'ın %52'si ormanlarla kaplıdır. Yüksek ke-

mander Emir Karatekin. The region which was within the borders of Candaroğulları principality was taken over by Çelebi Mehmet in 1413 and the coast was left to Genoese and in 1460 when Fatih Sultan Mehmet conquered Amasra the whole region passed under control of the Ottomans.

The region gained importance with the discovery of coal basins in 1829, in 1919 the French occupied the city but upon the resistance of the natives they had to leave in 1920. Zonguldak became a city of Turkish Republic in 1924

Geography

Three parallel mountain ranges cover 56% of Zonguldak. First range of mountains which are the nearest to the sea are the Zonguldak mountains (Göldağı 771 m, Boğma Hill 663 m) .Second range which are higher are Kızılcaören Hill 1379 m in height and Göktepe 1416m in height. Third range are the Bolu mountains' parts. The highest points are Kızıltaş Hill (1486 m) ,Bacaklıyayla Hill (1637 m), Keçikıran Hill (1619 m),Kaklıcak Hill (1462 m) and the highest is Keltepe (1976 m).

Mehmet Havuş

Gökgöl mağarası
The Gökgöl cave

Kültür ve Turizm Bk. Arşivi

Yaban Hayatı

simlerde iğne yapraklı ağaçlar daha aşağılarda yayvan yapraklı ağaçlar görülür. Ormanlarda kayın, köknar, karaçam, dişbudak, gürgen, ıhlamur, kestane ve meşe çoktur. Ormanaltı bitkileri de böğürtlen, çoban püskülü, karayemiş, ısırgan, fındık, kuş üvezi, eğrelti otları, çalı süpürgesi, ormangülü, kızılcık, alıç, ahlat vb.'dir.

Karaca, kurt, ayı, domuz, sansar, tilki, sincap, gelincik, çakal ormanlarda görülen yabani hayvanlardır.

Iklim

Karadeniz ikliminin hüküm sürdüğü Zonguldak'ta, Balkanlar üzerinden gelen soğuk hava dalgalarına açık olduğundan, Doğu Karadeniz Bölgesine göre daha soğuktur. Her mevsim yağışlıdır, ancak iç kesimlere doğru yağış azalır. Yıllık yağış oranı merkezde 1243 mm, Devrek'te 785,4 mm'dir. En sıcak ay 21.7 °C ortalama ile Temmuz, en soğuk ay 5.7 °C ortalama ile Ocak'dır.

Tarım

İlin en önemli ekonomik gelir kaynağı zengin kömür yatakları ve buna dayalı olarak kurulan demir-çelik fabrikası ile bunlara bağlı yan tesislerdir. Diğer önemli kaynaklar ise tarım, ormancılık ve hayvancılıktır. Buğday, arpa, yulaf, mısır, karalahana, patates, pırasa, salatalık, kabak, ıspanak en çok üretilen tarım ürünleridir.

Ulaşım

Zonguldak – Devrek – Gerede ve Zonguldak – Alaplı – Adapazarı sahil yolu şehrin en önemli karayolu bağlantılarıdır. Başta Ankara ve İstanbul olmak üzere birçok ile karşılıklı otobüs seferleri düzenlenmektedir. İlçelere ise minibüslerle ulaşılabilmektedir. Zonguldak şehir içinde ulaşım

There are no natural lakes in Zonguldak; Filyos, Devrek, Alaplı and Gülünç streams are the important rivers of the region.

Flora

52% of Zonguldak is covered with forests. On higher parts conifers are seen. Beech trees, firs, black pines , hornbeams, common ashes, limes, chestnuts and oak trees are widespread in the forests. On the ground of the forest you can see these plants: blackberries, hollies, common laurels, nettles, hazelnuts, besoms, cornelian cherries, azaroles, wild pears, ferns etc.

Fauna

Roe deer, wolf, bear, pig, marten, fox, red squirrel, corn-poppies, jackal are the wild animals of the forests.

Climate

Black Sea climate is observed in whole Zonguldak ,but as it's open to cold weather coming from Balkans, it is colder than East Black Sea region in general. Every season it is rainy, but amount of rain decreases through inner parts of the region. Average rain per year is 1243 mm in the central area; 785,4 mm in Devrek. The hottest month is June with the temperature of 21.7 °C, the coldest one is

Devrek bastonları / Walking sticks of Devrek

belediye otobüsleri sağlanmaktadır. Şehirde demiryolu ve deniz yoluyla da ulaşım mevcuttur.

Halk Oyunları

Yörede Seymen, köçek, efe oyunları, davul oyunları yanısıra, çardak, aç kapı beyler gibi zeybek oyunları, amani Kaşık oyunu, genç Osman ve çıtırdağ gibi çengi oyunları yaygındır.

Festivaller

Karadeniz Ereğlisi'nde uluslararası Osmanlı Çileği ve Kültür Festivali (Haziran ayının ikinci haftası), Uluslararası Sevgi Barış Dostluk ve Sanat Festivali (Temmuz ayının ilk haftası) ve Hamsi Şenliği (Aralık birinci hafta) düzenlenmektedir. Ayrıca Gökçebey'de Gökçebey Kültür ve Sanat Festivali (10-12 Mayıs), Çaycuma'da Yoğurt ve Kültür Festivali (Haziran ayı son hafta), Alaplı Yağlı Güreş Şenlikleri (Eylül üçüncü hafta), Alaplı Fındık Kültür Turizm ve Spor Festivali (Eylül 1. hafta) ve Devrek'te Uluslar arası Devrek Baston ve Kültür Festivali (Temmuz 3. hafta) düzenlenmektedir.

El Sanatları

Yörede el sanatlarından bahsedince ilk akla gelen Devrek ilçesinde yapılan bastonlardır. Devrek Bastonlarının gövdesi kızılcık veya gül ağacı, sapı ise ceviz, gürgen yada gümüş altın vb metalden ve boynuzdan yapılır. Bastonlardaki nakışlarda ince işçilik ilgi çekicidir.

January with the temperature of 5.7 °C.

Agriculture

Most important resources of the region are coal mines and iron-steel factory and its related establishments. Other important resources are: agriculture, forestry and husbandry. Wheat, flour, maize, potato, cucumber, marrow, spinach, leek and oats are the agricultural products.

Transportation

Zonguldak- Devrek- Gerede and Zonguldak- Alaplı-Adapazarı are important highways connections. To Ankara and Istanbul and many cities there are coach services. You can get to districts by minibuses. In Zonguldak you can use municipality coaches. Railway and marine transports are also possible .

Folk Dances

Seymen, Köçek, Efe (male dancers), dances with drums; Zeybek dances like Çardak, Aç Kapıyı Beyler; amani Kaşık dance (spoon dance), çengi dances (public dancing girl) like Genç Osman and Çıtırdağ are some examples of folk dances.

Festivals

In Karadeniz Ereğlisi, International Ottoman Strawberrey and Culture Festival (second week of June), International Love Peace Friendship and Art Festival (first week of July) and Anchovy Festival (first week of December) are organized. Besides that, Gökçebey Culture and Art Festival in

Karadeniz Ereğli ve Çaycuma ilçelerindeki dokumacılık ürünleri ile merkezde yapılan maket gemi, soğuk seramik, bez bebek, madenci heykeli, madenci fenerleri Zonguldak'ın yaşayan el sanatlarından bazılarıdır.

Yöresel Yemekler

Ağırlıklı olarak unlu ürünlerle yapılan yöre mutfağında kabaklı börek, cizleme, kömeç ekmeği, uğmaç çorbası, malay, cevizli makarna bulunur. Çaycuma yoğurdu, etli yaprak dolması, perüşke, zılbıt, kaburga dolması, çingene baklavası, Karadeniz Ereğli Osmanlı çileği yörede tadılması gereken lezzetlerdendir.

DOĞAL GÜZELLİKLER

Önemli mağara sistemlerinden birine sahip olan Zonguldak'ta öncelikle 6 mağara turizme kazandırılmaya çalışılmaktadır.

Gökgöl Mağarası: Zonguldak'a 3 km uzaklıktaki mağara 10 m yükseklik, 12 m genişlik ve 2790 m uzunluğa sahiptir. Fosil kısım, diri mağara ve yarı aktif mağara bölümlerinden oluşur.

Cumayanı Mağarası: Çatalağzına 3 km uzaklıktaki mağaranın bazı yerlerde yüksekliği 40 m'ye kadar ulaşmaktadır. Uzunluğu 2000 m'dir.

Sofular Mağarası: Zonguldak – Çaycuma karayolunun 10.kmde, Sofular vadisinin güneyinde yer alır. Dikit, sarkıt, traverten olu-

Gökçebey (10-12 May), Yogurt and Culture Festival in Çaycuma (June), Alaplı Wrestling Festivals (September), Alaplı Hazelnut Culture Tourism and Spor Festival (first week of September) and International Devrek Baston and Culture Festival (22-24 July) in Devrek are held.

Handicrafts

Baston (walking sticks) of Devrek are famous handicrafts, Their bodies are made of cornelian cherry wood or rose tree; and handles are of walnut, hornbeam, silver and gold. Their workmanship is outstanding. Weaving products in the districts of Karadeniz Ereğli and Çaycuma and model ships, ceramics, dollies, miner of figurines, miner lanterns are some of Zonguldak's handicrafts.

Regional Cuisine

Zonguldak is famous for its floury meals such as pastry with marrow, cizleme, bread of kömeç, uğmaç soup, malay, macaroni with walnut. Yogurt of Çaycuma, perüşke, zılbıt, stuffed kaburga, çingene (gypsy) baklava (finely layered pastry filled with nuts and steeped in), Karadeniz Ereğli Ottoman stawberry are flavours worth tasting.

NATURAL BEAUTIES

Zonguldak has one of the important cave systems, 6 caves are prepared for tourism.

Gökgöl cave: *It is 3km far from Zonguldak, with 10m in height, 12m width and 2790 m in length.*

Çilek
Strawberry

şumları bulunan mağara, 1500 m uzunluğundadır.

Çayırköy Mağarası: Çaycuma ilçesinin Çayırköyü'ne 3 km uzaklıktaki mağara, 1282 m uzunluğundadır. Mağara içindeki gölcüklerde bot gezintisi yapılabilmektedir.

Cehennemağzı Mağarası: Karadeniz Ereğlisi Kavakderesi köyündeki mağarada eski yerleşim izlerine de rastlanmaktadır. Üç farklı mağaradan oluşur. Birinci mağaranın zemini mozaik döşeli, ikinci mağaranın dış kısmı suyla kaplı ve oldukça geniştir.

Kızılelma Mağarası: Çatalağzı'nda bulunan mağara içinde kumlu, çakıllı plajlar bulunmaktadır. Uzunluğu 6.5 km'yi bulan akarsu mağarasıyla aynı sistem içinde yer alır.

TURİZM ALTERNATİFLERİ

Zonguldak yöresi, merkezde Kapuz, Uzunkum, kilimli, Göbü, Türkali, Ilıksu, Değirmenağzı plajları, Alaplı'da Belediye plajı, Zeki Atalay plajı, Kocaman, Çaycuma'da Hisarönü plajı ve Ereğli'de Büyük Kumsal, Erdemir ve Armutçuk plajları ile deniz turizmine olanak saplamaktadır. Ayrıca ilin güneyinde üç sıra halinde yer alan dağlar doğa yürüyüşleri ve kampçılık, mağaraları ile mağara turizmine olanak sağlamaktadır.

It has fossil part, active and semi-active parts.

Cumayanı cave: *It is 3km far from Çatalağzı, in some parts it has a height of 40m. It is 2000m in length.*

Sofular cave: *It is situated on the 10th km of Zonguldak- Çaycuma highway, north of Sofular valley. There are stalactite, stalagmite, travertine formations and it is 1500 m in length.*

Çayırköy cave: *It is 3km far from the district of Çaycuma, Çakırköy, it is 1282 m in length. You can travel by boat on the small lakes in it.*

Cehennemağzı cave: *Ancient settlement were found in Kavakderesi village of Karadeniz Ereğlisi. There are three different caves. The ground of first cave is of mosaic, outer part of the second is covered with water and it is very large.*

Kızılelma cave: *There are sandy, pebbly beaches in the cave which is in Çatalağzı. Its river is 6.5 in length situated within the cave.*

TOURISM ALTERNATIVES

Zonguldak region provides tourism with Kapuz, Uzunkum, Kilimli, Göbü, Türkali, Ilıksu, Değirmenağzı beaches, Municipality beach in Alpalı, Zeki Atalay beach, Kocaman, Hisarönü beach in Çaycuma, Büyük Kumsal (big beach), Erdemir, Armutçuk in Ereğli. Moreover, mountain ranges provide trekking, camping and cave tourism.

Unutmayın

Ereğli'nin çileğini tatmayı, mağaraları görmeyi, madenci heykeli, feneri ve Devrek'ten baston almayı unutmayınız...

Do Not Forget

Taste Ereğli strawberries, to visit caves, to buy statues of miner, lanterns and to buy walking sticks from Devrek...

Madenci Heykeli
The statue of miner

UZUN MEHMET AND KARA ELMAS

Uzun Mehmet ve Kara Elmas: 19.yy başlarında gemilerde buhar gücü kullanılmaya başlayınca kömür büyük önem kazanmıştı. Sultan II. Mahmut Türkiye'de maden yataklarının yerini bulana büyük ödül vereceğini duyurmuştu.

Askerliğini deniz eri olarak yapan Uzun Mehmet, Ereğli ilçesinin Kestanelik köyüne döndüğünde aklında kömür vardı. Bir gün deniz kıyısında fırtınaya yakalandığında, bir kayalığa sığındı. Isınmak için ateş yaktığında ateşin kenarındaki siyah taşlarında yandığını görünce bunun kömür olduğunu hemen anlamıştı. (1829)

Uzun Mehmet bulduğu taşları bir sepete koyup, İstanbul'a padişaha götürdü. Taşların kömür olduğu anlaşılınca, padişah Uzun Mehmet'e 50 altın ödül verdi ve ölünceye kadar 6 altın aylı maaş bağladı.

Kömürün bulunmasıyla küçük Zonguldak köyü gelişerek, bugünkü Türkiye'nin en önemli ekonomik merkezlerinden biri haline geldi.

UZUN MEHMET VE KARA ELMAS

Uzun Mehmet and Kara Elmas (Black diamond): When steam power started to be used in the 19th Century, coal gained importance. Sultan Mahmut II announced that whoever found the mining places would be rewarded.

Uzun Mehmet was a soldier as a marine soldier , when he returning to Kestanelik village in the district of Ereğli, he was thinking about coal. On a stormy night on the seaside, he stayed in a rocky area. When he was able to light fire he saw that the black stones were also on fire, he suddenly understood that they were coal (1829).

He put these stones in a basket and went to the Emperor in Istanbul. When it was found out that they were coal, Uzun Mehmet was rewarded with 50 pieces of gold, and receives a salary throughout his life.

When coal was discovered, Zonguldak began to develop and it became one of the industrial centers of Turkey.

Kurucaşile

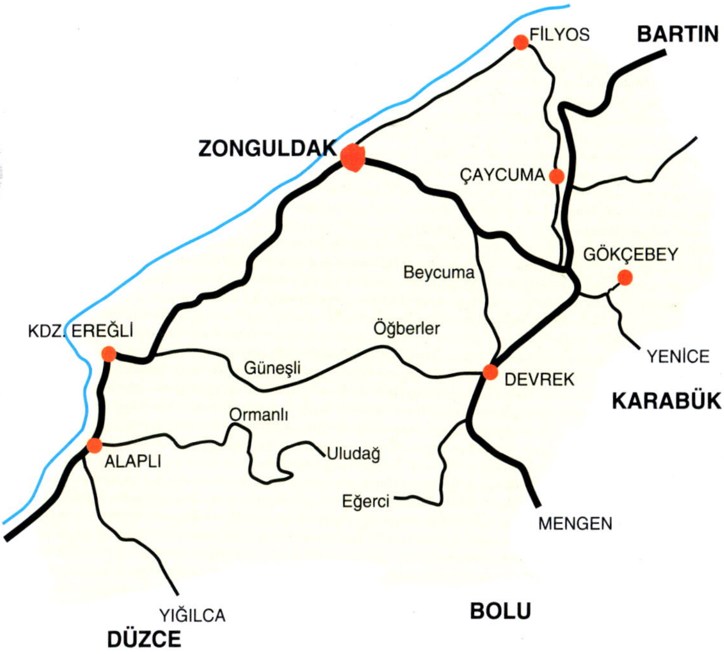

0372.............Zonguldak telefon rehberi

NEREDE KALMALI? / *WHERE TO STAY?*

Emirgan Otel***	251 24 33
Kirazlar Otel***	318 11 00
Konak Otel **	253 72 50
Otel Çınar** / Devrek	556 21 15
Etaş Otel */ Ereğli	316 14 86

NEREDE YEMELİ? / *WEHERE TO EAT?*

Alaborina Restaurant	257 73 63
Deniz Kulübü	251 22 52
Yaman Restaurant	253 78 78
Ferah Lokantası	253 62 61
Yoşi Restaurant/ Devrek	556 90 80

HANGİ ACENTA? / *WHICH AGENCY?*

Tui Seyehat	253 39 02

OTOBÜS / *COACH*

Özgüven	257 47 61
Metro	257 73 67
Aydın Seyahat	257 39 40
Üstünel Çelik	257 39 86
Ulusoy	257 13 13
Avrupa	257 32 97
Terminal Müdürlüğü	257 13 11

MÜZELER / *MUSEUMS*

Karadeniz Ereğlisi Müzesi	312 03 62

HASTANELER / *HOSPITALS*

Devlet Hastanesi	257 67 00
Atatürk Devlet Hastanesi	252 19 00
Tıp Fakültesi Hastanesi	261 01 69

GEREKLİ TELEFONLAR / *USEFUL PHONES*

Valilik	253 46 54
Belediye Başkanlığı	252 33 00
Emniyet Müdürlüğü	257 26 75
Jandarma	257 80 12
Kültür ve Turizm Md.	253 54 36
Liman Başkanlığı	253 47 05
Devlet Demir Yolları	251 15 14

UZAKLIKLAR - DISTANCES (Km.)

1 mile: 1.6 km
1 km : 0.625 mile

	ARTVİN 08																			
74	1152	BARTIN 74																		
69	331	965	BAYBURT 69																	
14	1052	185	864	BOLU 14																
28	372	781	306	680	GİRESUN 28															
29	335	956	76	855	237	GÜMÜŞHANE 29														
79	1003	84	825	134	632	794	KARABÜK 79													
37	891	181	722	244	519	713	111	KASTAMONU 37												
52	414	437	350	636	44	281	588	475	ORDU 52											
53	159	994	252	893	213	176	844	732	257	RİZE 53										
55	581	572	515	471	209	446	423	310	165	422	SAMSUN 55									
57	749	346	683	436	377	614	305	192	333	590	168	SİNOP 57								
61	235	918	176	817	137	100	769	656	181	76	346	514	TRABZON 61							
67	1128	89	940	160	756	931	173	265	712	969	547	457	893	ZONGULDAK 67						
6	998	293	790	192	626	781	215	242	582	839	417	434	763	268	ANKARA 06					
7	1542	1259	1310	690	1170	1301	737	786	1126	1383	961	978	1307	761	544	ANTALYA 07				
16	1324	368	1136	272	952	1127	406	516	908	1165	743	708	1089	343	422	542	BURSA 16			
25	207	1068	124	967	430	200	918	825	474	358	636	794	300	1043	880	1369	1239	ERZURUM 25		
34	1314	358	1126	262	942	1117	396	506	898	1155	733	698	1079	333	454	724	243	1229	İSTANBUL 34	
35	1580	690	1372	594	1208	1363	728	824	1164	1421	999	1016	1345	665	582	469	322	1462	565	İZMİR 35

KAYNAKÇA | BİBLİOGRAPHY

1. Acar, Hüsnü. Tarihte Kastamonu. Mavi Ofset, Ankara, 1995
2. Aksoy, Muammer-Kuş, Aytekin. Müze Kent Safranbolu. Safranbolu Hizmet Birliği Kültür Yayını No:1, İzmir, 1999
3. Bayladi, Derman. Mitoloji Tanrıların Öyküsü. Say Yayınları, İstanbul, 1997
4. Baytimur, Mehmet-Demircioğlu,Aziz-Çelikoğlu,Hasan. Atatürk'ün Kastamonu Gezesi ve Şapka Devrimi. Ankara,1982
5. Canalioğlu, Volkan. Yayla Turizmi. Karadeniz Matbaası, Trabzon, 2000
6. Ceyran,Sedat. Ekonomik Rapor 2000. Giresun Ticerat ve Sanayi Odası Yayınları, Giresun, 2000
7. Davis S.D.-Heywood V.H-Hamilton A.C. Centers of Planty Diversity: A Guide and Strategy for Their Conservation.Published by WWFN, 1994
8. Demirsoy, Ali. Genel ve Türkiye Zoo Coğrafyası. Meteksan A.Ş., Üçüncü Baskı,Ankara, 1999
9. DİE Karadeniz Bölgesine ait 1996,1997, 2000 Yıllarına ait Yüzölçümü ve Nüfus Verileri.
10. Ertan, Asaf-Kılıç, Aygün-Kasparek, Max. Türkiyenin Önemli Kuş Alanları. DHKD Yayınları, Üçüncü Baskı, İstanbul,1992
11. Goloğlu, Mahmut. Anadolunun Milli Devleti Pontos. 1973
12. Green,lan-Moorhose,Nigel. A Birdwathers' Guide to Turkey. Naturel History Book Service Ltd, London.
13. Hamilton, Edith. Mitologya. Çev:Ülkü Tamer. Varlık Yayınları, Yedinci Baskı, İstanbul, 1994
14. Havuş, Mehmet. Mavi ve Yeşilin Dansı Trabzon. Ajans-Türk Basımevi, Ankara, 1999
15. İl Yıllıkları: Bolu 1998, Karabük 1999, Kastamonu 1973, Sinop 1967, Samsun 1973, Ordu 1967, Bayburt 1998, Gümüşhane 1994.
16. Karpuz, Haşim. Şebinkarahisar. Kültür Bakanlığı Yayınları No: 1072, Sevinç Matbaası, Ankara, 1989
17. Kızılırmak Deltası. Samsun İl Turizm Müdürlüğü Yayınları, Kültür Ofset, Ankara, 2001
18. Kurdoğlu,Oğuz.Doğu Karadenizin Doğal Yaşlı Ormanları. DHKD Yayınları, İstanbul, 1996
19. Magnin, Gernant. Mamals,Bidrs (Other Flora and Fauna Bacground Paper to Meeting). May, 1995
20. Mantran, Robert. Osmanlı İmparatorluğu Tarihi. Çev:Server Tanilli.Cem Yayınevi, İstanbul, 1995
21. Ohri, İskender. Anadolunun Öyküsü. Bilgi Yayınevi, Dördüncü Baskı, 1987
22. Özdek, Refik. Yurdumuz Ansiklopedisi. Tercuman Gençlik Yayınları, İstanbul, 1984
23. Sevim, Ali. Anadolunun Fethi (Selçuklular Dönemi). Türk Tarih Kurumu Yayınları, Ankara, 1993
24. Sözen, Ali-Erol, Nurettin vd. Cumhuriyetimizin 75. Yılında Bartın. Devran Matbaacılık, Ankara, 1998
25. Strabon. Antik Anadolu Coğrafyası. Çev:Adnan Pekman.Arkeoloji ve Sanat Yayınları, İstanbul, 1993
26. Turizm Envanterleri :Samsun (1991, 1998, 2001), Artvin (1991), Sinop (1990), Bayburt (1992), Bolu (1997)
27. Türközü, Halil Kemal. Osmanlı ve Sovyet Belgeleriyle Ermeni Mezalimi. Türk Kültürünü Araştırma Enstitüsü Yay. Ankara, 1982
28. Umar, Bilge. Karadeniz Kappadokiası (Pontos). İnkılap Yayınevi, İstanbul, 2000
29. Yaman, Zühtü. Candaroğlu Mahmut Bey Camii. Kano Ltd, Ankara,2000
30. Yel,Talip-Yüksel,Ahmet-Doğar,Cengiz. Geçmişten Bugüne Kurucaşile. Önder Matbaacılık, Ankara, 1999
31. Yüksel, Murat. Trabzonda Türk İslam Eserleri. Trabzon Valiliği Yayınları No:3, İstanbul, 1997

Not

Not